De Namur à Compostelle en 100 étapes...

Récit de vie

Memory

Du même auteur :

Liens Éternels – Roman - Éditions Azimuts - 2004
Terres de Sang – Roman - Éditions Azimuts - 2006
Enghien, Ville d'Art et d'Histoire - Beau livre/Patrimoine - Éditions Luc Pire - 2009
La Dernière Visite – Théâtre - Éditions Aparis - 2010
Carnet de vie – hors édition - 2012

Couverture : Photo©Debruyne/Enfo/Billaroch

Editions Memory
18, Ortheuville
B 6970 Tenneville
www.editionsmemory.be
Dépôt légal : D 2014/8078/19
ISBN : 978-2-87413-232-2
EAN : 9782874132322

« Le courage c'est de comprendre sa propre vie...
Le courage c'est d'aimer la vie et de regarder
la mort d'un regard tranquille... Le courage c'est
d'aller à l'idéal et de comprendre le réel. »

Jean Jaurès

Avant-propos

Prendre la route sans rien attendre en retour sinon se laisser porter par un souffle de vie, reconquérir son libre arbitre, s'ouvrir aux joies de la rencontre, aux clins d'œil de la Providence ou encore se recentrer sur les valeurs essentielles de l'existence... Peut-être est-ce cela qui motive l'être humain à fuir, l'espace d'un moment, une société aux inégalités criantes auxquelles nous n'apportons, la plupart du temps, d'autres réponses que l'indifférence.

Et pourtant, tout quitter n'est pas une sinécure, loin s'en faut ! Il ne suffit pas d'affirmer : « *Je pars et ferme la porte derrière moi* ». Non, on s'engage sur le chemin avec le sentiment d'abandonner les siens, de vivre un rêve égoïste duquel on exclut les Autres, celles et ceux que nous chérissons et pour lesquels l'absence peut se révéler lourde à supporter, parfois même cruelle. À n'en pas douter, ce "lâcher prise" requiert courage et abnégation.

Comme tout individu qui, un jour, a décidé de cheminer sur les routes de Compostelle, je me suis posé la question du pourquoi. Oui, pourquoi donc un homme décide-t-il d'entreprendre pareil périple et ainsi marcher sur les traces de millions de pèlerins ayant au fil des siècles arpenté ces routes sinueuses, le plus souvent disséminées au beau milieu d'une nature étonnante de vitalité ?

Était-ce par défi, engagement spirituel, envie d'opérer le vide en soi, écrire un livre sur le sujet ou encore œuvrer pour une bonne cause ? En ce qui me concerne, la réponse se voulait résolument plurielle. Au départ d'un vibrant appel à se poser les bonnes questions et vivant dans le secret espoir de pouvoir y apporter des réponses, j'ai pris mon bâton d'anachorète, avalant les kilomètres avec la régularité d'un métronome.

De Namur à Santiago en cent étapes, chiffre symbolique, en empruntant tour à tour les voies de Vézelay et le Camino Francès, voilà assurément un voyage à même d'aiguiser l'esprit d'un homme, de mieux appréhender la maxime de Camille Belguise : « *Dans le silence et la solitude, on ne voit plus que l'essentiel.* »

Une fois prise la décision débute alors un interminable chapelet d'interrogations : mon employeur va-t-il autoriser cette longue absence ? quand partir ? quels itinéraires choisir ? où trouver de quoi loger ? qui contacter afin d'obtenir les informations les plus pertinentes ? que faut-il prévoir comme budget ? quels choix opérer en matière d'équipements... Mais l'enthousiasme suffit à balayer les craintes et tous les doutes finissent par s'évanouir. Ne demeure que ce sentiment fabuleux : partir à l'assaut de quelque chose de fort, de quelque chose de merveilleux...

Que de rencontres magiques, de joies intenses, d'émerveillements face à l'imprévu lorsqu'une force vous pousse inexorablement à avancer, vous dépouillant de vos peurs... Mais également de périodes d'émotions exacerbées, de difficultés passagères et parfois même de frustrations. Le chemin de Compostelle se mérite et – aujourd'hui je suis en mesure de l'affirmer – il ne s'assimile pas à un long fleuve tranquille !

J'ai cependant apprécié, marchant vers l'inconnu, la profondeur des regards et les sourires complices. À n'en pas douter, si chaque homme doit, au cours de son existence, parvenir à offrir un souffle à ce qu'il vit, alors c'est ici qu'il pourra y arriver. Découvrir le monde, découvrir les autres, au travers de ce long périple, prend alors tout son sens. Ceci n'a toutefois pu se faire qu'en gardant à l'esprit une attitude bienveillante par rapport aux événements qui se succèdent à un rythme effréné. Tout est dans l'acceptation de ce que le chemin vous réserve, autant dans les bons moments que dans les situations plus épineuses.

La vie intérieure, cette lente descente en soi-même, est un luxe qu'il redevient urgent de s'offrir. Cette sagesse de l'esprit qui s'interroge sur les mystères de l'existence nous rend réceptifs au bonheur, un bonheur qui s'apprécie au travers de choses simples. Il me paraît clair à présent – sans toutefois vouloir grossir le trait – que le chemin traduit à l'homme le sentiment vivace d'une société désormais en passe d'atteindre la cote d'alerte, précédant sa vertigineuse décadence !

Ce récit, écrit à la première personne, cherche à capter les différentes facettes de l'individu en marche. D'une écriture se voulant accessible et dans l'action – adieu formules alambiquées, phrases à rallonge ou encore proses compliquées – cet ouvrage aborde la thématique de la transformation, ardemment désirée, de l'individu au fil du chemin. Celle-ci n'est-elle qu'une simple vue de l'esprit ou au contraire, l'homme, confronté à lui-même, prend-il conscience de ses lacunes et dès lors, est-il prêt à abandonner ses vanités, ses orgueils intimes, sa propension à développer son art du paraître ?

Maintenant, c'est à votre tour de cheminer en plongeant dans ce livre qu'il est à mon sens préférable de lire par étapes, en prenant le temps de méditer, de réfléchir à son propre parcours. Oui, le moment d'une pause que l'on s'accorde pour ôter la poussière déposée par le temps sur nos manquements, nos lâchetés, notre indifférence... le plus souvent enfouis profondément au fond de nous-même. Ultreïa !

L'auteur, Christian Debruyne

Préface

La magie n'est pas seulement un coup de baguette... magique ! La magie, c'est aussi une approche, un contact, une symbiose et un projet concrétisé ! Voilà le début d'une belle histoire entre Christian, ce pèlerin au grand cœur, et notre association Make-A-Wish.

Fin de l'année 2013, nous sommes approchés par Christian qui nous parle de son projet et de son désir de soutenir notre association à travers la réalisation de son rêve : rallier Saint-Jacques-de-Compostelle en 100 jours ! Une longue marche méditative, à la découverte de soi, de sa vie, de ses aspirations, bref, à la recherche du Graal peut-être ?

Dans le tourbillon des activités de fin d'année (concert, marchés et sapins de Noël...), les premiers contacts sont établis car le projet est plus qu'attirant et reflète déjà l'harmonie évidente de la réalisation de rêves d'enfants gravement malades à travers la concrétisation d'un rêve d'un adulte qui lui aussi veut décrocher son étoile.

Quelle belle finalité ! Quelle jolie façon d'aider notre association à travers cette chouette aventure ! Oui, bien sûr, nous adhérons ! Oui, nous applaudissons cette originale initiative et sommes très fiers d'avoir été choisis !

À l'aube de cette année 2015, 25ème année d'existence de notre association, un projet tel que celui-ci sera certainement le symbole phare de la volonté et de la persévérance dont nous devons faire preuve ainsi que des défis que nous devons relever chaque jour.

100 jours, 100 étapes, c'est le long chemin vers l'accomplissement d'un rêve !

Plus de 100 vœux déjà réalisés, cette année et autant de vœux encore en attente, c'est le challenge de notre association et de son équipe de plus de 150 bénévoles motivés, prêts eux aussi à soulever des montagnes, pour permettre à ces petits princes et princesses de décrocher enfin leur étoile !

Make-A-Wish se mobilise pour que l'impensable devienne réalité, pour que des enfants gravement malades puissent le temps d'un rêve, atteindre l'insouciance et oublier la maladie.

Notre motivation, notre conviction du rôle important de notre association, c'est le sourire de ces enfants et l'amour qu'ils dégagent malgré les combats difficiles qu'ils doivent mener dans leur jeune vie déjà éprouvée.

En guise de conclusion, un joli témoignage de la maman d'une petite princesse: « *Quelle belle idée que la vôtre : s'occuper de la tête quand tout le monde s'affaire autour du corps ! C'est tellement important... quand il fait sombre dans l'esprit, le corps a du mal à trouver son chemin ! C'est une jolie lanterne que vous avez déposée dans la tête d'Yseult... et elle n'a pas fini d'y briller !* »

Make-A-Wish est une belle famille qui a la chance de pouvoir compter sur des personnes généreuses telles que Christian. Merci à lui !

Françoise Devaux,
Responsable des voeux
Make-A-Wish

Prologue
Un peu d'histoire...

De nos jours, l'une des trois plus grandes représentations de pèlerinage chrétien dans le monde, les chemins de Compostelle sont, depuis 1993, inscrits au "patrimoine mondial de l'humanité" par l'Organisation des Nations Unies pour l'Éducation, la Science et la Culture (UNESCO).

Santiago, le but ultime pour celui qui chemine, se mérite ! Il propose un enchevêtrement tentaculaire de routes, tantôt lumineuses, planes, animées... tantôt mystérieuses, inquiétantes, désertes... routes foulées chaque année par près de deux cent mille pèlerins venus des quatre coins du globe, dont la plupart marchent pour honorer saint Jacques.

Mais qui était-il donc ? Quels étaient ses enseignements ? Quel rapport entre cet apôtre, fidèle disciple du Christ, et les chemins menant à Compostelle ? Autant de questions que le lecteur profane ne manquera pas de se poser. C'est ici que l'on pénètre dans le monde des traditions et des légendes, subtil mélange de sacré et d'histoires incertaines.

Fils de Marie Salomé et de Zébédée mais également frère de l'apôtre Jean, saint Jacques est surnommé le "Majeur". Selon la tradition chrétienne, il aurait été envoyé pendant près de quatre années en Espagne pour participer à une campagne de prédication. De retour à Jérusalem pour soutenir les croyants victimes de nouvelles persécutions, il fut arrêté et décapité sur ordre d'*Hérode Agrippa Ier*, roi de Judée, devenant ainsi le premier apôtre martyr. Son corps fut récupéré par ses disciples et envoyé en Galice où il fut enterré dans un cimetière.

Ce n'est que quelques siècles plus tard, en 813 selon la légende, qu'une étoile vint indiquer à un ermite – le dénommé Pelayo – l'emplacement du tombeau du saint apôtre. Théodomir d'Iria Flavia, l'archevêque de l'époque, fut mis au courant de cette prodigieuse découverte et suite à l'intervention du roi de Galice, Alphonse II, une cathédrale fut érigée en l'honneur de saint Jacques. Un mythe était né et avec lui, l'une des plus belles pages dédiée à la mystique du pèlerinage venait de voir le jour.

Cheminer, cela se prépare...

Prendre la route avec l'ambition de rejoindre Compostelle exige une préparation tant mentale que physique. La première fois que j'ai entendu parler du sujet, je me suis dit : *« Après tout, ce ne sont que quelques centaines de kilomètres, pas de quoi en faire un monde... »*. Et puis, je me suis renseigné, devinant au fil de mes lectures que cheminer se concevait de manière méthodique. Il y a tant de facteurs à appréhender qu'il est impensable de boucler son sac à dos et de se lancer à l'assaut de l'inconnu sans en avoir mesuré les dangers.

Un beau jour, mon esprit s'est éveillé après avoir regardé une émission consacrée à des pèlerins marchant sur le chemin, cheveux au vent. L'un d'eux, le visage tourné vers la caméra, déclarait ceci : *« Qu'est-ce qu'une vie ? Chaque jour, je m'interroge et me demande ce que valent tous ces hommes et ces femmes qui m'entourent. Je les critique, je me permets de les juger... Le chemin m'a fait prendre conscience de la fragilité de l'humain. Et moi, qui suis-je donc ? Je cherche la réponse sur la route. Celle-ci me remplit d'amour, de compassion... Elle me transforme progressivement. Je respire à présent l'air frais, je dévore cette nature si belle avec un regard nouveau. »*

Interpellé par ces propos justes et si touchants, j'ai ressenti comme un appel. Oui, une petite voix, plongée dans les replis de ma conscience, qui peu à peu m'a ouvert les yeux. Le temps file entre les doigts sans que l'on n'y prête attention. Se poser, réfléchir au sens d'une existence terrestre si fragile, si éphémère... voilà ce qui m'a poussé à entreprendre ce pèlerinage.

Après avoir repoussé plusieurs fois l'échéance du départ – la vie est faite d'obligations et de contraintes – j'ai décidé, courant de l'année 2012, de ne plus le différer. 2014 s'est ainsi imposé dans mon esprit et à partir de ce moment, l'envie de partir ne m'a plus quitté. Heureuse sensation que celle d'avoir découvert en moi cette énergie, préalable à l'entame de ce périple.

L'Association « *les amis de Saint-Jacques-de-Compostelle* », dont les locaux sont situés à Bruxelles, reçoit tous les premiers jeudis du mois les personnes intéressées par le sujet. Je m'y suis rendu en novembre 2012 pour glaner des informations. Un véritable vivier en bons conseils !

Une redécouverte des origines de l'homme... oui, c'est cela qui m'a fasciné en écoutant tous ces pèlerins disserter sur leur "grand voyage". Essayer de comprendre ce monde tourné vers la satisfaction immédiate du désir, s'extasier devant les splendeurs qu'offrent des paysages pour la plupart éloignés de la civilisation, reprendre racine dans un sol fertile en plaisirs simples... autant de sujets évoqués lors de nos discussions.

Certains, profondément croyants, sont animés par une Foi qui semble dénuée de rides, d'autres sont passionnés de rencontres, d'autres encore ont le cœur qui s'affole lorsqu'ils papillonnent en chemin. À chacun son camino comme le disent avec conviction les passionnés d'un cheminement qui se vit, pour la plupart d'entre eux, de l'intérieur. Il était étonnant de constater combien ces gens étaient paisibles, affables... toujours en trajet de pensées. Bref, un bon moment où ne manquaient ni les sourires ni la bonne humeur.

Un gentil monsieur, la septantaine bien engagée, m'a pris à part pour me parler de son expérience personnelle. J'ai été très étonné d'apprendre qu'il avait entrepris six fois le pèlerinage de Belgique jusqu'à Santiago et, chose remarquable, en usant de moyens de locomotion différents : à pied, à vélo, avec un âne... Un âne me suis-je exclamé, est-il possible de s'atteler à ce voyage de près de deux mille cinq cents kilomètres avec cet animal têtu ? Il a souri, amusé, cette question lui semblait probablement un peu naïve.

De retour dans mon nid douillet, je me suis interrogé sur cette envie, très forte, de descendre en moi-même pour déceler les vertus oubliées du silence, propice à la méditation et à la contemplation. Nul doute, j'étais possédé par une force, un prodigieux appétit de me découvrir, que seule une "marche vers" allait pouvoir assouvir.

J'ai lu quelques ouvrages abordant cette épineuse question, j'ai surfé sur des dizaines de sites consacrés à Compostelle, j'ai écouté "tout" qui pouvait m'apporter des éclaircissements quant aux exigences de cette marche cadencée qui allait me mener sur les traces de saint Jacques en cent étapes. Et peu à peu, je me suis familiarisé avec les différents itinéraires proposés, me rendant compte des obstacles qui se dresseraient sur ma route.

Après cinq étapes en Belgique, au départ de Namur, le pèlerin passe la frontière et aborde la France avec le louable objectif de rejoindre Vézelay, véritable ville sanctuaire située en Bourgogne dans le département de l'Yonne. Viendra ensuite la longue route vers Saint-Jean-Pied-de-Port, proche de la frontière espagnole. Enfin, le Camino Francès traverse cols et montagnes jusqu'à Santiago de Compostela, enclave spirituelle, également reconnue comme "itinéraire culturel européen".

Disposant de bonnes capacités physiques liées essentiellement à la pratique régulière de la course à pied et du VTT, je possédais assez d'atouts pour réussir ce parcours semé d'embûches. Néanmoins, la répétition programmée des journées de marche peut rapidement s'avérer pesante. Mieux vaut, en effet, éviter tout excès d'optimisme. Un seul remède au programme : l'entraînement !

Six mois avant de prendre la route, j'ai décidé d'aménager mon agenda pour effectuer des randonnées d'une bonne vingtaine de kilomètres. Le sac à dos, lesté de plusieurs kilos, m'accompagnant à chacune de mes sorties, j'ai pu rapidement me rendre compte du degré de difficulté d'une telle entreprise. Demeurer humble face à l'objectif et s'entraîner avec conviction, même lorsque les conditions climatiques s'avèrent défavorables, sont deux ingrédients à ne pas négliger.

J'ai dû parcourir près de six cents kilomètres, soit un peu moins du quart de la distance séparant Namur de Compostelle. La plupart du temps, le parc d'Enghien, véritable poumon vert de cent quatre-vingt-deux hectares, localisé dans l'intra-muros de l'entité d'Enghien, petite ville de près de quatorze mille habitants nichée en Wallonie picarde, a tenu lieu de décor à mes sorties hebdomadaires.

Une démarche proposant une visée caritative...

Cent jours pour rallier Compostelle, n'était-ce pas là l'occasion rêvée de joindre à ma quête personnelle une visée caritative ? Le caractère collectif a rapidement germé en moi, rejoignant ainsi la notion de démarche plurielle évoquée dans l'avant-propos. Et puis, aider l'autre ne procure-t-il pas, parfois, plus de joie que de songer à ses propres plaisirs !

Me restait donc à me mettre à la recherche d'une œuvre sociale à laquelle apporter mon soutien. L'association Make A Wish s'est ainsi rapidement imposée à moi. En effet, cette organisation apporte son aide aux enfants frappés par la maladie dont la plupart sont victimes de pathologies lourdes.

Comment mieux définir l'action de Make A Wish qu'au travers des informations officielles diffusées par cette association : « *Peuplée de rêves, l'enfance est le monde de tous les possibles : devenir pompier l'espace d'une journée, parcourir le monde à la découverte des dauphins, vivre la vie d'une star, rencontrer son idole... autant de petits bonheurs pour les enfants injustement frappés par la maladie ! Mais... lorsque la santé se fragilise, l'enfance bascule, l'équilibre familial vacille et le bonheur s'estompe. Séjours à l'hôpital, examens médicaux et traitements font alors partie du quotidien. Malgré la souffrance, les rêves continuent d'habiter l'esprit des enfants. Ces rêves, Make-A-Wish a pour mission qu'ils deviennent réalité. Ces moments continuent ainsi à vivre dans le cœur de ces petits bouts. Pour eux, toutes les étincelles d'espoir ou de bonheur sont autant de soutiens pour affronter le quotidien, d'énergies positives pour aider à une guérison ou dans certains cas plus tragiques, de vivre une dernière parcelle de bonheur...* ». Voilà, tout est dit !

Mon périple a donc été l'occasion de récolter de l'argent auprès d'entreprises, de commerçants, d'associations, d'individuels... et le moins que l'on puisse dire est que la collecte de fonds s'est révélée impressionnante. Ainsi, pas moins de sept mille euros ont été récoltés ! Belle générosité donc dans le chef des donateurs sensibilisés par cette cause. Je les remercie du fond du cœur pour leur altruisme et tout particulièrement monsieur Sébastien Delcampe de la société Delcampe.net, sponsor principal de cette marche caritative.

Cet ouvrage devrait également permettre de soutenir financièrement l'association Make A Wish. En effet, en accord avec mon éditeur, les éditions Memory, mes droits d'auteur seront entièrement reversés à l'association. Une aide importante qui devrait permettre à plusieurs enfants de réaliser le rêve de leur vie.

Je dédie ce livre à Hubert DRUET

« Maudit soit le destin, qui à nous t'a ravi,
Si ton cœur s'est éteint, dans le nôtre tu vis. »

1er tronçon

Namur - Vézelay

705 kilomètres

1ère étape – 28 mars
Namur - Rouillon-Annevoie
24 kilomètres

Je l'avoue, sans détours, je n'ai pas beaucoup dormi cette nuit. Était-ce la peur du grand départ qui a rejailli, ulcérée peut-être d'avoir été oubliée, profondément dissimulée dans les replis d'un enthousiasme débordant ? En tout cas, j'ai ressenti au fond de moi les sensations du petit enfant confronté à un angoissant dilemme : celui de se laisser séduire par une frénésie débordante consécutive à ce périple ou alors de ployer sous le poids des doutes inhérents à toute nouvelle expérience.

Le miroir du hall renvoie, en ce moment, l'image d'un homme aux traits tirés venant de mesurer pour la première fois que prendre le chemin, c'est aujourd'hui ! Une petite voix intérieure me houspille gentiment : « *Allons, saisis cette chance qui s'offre à toi pour que jamais tu n'aies à regretter de n'avoir pas cru en cette incroyable possibilité de davantage te connaître !* »

Ma main droite agrippe le sac à dos – Dieu qu'il est lourd ! – et le dépose avec précaution dans le coffre de la voiture. Ça y est, je suis fin prêt ! Je m'offre un dernier regard circulaire autour de moi et puis nous prenons, en famille, la direction de la gare d'Enghien. Moins de cinq minutes plus tard, nous arrivons à destination et rejoignons le quai n°5, le pas hésitant. C'est ici que tout va débuter...

Inutile de dissimuler mon émotion, car elle est bien présente. J'embrasse mes proches, mais aussi celles et ceux qui ont effectué le déplacement. Lorsque les portes s'ouvrent, je m'engouffre dans le train, le cœur battant la chamade. Par la fenêtre, j'observe toutes les petites mains tendues et les cortèges de bisous auxquels je réponds avec chaleur tandis que le train se met en branle. Quelques secondes viennent de filer et le tumulte a désormais disparu.

Je soupire à plusieurs reprises, ballotté par une flopée de sensations contradictoires. Philippe, un ami de longue date, décidé à m'accompagner les deux premières journées, m'observe du coin de l'œil. Peut-être se demande-t-il quels sentiments m'animent en cet instant. Un sourire adressé dans sa direction a tôt fait de le rassurer : « *Eh oui, camarade de route, un long, un très long voyage m'attend...* »

En ce moment, tout me revient en mémoire. Ces longs mois d'entraînement à gambader par monts et par vaux, ces discussions avec d'anciens pèlerins, l'angoisse de mes proches, l'indispensable préparation mentale ou encore ces nombreuses soirées passées à déchiffrer les cartes afin de planifier mes trajets. Même si j'éprouve une légitime appréhension, je sais au fond de moi que rien n'a été négligé. Allons donc, Compostelle, bientôt un fidèle de plus arpentera tes circuits séculaires !

J'arrive à Bruxelles moins de vingt minutes plus tard. Il est déjà temps d'aller attraper la correspondance pour Namur. Je note dans ma petite tête : « *7h30... dans un peu plus d'une heure, va débuter le périple auquel je songe depuis des mois, si pas des années. Mes idées noires, toute la mélancolie liée au grand départ se sont dissipées comme par magie. C'est ici un nouveau cycle de vie qui débute et tout sera mis en œuvre afin que celui-ci réponde à mes attentes premières. J'imagine déjà les paysages beaux à couper le souffle, la rencontre avec les nombreux « chemineurs », les moments de solitude mis à profit pour réfléchir au sens de la vie...* »

Après avoir été accueilli sur le quai d'arrivée par une représentante de l'association Make A Wish et un caméraman venu réaliser quelques prises de vues, nous quittons la gare de Namur, pour gagner le square de l'Europe et traverser, par la suite, le pont qui enjambe la Sambre. J'ai l'impression de voler, mes pas s'accélèrent brusquement comme si j'entamais une course contre la montre. C'est l'évidence même... Il y a en moi, en ce moment, une incontestable gourmandise à profiter de l'instant présent, car je sais que je vis là une expérience unique.

Après un peu plus de cinq kilomètres, nous atteignons le bois de la Vecquée. Cette réserve domaniale est parsemée d'une multitude de feuillus et de résineux. Tout est calme et l'odeur âpre de l'humus pique légèrement les narines. Cet environnement maintient l'amateur d'espaces naturels dans une sorte de carcan protecteur. Ici, loin des effluves de la ville, l'homme retrouve un réel bien-être.

Je suis en pleine possession de mes moyens et j'ai tout lieu de croire que mon excellente forme trouve son origine dans l'heureuse perspective d'entamer ce long cheminement en direction de Santiago. Je ne sais pourquoi, l'envie me prend de m'asseoir. Nul doute, cet endroit parle à mon cœur. Les yeux clos, l'esprit peu à peu se libère des contraintes de la vie.

Tout au long de la journée, les haltes se succèdent à un rythme cadencé : Malonne, la Ferme de la Vallée, Bois-de-Villers, Burnot, Rivière et enfin Annevoie-Rouillon qui marque la fin de cette première étape. Je suis satisfait de voir que les jambes, un peu lourdes tout de même, n'éprouvent aucune peine à progresser à belle allure... De bon augure pour la suite des événements !

Assis sur un banc, je tire de son fourreau ma tablette et ne peux m'empêcher de rédiger quelques lignes, inquiet à l'idée d'oublier toutes ces impressions prises sur le vif. Alors, les rouages de la machinerie narrative se mettent en action et les mots finissent par jaillir tel un torrent impétueux. L'idée de davantage nourrir mon "jardin secret" est très présente. Je souris, songeant à cet exercice difficile qui se profile à l'horizon : donner de la place aux émotions et essayer d'en faire profiter les autres...

Ce qui m'a particulièrement marqué aujourd'hui est l'image de la nature engourdie par l'hiver. Le mois de mars lui offre l'occasion de se réveiller et de nous offrir un bien beau spectacle. La terre se réchauffe progressivement, les fleurs exhibent leurs plus beaux atours, la musicalité du vent euphorise l'esprit... Cet emballement m'a toujours fasciné, provoquant en moi une suite ininterrompue de questions : tout n'est-il qu'éternel recommencement ? Et l'âme de l'homme, comment évolue-t-elle dans cet immuable concert ?

En cet instant, à la fois doux et palpitant, j'acquiers la certitude que ce cheminement, un homme le vit, dès lors qu'il est à la recherche de lui-même. Je sais que ma quête prendra du temps, mais je saurai me montrer patient...

2ème étape – 29 mars
Rouillon-Annevoie - Dinant
24 kilomètres

Étrange sensation lorsque la sonnerie de mon GSM retentit. Mes yeux étonnés fouillent la pénombre à la recherche de quelque objet familier. Mais où ai-je donc la tête ? Vieux réflexe d'un homme déjà en manque de repères ? Une petite voix intériorisée me rappelle à l'ordre : « *Allons, lève-toi, il est temps de te préparer, car une longue journée t'attend.* »

Je repousse de manière énergique draps et couvertures et me retrouve dans une salle de bains inconnue, le rasoir à la main. Une idée saugrenue me traverse l'esprit. Et si je laissais la nature faire son œuvre. Si je décidais là, à l'instant, de ne plus me raser ? L'image d'un homme à la barbe hirsute m'apparaît. Cette représentation négligée suffit à taire en moi toute tentative de résistance. Ah, coquetterie, quand tu nous tiens !

Philippe se réveille tout doucement tandis que les rayons du soleil levant balaient la chambre. La Meuse, paisible, accueille de nombreux volatiles : canards, hérons, oies... insatiables dans l'art de pousser la chansonnette ! Une belle journée s'annonce et avec elle la promesse de chouettes découvertes. Quelle sensation de liberté, une vraie source de jouvence !

Nous avons eu beaucoup de chance d'avoir été accueillis dans une chambre d'hôtes non encore homologuée, car les renseignements fournis par notre guide au niveau des hébergements étaient plutôt obsolètes ! Dame chance est venue à notre secours, sinon nous passions la nuit à la belle étoile. Bon d'accord, nous avons dû nous montrer persuasifs, jouant un peu, je l'avoue, sur la corde des sentiments : « *Oh, Monsieur, vous n'allez tout de même pas laisser deux pauvres pèlerins à la rue...* »

Lorsque nous rejoignons le grand hall d'entrée, dallé d'une magnifique pierre bleue, le propriétaire nous salue amicalement et nous offre le café. Nous discutons avec lui des perspectives touristiques de cette ravissante région et comprenons aisément sa décision d'investir à Rouillon. À l'entendre aussi enthousiaste et constatant à quel point il marque de l'attention envers ses invités, je n'ai aucun doute quant à ses chances de succès.

Au moment de prendre la route, le moral est au beau fixe. Nous avons suffisamment d'énergie pour attaquer cette étape qui doit nous emmener vers Dinant. Dès les premiers mètres, le chemin s'élève entre deux rangées de conifères dont la cime est balayée par un petit vent frais. Malgré notre bonne condition physique, le cœur s'emballe rapidement et nous invite à modérer notre allure.

Après une bonne heure d'un effort soutenu, nous nous octroyons une petite pause à proximité du Bocq bouillonnant dont l'eau est utilisée par les carrières de pierre bleue. La température commence doucement à s'élever. Plutôt étonnant tout de même pour un 29 mars ! Mais nous n'allons certainement pas bouder notre plaisir, car ce beau soleil décuple notre envie de poursuivre la route.

Encore sous l'impression des marques de sympathie témoignées ce matin par une villageoise à l'évocation de mon projet personnel, mon esprit se met à divaguer. C'est comme un étourdissement à la pensée des millions de pèlerins qui ont parcouru ces voies, chacun mûrissant les raisons profondes qui l'ont poussé à accomplir pareil périple. Je songe à l'impérieux désir de rejoindre Compostelle, la force qui balaie les peurs, chasse les incertitudes, guérit les bobos de la route et ceux de l'âme... sentiments exprimés maintes fois par d'anciens pèlerins.

Peut-être, ce pèlerinage a-t-il été popularisé à outrance au cours de la dernière décennie. Peut-être les bienfaits présumés d'un tel cheminement sont-ils devenus un marché pour investisseurs. Néanmoins, je garde au fond de moi ce formidable espoir de découvrir qui je suis réellement.

« *Qui es-tu toi* ? » questionne une petite voix. Si je devais répondre à cette question, je dirais : quelqu'un de plutôt ordinaire avec des qualités certes, mais aussi de nombreux défauts. Mais je veux aller plus loin, descendre au fond de moi-même. Il m'importe de découvrir ma part d'inconnu. Je ne sais dire pourquoi, mais j'ai la nette impression que cette aventure est en mesure de m'apporter des réponses à mes questionnements.

À l'approche de la belle cité dinantaise, autrefois fief incontesté de la dinanderie – art médiéval de la fonte du laiton – nous devinons l'imposante silhouette de l'Abbaye de Leffe. Tiens, j'irais bien y faire un tour... Pas plus tard que le mois passé, j'ai vu une émission de télévision consacrée à la communauté de Bénédictins, fiers dépositaires du brassage de la bière. Et ce ne sont pas les divins breuvages qui manquent : La Leffe Brune, la Blonde, la Ruby, la Radieuse... comme moi en ce moment. Je me sens bien ici et profite pleinement de l'endroit reposant.

Philippe, qui a d'autres obligations, reprend le train et me laisse poursuivre seul mon parcours. Je le devine ému, très certainement un peu triste à l'idée de ne pouvoir poursuivre l'aventure quelques jours de plus. Aujourd'hui, j'ai la chance d'être hébergé chez un ami venu s'établir à Dinant il y a quelques années déjà. Il m'invite à découvrir les trésors de la patrie d'Adolphe Saxe qui, il est vrai, sont légion.

Le repas est succulent ! Rien ne m'est refusé : apéritif, entrée, plat, fromages et dessert... un gueuleton à même de requinquer le marcheur en déficit de calories. On rit, on discute des choses de la vie... Il est vrai que l'on en a des anecdotes à se raconter lorsque l'on ne s'est plus vu depuis tant d'années ! Intéressant, vraiment, d'apprendre comment chacun a mené sa barque, secouée par les soubresauts de l'existence.

Il est un peu plus de vingt-deux heures trente lorsque je décide de rejoindre mes quartiers. J'en profite pour écrire un peu, mais la fatigue aidant, je préfère remettre à plus tard la rédaction de mon carnet de route. Avant de me mettre au lit, j'ouvre le Velux et me laisse fouetter le visage par un petit vent un tantinet frisquet. En ce moment, je me dis que j'ai beaucoup de chance de pouvoir vivre mon rêve. Il m'appartient donc d'en tirer le meilleur parti et d'accepter ce que la route aura envie de m'offrir.

3ème étape – 30 mars
Dinant - Hastière
22 kilomètres

La nuit ne fut pas excellente, et même franchement difficile ! J'ai éprouvé toutes les peines du monde à trouver le sommeil et suis donc loin d'avoir récupéré des efforts consécutifs aux deux premières journées de marche. Mes jambes sont lourdes et mes épaules meurtries par les lanières du sac à dos. Par ailleurs, tenant compte des difficultés de la marche, à quoi d'autre pouvais-je m'attendre ? Et ce n'est qu'un début ! Néanmoins, je demeure confiant et concentré sur l'objectif.

Après une douche revigorante et un petit déjeuner plutôt copieux, je me sens déjà beaucoup mieux. Avant de quitter la maison, encore silencieuse, je griffonne un petit mot à l'intention de mes hôtes si prévenants. Je trouve cela vraiment formidable de pouvoir ainsi compter sur des gens dévoués, toujours prêts à se mobiliser. Ah, si tout le monde pouvait témoigner la même bienveillance, notre monde ne s'en porterait pas plus mal. Hélas, je crains que ce vœu ne demeure lettre morte.

À l'entame de la rue Saint-Jacques, Dinant sommeille encore ! Seule une dame qui m'a vu passer devant son habitation, ouvre grand sa porte et m'interpelle : *vous prenez le chemin de Compostelle, monsieur ?* me dit-elle, le regard interrogatif. J'acquiesce tout en jetant un furtif coup d'œil à la coquille qui orne désormais mon sac à dos. Véronique – c'est son prénom – m'explique qu'elle aussi prendra un jour le chemin, éprouvant le besoin de faire le point sur sa vie. Son mari vient me saluer amicalement et me propose un café, ce que j'accepte bien volontiers. Ce moment nous offre l'occasion de quelques échanges amicaux.

Me voilà déjà reparti en direction de la citadelle. Arrivé à son sommet, je la contourne et oblique vers la droite afin d'emprunter un sentier tortueux. Brusquement, celui-ci se rétrécit. Commence alors un long défilé de montées et de descentes, éprouvantes pour l'organisme. La route est déserte en ce moment de la journée, ce qui est assez étonnant, car il est déjà plus de dix heures trente. Je ne suis cependant pas mécontent de cette solitude, elle que j'attendais avec tant d'impatience.

À Anseremme, je décide de m'octroyer une pause, non loin du rocher Bayard, dont la pointe effilée semble venir tutoyer le ciel. Pendant que je déguste un excellent morceau de cake à l'orange, j'observe la Meuse dont la surface plane reflète les rayons du soleil. Ce moment, d'une étonnante simplicité, contribue à aiguiser mes réflexions. Empêtrés dans nos occupations quotidiennes, nous ne prenons que rarement le temps d'observer la nature débordante de vitalité. Je mesure donc la chance qui m'est offerte et profite, sans retenue, de ces instants magiques.

Avant d'aborder le chemin des alpinistes, le sentier me mène à proximité des jardins de Freyr. Le paysage m'est familier. En effet, quelques années auparavant, je suis venu visiter le beau château du XVIIIe, ses magnifiques orangers tricentenaires et ses jardins dessinés par Le Nôtre, le célèbre jardinier du roi Louis XIV. Si anodin que puisse paraître ce moment, j'en éprouve tout de même de vibrants souvenirs.

Des dizaines d'alpinistes, amateurs et chevronnés, sont massés près des rochers, dans l'attente de débuter leur parcours. Je m'arrête un moment, observant d'un œil admiratif les premiers d'entre eux qui s'élancent à l'assaut de ces immenses masses grisâtres. Les prises semblent assurées, suscitant des commentaires positifs dans le chef des accompagnateurs. Il en faut du cran pour dominer la roche... très peu pour moi !

Débutent alors une portion de terrain pentu, une succession de lacets qui me mènent au sommet d'un vaste plateau. À plusieurs reprises, je marque le pas afin de reprendre mon souffle tout en me demandant si je suis bien en Belgique et non dans les montagnes autrichiennes que j'ai l'habitude de fréquenter. Le cœur cogne dans ma poitrine comme pour venir me demander de le ménager un tant soit peu. Attentif aux signaux envoyés par mon corps, l'idée de ralentir la cadence s'impose.

En début d'après-midi, ruisselant de sueur, je débouche dans les ruelles de Falmignoul. Il fait plutôt chaud pour un début de printemps. Sans conteste, je suis vraiment chanceux de pouvoir bénéficier de telles conditions climatiques, même si je sais pertinemment bien que cela ne durera pas. Assis sur un muret, je dévore mes tartines au jambon, accompagnées de tomates et de carottes râpées. Alors que je m'apprête à boucler mon sac à dos, deux randonneurs français m'abordent, ayant probablement remarqué la coquille. Ils me posent un tas de questions auxquelles je réponds avec courtoisie. Puis, ils décident de poursuivre leur route tout en me signalant qu'eux aussi prendront un jour le chemin.

Vers seize heures, Hastière se dessine au loin. J'accélère le pas, pressé de clôturer cette journée harassante. Je n'aspire qu'à une seule chose : prendre un bon bain afin de détendre mes muscles bandés par l'effort. Hélas, la surprise est totale lorsque le propriétaire de l'hôtel, dont j'avais pointé le nom dans mon calepin, me signale qu'il vient de mettre un terme à ses activités et qu'il n'est donc pas en mesure de m'héberger pour la nuit. Pas de chance également du côté des gîtes puisqu'ils affichent tous complet. Face à ces réponses négatives, le spectre de la nuit à la belle étoile se profile à l'horizon !

Dépité, je m'assieds sur un banc situé à quelques mètres de la Meuse. Un gentil monsieur qui promène son chien s'approche alors de moi et me demande avec douceur ce qui me tracasse. Probablement a-t-il deviné à mon regard défait mon irritation passagère. Je lui explique les raisons de mon désappointement et mes craintes de ne pas trouver de logement. Il me demande alors de le suivre et m'emmène au presbytère où il connaît quelqu'un. Hélas, trois fois hélas, le bâtiment semble désespérément vide.

Demeuré seul, je me demande vraiment quelle solution je vais bien pouvoir dégoter. Mais voilà que le villageois, avec qui j'ai discuté tout à l'heure, revient tout haletant. Il me donne un bout de papier sur lequel est griffonné le nom d'une chambre d'hôtes. Moins de cinq minutes plus tard, j'arrive à destination. Une dame, la cinquantaine bien engagée, ouvre la porte et m'accueille avec gentillesse. Cette fois, la chance m'accompagne... il y a encore une chambre de libre ! Celle-ci est très grande et bien équipée... tout est donc réuni pour que je puisse passer une nuit reposante, bercé par les images de mes premiers jours de cheminement.

4ème étape – 31 mars
Hastière - Doische
27 kilomètres

Il est près de huit heures lorsque je rejoins la salle du petit déjeuner, coquette et meublée avec beaucoup de goût. Le propriétaire de la chambre d'hôtes, consultant en informatique, et sa femme Gina, enseignante, me rejoignent les bras chargés de victuailles. Il n'y a pas à dire, ce n'est pas le choix qui manque ! Des confitures maison, un appétissant plateau garni d'une grande variété de fromages, diverses sortes de pains et de viennoiseries en passant par des œufs à la coque, des fruits... bref de quoi requinquer le marcheur assidu que je suis.

Un rapide coup d'œil à l'horloge murale m'apprend qu'il est déjà près de neuf heures. À regret, je prends congé de ces hôtes si prévenants et débute l'étape du jour qui doit me mener d'Hastière à Doische, soit une bonne vingtaine de kilomètres. Bien qu'ayant entamé sa lente ascension, le soleil ne parvient pas encore à réchauffer l'atmosphère. Je relève alors le col de ma polaire et m'oriente en direction du bois des Aujes.

Je suis heureux de constater que mes muscles, endoloris la veille, lors de mon arrivée à Hastière, ont retrouvé leur souplesse. Ma bonne forme physique m'encourage à filer, l'esprit serein, en direction de la vallée de l'Hermeton à une allure soutenue. L'endroit est étrange, peut-être même un peu angoissant. Le sentier s'est subitement rétréci, il mesure à peine soixante centimètres par endroit. Je ne sais pourquoi, mais cet univers particulier ne m'inspire guère. Se succèdent alors plusieurs ruisseaux à gué dont le clapotis capte l'attention. Au bout de deux kilomètres, des arbres déracinés empêchent le passage. Comme il n'y a pas moyen de contourner ces obstacles, j'entreprends d'enjamber les troncs, veillant à ne pas glisser dans l'eau. Assurément, un bel exercice d'acrobate !

Les minutes passent et la situation devient de plus en plus lourde à gérer. À plusieurs reprises, mon pied glisse sur les pierrailles instables, heureusement sans dommage. Mon topo-guide indique une bifurcation, mais aucun sentier ne se présente à moi. Je décide donc de pousser un peu plus loin mes investigations afin de dénicher une échappatoire salvatrice. Hélas, mes recherches demeurent vaines !

Voilà que maintenant se dresse devant moi une montée à la déclivité impressionnante. Je m'aide de mon bâton pour me hisser au sommet. Après une bonne heure de marche, je perds toute trace du GR... plus aucune marque au sol, plus aucun potelet indicateur ! Là, je comprends que je suis perdu dans cet environnement sombre et silencieux. Allons, inutile de paniquer, bientôt je retrouverai la bonne voie...

Dans mon empressement à quitter ce bois touffu, mon pied s'entortille dans des ronces et je trébuche. Plus de peur que de mal, rien de cassé ! Je me dis qu'il serait plutôt malvenu de me blesser ici au beau milieu de nulle part. Je me redresse à l'aide de mon bâton et vérifie n'avoir rien perdu de mon matériel. Non, tout va bien, mon sac à dos a bien résisté !

J'ai chaud et transpire à grosses gouttes. La sueur dégouline de mon visage tandis que mon tee-shirt est complètement trempé. Lorsque je porte la main à ma gourde, je constate avec effroi que celle-ci est complètement vide. Suis-je donc bête, j'ai oublié d'acheter de l'eau ce matin ! Cette fois, il n'y a plus à tergiverser, il faut vraiment que je trouve un moyen de sortir de cette maudite forêt, au risque d'y passer la nuit !

Arrivé sur un plateau à six embranchements, je me mets à rire tout seul. Mais que voilà de réjouissantes perspectives : une chance sur six de prendre la bonne direction et de trouver le village de Soulme ! Rapidement, je me rends compte que quatre de ces chemins s'enfoncent dans une végétation sauvage. Bon, ne restent donc plus que deux possibilités : soit à gauche, soit plus au sud. Allez, j'opte pour l'embranchement de gauche, maudissant une nouvelle fois le tracé proposé par le GR !

Après une demi-heure de marche, j'aperçois au loin une grande villa entourée de nombreux hangars. Alors que je débouche dans la grande cour pavée, un homme hurle : « *he, vous êtes ici dans une propriété privée !* » J'ai envie de lui répondre que c'est le cadet de mes soucis, mais je préfère user de diplomatie. L'homme, taillé comme un arbre, s'approche et me regarde d'un air méfiant. Je lui explique avoir erré depuis maintenant près de quatre heures dans la vallée de l'Hermeton et être complètement épuisé. D'un signe de la tête, il m'invite à le suivre, ce que je fais sans sourciller. Une fois à l'intérieur de la bâtisse, je me laisse choir sur la première chaise venue.

Surprise totale lorsque celui que je prenais pour un personnage bourru, sort de son frigo une bouteille de bière, fraîche à souhait. « *Tiens* me dit-il, *c'est pour toi* ! » Je lève les yeux vers lui et le remercie pour sa gentillesse. Assoiffé, je vide mon verre d'un seul trait sous le regard amusé du colosse. Il rit à gorge déployée, puis me place un plan sous les yeux. « *C'est ma propriété, elle s'étend sur deux cents quatre-vingts hectares !* » fait-il d'un air détaché.

Pas le temps de lui répondre que déjà il se lève et me demande de lui emboîter le pas. Gérard, c'est son prénom, propose de me conduire sur la bonne route, à Soulme pour être précis. Je le remercie vivement sans susciter de sa part autre chose qu'un grognement. Je me dis que ce borborygme signifie sans doute « pas de quoi ». Après tout, à chacun sa manière d'exprimer sa joie ou son mécontentement !

Soulme, désert en ce moment de la journée, dégage une atmosphère particulière. Articulés autour de l'église romane, le mur d'enceinte et le presbytère font forte impression. Le puissant 4x4, s'immobilise en face d'une ferme où quatre personnes mangent la soupe. C'est le moment que choisit Gérard pour s'éclipser en me souhaitant bonne route.

Alors que je lève la main en signe d'adieu, une voix m'interpelle : « *Un potage, pèlerin ?* » Ravi de cette proposition plutôt inattendue, je m'attable sans demander mon reste. La discussion s'engage et les questions fusent : « *D'où venez-vous ? Vers où cheminez-vous ? Quelles sont vos motivations à prendre le chemin ?* »

Vers quatorze heures, je décide de poursuivre la route, conscient d'avoir pris beaucoup de retard. En un temps record, je dépasse Vodelée pour arriver à Doische vers seize heures. Je suis vraiment vanné et ne rêve que d'une seule chose : prendre une douche bien chaude !

5ème étape – 1er avril
Doische - Olloy-sur-Viroin
26 kilomètres

Lorsque le réveil retentit, je repousse de manière énergique drap et couverture. Hier soir, j'ai trouvé refuge dans un accueil pèlerin. J'y ai rencontré des gens désintéressés pour qui seul le bien-être de l'hébergé compte. Cette famille de cinq personnes s'est littéralement coupée en quatre pour rendre mon séjour agréable. Ainsi, pour une somme modique, j'ai eu droit à un repas de fête, accompagné d'un vin d'excellente facture.

Avant de boucler mon sac à dos, je vérifie si mes vêtements lavés la veille au savon de Marseille - le produit miracle du randonneur - sont secs. Hélas, ma polaire, mon pantalon et mes deux paires de chaussettes sont encore humides. Je décide de ne pas me préoccuper de ce qui n'est finalement qu'un petit désagrément et rejoins la salle du petit déjeuner. Françoise m'y attend, curieuse de savoir si j'ai passé une bonne nuit.

Après avoir fait honneur à la profusion de mets étalés sur la grande table, je quitte Doische, heureux d'avoir pu rencontrer des gens ô combien chaleureux. Le début d'étape se révèle difficile. La montée vers le bois de la Cense Lahaye m'arrache quelques halètements. Puis, j'entre progressivement dans le rythme, veillant à ne pas louper le balisage du GR... l'expérience d'hier m'a suffi !

Vers neuf heures trente, je débouche sur un petit plateau qui domine le charmant village de Hierges. J'y découvre, sous le soleil levant, les vestiges du château dont les origines remontent au XIe siècle. Construit sur un éperon rocheux, il domine la vallée. Quelques volutes d'une brume duveteuse entourent les remparts, donnant à ce tableau idyllique un air mystérieux. Le silence matinal impressionne, il contraint presque le passant à pratiquer l'introspection. Étonnante nature tout de même ! Elle montre ses plus beaux atours et, préoccupés que nous sommes par nos charges quotidiennes, nous n'avons que peu d'attention à lui accorder.

Un homme, la bêche à la main, remonte avec difficulté le sentier qui s'élève jusqu'à son jardin. Lorsqu'il m'aperçoit, il n'hésite pas à faire un détour pour venir me saluer. Fourbu, il s'assied à mes côtés sur le banc à moitié vermoulu, et me tend la main. « *Vous, allez à Compostelle ?* m'interroge-t-il les yeux pétillants. *Je vous ai vu passer tout à l'heure et j'ai remarqué votre coquille.* Il poursuit avec beaucoup de douceur dans la voix : *pas plus tard que le mois dernier, j'ai regardé une émission consacrée à ce périple. Je trouve cela merveilleux de prendre son bâton et de cheminer avec soi-même. Finalement on devrait rendre ce pèlerinage obligatoire. Peut-être le monde serait-il meilleur, peut-être serions-nous tous moins indifférents ?* » Sans attendre de réponse de ma part, il se lève et me salue tout en me souhaitant bonne chance.

Je regarde l'homme s'éloigner à pas mesurés. Il semble éprouver beaucoup de difficultés à se mouvoir et pourtant il trouve le courage nécessaire pour gravir ces routes pentues afin de s'occuper de son jardin. Ce tableau me fait songer à ma délicieuse grand-mère qui, autrefois, évoquait souvent la vieillesse et l'inévitable déclin de l'individu. Elle aussi avait le feu sacré et témoignait toujours d'un courage à toute épreuve. Ma main glisse vers ma pochette en plastique et je m'empare de sa photo. Je la regarde longuement… Elle me manque tellement et je suis si heureux qu'elle puisse m'accompagner à l'occasion de ce lointain voyage.

Mon sac à dos solidement arrimé sur les épaules, je repars à l'assaut de mon parcours du jour. À proximité de la tour-belvédère, je profite d'une belle vue sur la Meuse et le Viroin, le mur des Douaniers et aussi le village de Mazée. Quelles richesses patrimoniales possédons-nous et nous ne nous en rendons même pas compte !

Un peu avant midi, me voilà à Treignes, charmant village aux innombrables découvertes : le musée du chemin de fer à vapeur, l'écomusée du Viroin, le musée d'archéologie industrielle… sans oublier l'espace dédié à Arthur Masson, le père des aventures de Toine Culot. Je m'assieds sur les marches de la belle église, assez impressionnante pour un petit village, et déballe mon pique-nique. Au programme : tartines au jambon de Parme, saucisson et fromage. Les clients de la petite supérette, située à proximité, sourient de me voir dévorer à pleines dents ma pitance du jour.

La température est très douce, elle doit bien avoisiner les vingt degrés. Je peux, sans hésitation aucune, laisser tomber la polaire ! Plein d'énergie, je me lève d'un bond et file rejoindre le GR. À nouveau, les panneaux indicateurs font défaut. Quelques jurons plus loin, le spectre de la vallée de l'Hermeton vient se rappeler à mes souvenirs. Au bout d'un moment, apparaît une nouvelle signalétique, celle du Ravel. Un rapide coup d'œil sur le plan suffit à me tranquilliser. Je suis sur la bonne voie et vais pouvoir rejoindre le village de Olloy-sur-Viroin.

Le carillon de l'église annonce quinze heures lorsque je débouche sur la placette du village. Celle-ci est déserte à l'exception d'un vieux monsieur, accaparé par la lecture de son magazine. Je me dirige vers lui, le sourire aux lèvres, et le questionne quant aux possibilités d'hébergement sur Olloy. Il évoque un hôtel, pas bien luxueux et souffrant apparemment d'un problème de propreté, situé à un peu plus d'un kilomètre du centre du village.

J'avoue être un peu dubitatif, partagé entre le sentiment de me retrouver dans une gargote malodorante et le fait de devoir poursuivre mes recherches en laissant la chance guider mes pas. Alors que je compulse une nouvelle fois mon guide, une jeune femme m'interpelle : « *Vous cherchez quelque chose, monsieur ? Peut-être puis-je vous aider ?* ». Je remercie poliment la dame et lui explique mon souci de logement. D'un signe de la tête, elle m'invite à la suivre.

Après avoir remonté la rue sur une trentaine de mètres, nous nous trouvons face à une maison d'allure chétive. La dame ouvre la porte et me dit : « *Si vous le souhaitez, je peux vous loger. Mais il faudra un peu se serrer...* ». Lorsque je pénètre dans le salon dont les murs sont bariolés de peinture verte, jaune et rouge, mon esprit s'emballe. Se serrer, comment, se serrer ? Rapidement, je comprends ce que cela signifie et m'éclipse sans demander mon reste.

Moins d'un quart d'heure plus tard, je découvre un vieux bâtiment dont la façade décolorée n'augure rien de bon : c'est l'hôtel dont on m'a parlé ! Une fois à l'intérieur, le gérant m'indique qu'il est en mesure de me loger. Je suis sauvé... enfin, espérons-le !

6ème étape - 2 avril
Olloy-sur-Viroin - Rocroi
26 kilomètres

Il n'y a pas à dire, mais cet hôtel est vraiment indigne de figurer dans un guide. Passons sur le confort sommaire des lieux... Le pèlerin s'adapte à tout, enfin presque. L'odeur qui règne dans cet établissement est nauséabonde, la salle de bains est d'une saleté repoussante, la moquette est constellée de taches dont il vaut mieux ignorer la provenance, la porte de la chambre ne ferme pas à clef... Cette liste non exhaustive suffit, à mon sens, à justifier les raisons de mon dégoût.

La nuit fut donc loin d'être reposante ! Je me suis réveillé vers deux heures du matin, convaincu d'avoir entendu des cris... Oui, on aurait dit une femme qui appelait à l'aide ! Je me suis donc levé sur la pointe des pieds et suis allé jusqu'au palier. Tout était silencieux, mais je n'étais pas vraiment rassuré. Inutile de dire qu'après cet épisode, j'ai éprouvé toutes les peines du monde à trouver le sommeil.

Lorsque j'ouvre les yeux, il fait grand jour. Je ne sais dire pourquoi, mais la première pensée qui me vient à l'esprit est celle du petit déjeuner que je suis censé prendre dans une quarantaine de minutes. J'hésite à me débiner en prétextant des maux de ventre. Au bout d'un moment, la raison finit par l'emporter. Après tout, je l'ai payé, je vais donc le manger ! Et puis, je dois songer à absorber mon lot quotidien de calories, c'est important !

Sans vraiment pouvoir qualifier cette nourriture d'infecte, les aliments proposés ne sont plus d'une première fraîcheur ! Je décide donc d'éviter les charcuteries et surtout le fromage dont la couleur verdâtre aurait de quoi écoeurer le plus indécrottable des optimistes. Seul le café parvient à tirer son épingle du jeu. Ouf, l'honneur est sauf !

Après m'être acquitté des formalités d'usage, je quitte cet infâme taudis. Olloy sommeille encore, je ne rencontre qu'une personne âgée qui promène son chien. Je la salue poliment et traverse le passage à niveau pour gagner directement le chemin empierré indiqué dans mon topo-guide. Se succèdent alors, sur une courte distance, de nombreux étangs de pêche qui, vu leur état de délabrement, doivent certainement être à l'abandon.

Moins de dix minutes plus tard, la route se prolonge par une forêt touffue truffée de chemins qui s'entrecroisent... Un vrai labyrinthe ! Le sol meuble s'enfonce sous mes pas. Ce n'est guère étonnant puisque le soleil ne peut transpercer pareil rideau de végétation. L'odeur suave de l'humus prend à la gorge. Soudain, deux petits écureuils bondissent devant moi et disparaissent aussitôt sur un immense chêne dont le tronc est partiellement desquamé. Je sors mon appareil photo de son fourreau protecteur, espérant pouvoir les photographier. Hélas, ils sont d'une telle vivacité qu'il m'est impossible de les repérer.

Oh, heureuse vision que ce jardin, situé à une vingtaine de mètres de la route principale. Entouré d'un muret en pierres sèches et bordé de hautes claires-voies végétales, il figure le petit coin de paradis rêvé où venir se prélasser agréablement. Plus à l'Est, se profile une allée de massifs entrelacés, aboutissant à un bassin de forme octogonale d'où émergent, en son centre, quatre cariatides soutenant une vasque monumentale. Celle-ci accueille une profusion de fleurs et de plantes. Nul doute, cet ensemble s'apparente à s'y méprendre aux jardins romantiques d'autrefois, autant de lieux secrets permettant les rencontres poétiques, le ressourcement ou encore – il s'agit là d'une dimension plus polissonne – les émois érotiques !

Fin d'après-midi, mon arrivée à Rocroi symbolise l'entrée en territoire français. D'emblée, je suis séduit par les jolies maisons et les arbustes en fleurs dont les couleurs chatoyantes stimulent l'esprit. Partout, je retrouve des panneaux signalétiques renseignant les importantes fortifications en étoile que je vais bientôt contempler de près. Voilà qu'elles se dressent là fièrement, se laissant admirer et prendre en photo par de nombreux touristes et... un pèlerin ! Les murs épais et la robustesse de ces ouvrages ont très certainement nécessité beaucoup d'efforts de la part des bâtisseurs !

La place de Rocroi se laisse apprécier. Elle est assez grande pour accueillir quelques beaux bâtiments : l'église dont j'apercevais la haute silhouette avant d'arriver à destination, la mairie et... l'office du tourisme, où je décide de me rendre sans tarder, non sans avoir pris la peine de saluer un peintre occupé à croquer deux enfants, mignons à souhait. Je pense que la maman, curieuse de découvrir le travail de l'artiste, ne sera pas déçue car celui-ci semble vraiment très doué. Sa composition est réellement brillante !

La responsable de l'office de tourisme est fort aimable. Inutile de lui préciser, elle a tout de suite remarqué qui se trouvait là, devant elle : un vaillant pèlerin, le sac à dos fixé sur ses épaules, en quête d'informations ! Avant même que je le lui demande, elle pose devant moi un plan de la ville et m'explique les principales curiosités à découvrir dont la plupart se trouvent disséminées dans le cœur de la belle cité.

Deux touristes allemands viennent d'arriver à l'office du tourisme. Afin de ne pas gêner le travail de la préposée, je décide d'aller à l'essentiel et l'interroge quant aux possibilités de logement. Tout est bien organisé ici à Rocroi : je reçois un folder avec quatre ou cinq références. J'opte pour la plus proche, n'ayant pas vraiment l'envie d'accumuler des kilomètres inutiles.

Une fois arrivé à destination, je m'assieds sur une chaise et m'interroge. Au fil des ans, n'ai-je pas perdu l'intense curiosité des choses ? Ne me suis-je pas sagement installé dans un conformisme rassurant ? Ici, à l'abri de l'effervescence, je peux réfléchir, imaginer, créer, rêver... Bref, mieux ressentir que j'existe ! J'ai encore en mémoire tous mes souvenirs d'enfance. C'était l'époque des découvertes, des émerveillements, que l'entrée à l'âge adulte affadit, accaparés que nous sommes par une vie menée tambour battant.

Les apparences cachent souvent des réalités différentes. Nous vivons l'ère du paraître avec tout ce que cela comporte d'artificiel ! Et pourtant, chaque être humain ne porte-t-il pas en lui des trésors, la plupart du temps ignorés ? La faute en revient à son asservissement aux chimères d'une société dont il ne connaît que les servitudes. À moi donc de tirer profit de cette période qui m'est offerte afin de rentrer davantage en moi-même et de travailler à cette montée de conscience, indispensable à la découverte des racines de mon être.

7ème étape - 3 avril

Rocroi - Sormonne

28 kilomètres

Quel contraste avec le logement d'Olloy-sur-Viroin ! Ici, tout est d'une grande propreté et bien équipé. Ce local, fraîchement rénové, inauguré début mars, permet d'héberger six pèlerins. Je n'ai vu personne arriver et suis donc demeuré seul, ce qui m'a permis d'avancer dans mes tâches quotidiennes : préparer la route du lendemain, laver mes vêtements, alimenter la page Facebook et mon blog, écrire le déroulé de la journée...

Assis tranquillement à la table du petit déjeuner, je repense au premier jour de mon périple et à mon arrivée à la gare de Namur. Quelle effervescence tout de même face à l'inconnu. Depuis que je suis véritablement entré dans cette introspection que j'appelais de tous mes vœux, mon esprit, débarrassé des embarras et autres futilités de la vie quotidienne, se met à bouillonner. Il me propose des dialogues intériorisés et attend que j'interagisse avec lui. Et quand mon attention est captée par d'autres sujets, il m'intime l'ordre de me montrer attentif.

Les gens que je rencontre sur le parcours sont d'une admirable courtoisie, toujours prêts à aider et à s'intéresser au pourquoi de cette longue marche. Je devine chez beaucoup d'entre eux une réelle envie d'entreprendre pareille expérience, mais je suis convaincu que peu réaliseront ce rêve, incapables de dépasser leurs propres barrières mentales. Et pourtant ne devrions-nous pas tous nous libérer de ces entraves, car la roue du temps tourne inexorablement.

Drôle d'existence tout de même que celle d'un homme : naître pour mourir ! À l'échelle du Temps, nous ne sommes qu'une infime poussière qui disparaît en un claquement de doigts. Dès lors, quel sens donner à la fulgurance de cette vie ? Tous, nous avons nos propres convictions, nos propres modes de pensée. Qui a tort, qui a raison ? Impossible bien évidemment d'y apporter une réponse. Le chemin offre également cette diversité, chacun traçant sa propre route. Ce qui est formidable, c'est de voir les personnes discuter entre elles sans vouloir convaincre l'autre de leur point de vue. Non, le pèlerin, qu'il soit chrétien, en recherche d'une certaine forme de spiritualité, agnostique ou résolument athée... respecte l'autre et c'est très bien ainsi.

Un rapide coup d'œil à mon gsm m'apprend qu'il est près de sept heures. Je me lève, tel un soldat au garde à vous, prêt à ranger le gîte et à passer un coup de balai. Puis, une fois mon sac à dos correctement harnaché, je tire la porte derrière moi et entame mon parcours sous un soleil dominant. Néanmoins, le vent piquant m'oblige à relever le col de ma veste. Il serait dommage de prendre froid et de me retrouver alité, le front brûlant.

À proximité immédiate de la Ferme du Couvent, à vrai dire un bâtiment à l'état de ruine, je croise une randonneuse originaire de Wavre. Elle aussi semble dubitative quant à la direction à suivre. Cette partie du GR est mal indiquée, ce qui augmente les risques de se perdre. Ensemble, nous envisageons les différentes options qui se présentent à nous. Hélas, nos topo-guides se révèlent d'une piètre utilité. Il n'y a donc plus qu'à espérer que la chance vienne à notre secours. Nous décidons de poursuivre tout droit sans nous poser trop de questions. Au détours d'un large sentier, situé dans la vallée de la Misère, je prends mon envol, nos vitesses de marche respectives n'étant pas suffisamment compatibles.

Le parcours est vraiment épuisant. Ma respiration saccadée me force à quelque peu diminuer l'allure. Soudain, les marquages semblent s'être volatilisés. Un regard à gauche, puis un autre à droite... Hélas, le GR est introuvable. Deux embranchements se présentent à moi. Lequel prendre ? J'opte pour celui de droite, celui qui s'enfonce dans une grande sapinière, avec la ferme intention de croiser la départementale, comme signalé dans le guide.

Je randonne depuis plus de trois heures dans ce paysage fantasmagorique et souffle tel un bœuf car la succession de pentes raides et de descentes vertigineuses m'ont littéralement épuisé. Tout à coup, mon cœur se serre. Non, ce n'est pas possible ! Quelle déveine, je me retrouve à mon point de départ, à quelques dizaines de mètres du barrage retenant une partie des eaux du lac des Vieilles Forges. Je pousse un cri de rage, repensant à tous ces efforts déployés en pure perte depuis ce matin. Me retrouver ainsi à mon point de départ représente pour moi une véritable torture !

Rapidement, je me calme. Il ne sert en effet à rien de s'énerver, cela n'arrangera pas les choses, bien au contraire ! Que faire ? Repartir pour un tour en forêt et prendre un autre sentier ou alors, opter pour la route ? Sur les rotules, je décide de privilégier la seconde voie. De plus, les lanières de mon sac à dos cisaillent littéralement mes chairs et la douleur est vive. J'imagine déjà la halte du soir qui me permettra de me badigeonner de crème.... Impossible en effet d'ignorer mon épiderme meurtri au risque d'aggraver mes blessures.

Un couple de personnes âgées, rencontré en bordure de forêt, m'indique la direction à suivre. La dame un peu inquiète m'explique que je ne suis pas prêt d'arriver... Il reste un peu moins de seize kilomètres à parcourir. J'accueille la nouvelle avec un petit rictus qui en dit long sur mon état mental en ce moment ! Eh, oui le constat d'une route longue et difficile est bien là. À moi de tout mettre en œuvre pour ne pas me laisser dominer par des sentiments négatifs susceptibles de saper ma motivation à boucler ce périple selon le schéma préétabli.

Au moment même où j'aperçois un panneau indicateur, un véhicule s'arrête. L'homme me demande où j'ai l'intention de me rendre ainsi, tout en sueur. Lorsque je lui indique la destination, il propose de me déposer à Rimogne. Fidèle à ma ligne de conduite je refuse sa proposition sans oublier toutefois de le remercier pour sa gentillesse. En cet instant, je n'ai qu'une seule envie : m'attabler à une terrasse et boire un verre d'eau pétillante ! Mais, ici, il n'y a ni bar, ni taverne... seulement du bitume et des arbres !

Au loin, je devine une plaque d'entrée d'agglomération. Enfin, j'arrive à Rimogne ! Voilà, le sourire est revenu sur mon visage. Je vais pouvoir rejoindre mon logement et profiter d'un repos bien mérité. Et puis, je suis certain que la propriétaire du gîte va me chouchouter. Peut-être même pourrais-je y prendre le repas du soir, ce qui m'éviterait de manger seul au restaurant.

8ème étape - 4 avril
Rimogne – Signy-l'Abbaye
24 kilomètres

Rimogne ne présente pas de véritables centres d'intérêt, sinon quelques vestiges liés à son important passé industriel. Ce village, d'allure un peu pataude, fut autrefois l'un des plus grands bassins ardoisiers de France. L'extraction de l'ardoise y a été pratiquée jusqu'au début des années septante. Témoin de cette ancienne prospérité, un immense extracteur, à moitié rouillé, dont la hauteur doit bien avoisiner la vingtaine de mètres. L'enracinement des habitants à leur histoire semble profond. Les gens rencontrés au centre du bourg sont rudes, mais, une fois la glace brisée, ils laissent parler leur cœur.

Dans l'attente du déjeuner, j'attrape mon topo-guide et consulte le parcours de cette huitième étape qui doit me mener jusqu'à Signy-l'Abbaye. À première vue, elle ne semble pas trop compliquée. Gros soulagement en effet de noter l'absence de zones forestières. Je pense y avoir goûté à suffisance lors de la dernière étape… avec ce maudit parcours au sein de la mystérieuse vallée de la Misère.

Il est important pour le pèlerin de bien se nourrir car les journées ne sont pas de tout repos. Veiller à accumuler les calories utiles à la marche constitue donc l'une de mes priorités. Ici, à la chambre d'hôtes qui m'accueille, je suis comme un coq en pâte. Outre le logement qui y est de très bonne qualité, la nourriture est également délicieuse. Je n'hésite donc pas à goûter, sans retenue aucune aux mets proposés. Jugez plutôt : deux crêpes, une demi-baguette, un petit bloc d'Emmenthal, une banane et un yaourt aux mûres… le tout arrosé par du café et trois verres de jus de fruits !

Mon hébergeante s'assied à mes côtés, curieuse de connaître mes motivations à poursuivre pareil périple. Je lui explique la démarche plurielle qui accompagne ce pèlerinage. Elle acquiesce, retrouvant sans doute dans mes paroles des explications maintes fois développées par d'autres randonneurs. Elle a des yeux très expressifs et un sens de l'accueil plutôt développé. Je suis convaincu qu'accueillir ainsi des dizaines de pèlerins nécessite un état d'esprit très particulier. Chez tous les hébergeants que j'ai rencontrés, j'ai retrouvé une même pétillance dans le regard et une même envie de partager.

Au bout d'un moment – je n'ai pas vu le temps passer – je m'excuse auprès de mon interlocutrice et lui signale que le temps est venu pour moi de poursuivre la route. Elle m'accompagne jusqu'à la porte d'entrée et me souhaite bonne chance pour la suite de mon pèlerinage. Rapidement, je gagne la place du village et la silhouette de ma logeuse s'évanouit.

Alors que j'atteins Châtelet-sur-Sormonne, il commence à pleuvoir. Je m'arrête immédiatement pour enfiler ma parka et protéger mon sac à dos à l'aide d'une housse de protection. L'averse, de courte durée, est remplacée par une petite bruine inoffensive. Ce n'est pas le moment de me plaindre, car les conditions climatiques se sont révélées assez exceptionnelles depuis mon départ.

Dès Rouvroy-sur-Audry, je pénètre à nouveau dans une partie boisée, de surcroît assez humide. Mes chaussures s'enfoncent dans le sol spongieux et la boue macule mon pantalon. Je songe, le sourire aux lèvres, à la lessive qui m'attend ce soir. Partout fleurissent de petits panneaux «attention chasse» en guise d'avertissements aux randonneurs. Je ne peux m'empêcher de me demander comment font les pèlerins empruntant ces sentiers aux premiers jours de l'automne. Brrr, une balle est si vite perdue...

Ici, en pleine nature, la tiédeur parfumée des sous-bois aiguise les sens. Je suis assis sur une vieille souche et cette nature qui s'éveille captive mon attention, me plongeant dans une sorte d'extase régénératrice. Soudain, un petit oiseau, peut-être une mésange, vient se poser sur un arbuste, à moins de trois mètres de distance. Lorsqu'il se met à chanter, n'éprouvant visiblement aucune crainte, le silence se fait !

Immobile, j'observe le volatile avec étonnement. S'ensuit alors une sorte de dialogue intériorisé avec l'oiseau, qui à mes yeux, a revêtu une apparence humaine. Puis, comme par magie, il se met effectivement à me parler. Je me frotte les yeux, éberlué par cet étonnant phénomène :

– Bonjour voyageur, qui es-tu ?

Je ne sais trop quoi dire.

– Euh, un pèlerin...

– Oui, cela se voit !

– Quoi, la coquille ?

L'oiseau entame une petite ritournelle et, après quelques secondes de silence, poursuit le dialogue.

– J'en vois défiler des pèlerins ici ! Lorsque le printemps est déjà bien avancé, je peux en rencontrer une bonne dizaine par jour. Il y en a des petits, des gros, des jeunes, des gentils, des étourdis, des taciturnes, des joyeux, des tristes... Et toi, pourquoi chemines-tu ?

– Une descente en moi-même, une véritable envie de me poser les bonnes questions. Je ne sais pas, j'ai été saisi d'une sorte d'appel, difficile à expliquer. Il s'agissait d'une petite voix qui m'invitait à prendre la route.

– C'est ce que la plupart disent ! Vous êtes bizarres, vous les humains. Indifférents, guerriers, égoïstes... et pourtant, vous pouvez, à certains moments, faire preuve d'une telle douceur, d'une telle fragilité...

– Si ce chemin pouvait nous aider à trouver sa cohérence intérieure, à devenir meilleurs...

– Il aiguisera ta réflexion et te permettra peut-être de repartir sur de nouvelles bases, sois-en convaincu ! Il n'appartient qu'à toi de profiter de cette solitude pour trouver les réponses que tu espères obtenir !

– J'espère que tu as raison, l'oiseau.

– Aie confiance l'ami, et le miracle s'accomplira !

Puis, le volatile prend son envol, me laissant seul à mes réflexions. Encore sous le charme de cette belle rencontre, je me lève d'un bond et reprend la marche qui, aujourd'hui, doit me conduire à Signy-l'Abbaye. La perspective d'y retrouver un ami, décidé à m'accompagner durant quelques jours, me procure une véritable joie.

9ème étape - 5 avril

Signy-l'Abbaye - Hauteville

33 kilomètres

Les rais incandescents du soleil viennent strier le mur de la chambre d'arabesques multicolores. L'esprit serein, je tire le rideau d'un coup sec. Fantastique, le ciel est tout bleu. Une nouvelle belle journée printanière s'annonce ! En ce moment empreint de beaucoup de sérénité, je songe à mon arrivée hier, en fin d'après-midi, à Signy-l'Abbaye, un magnifique endroit connu pour son épopée cistercienne et son abbaye fondée au début du XIIe siècle et qui connut au fil du temps un bel essor.

La visite sommaire de Signy m'a permis de découvrir de beaux bâtiments et de rencontrer des gens plutôt bavards... notamment trois personnes âgées interloquées par mon parcours de près de deux mille cinq cents kilomètres. Elles m'ont posé de nombreuses questions, essayant de comprendre ce qui me poussait à avancer. Il s'agit toujours d'un exercice incommode que d'évoquer cette force intérieure prête à balayer des montagnes.

En fin de journée, un peu fatigué par la route, j'ai été accueilli par un couple de retraités éminemment sympathiques. Ces gens sont merveilleux ! J'ai pu manger à ma faim et profiter de produits faits maison. Un vrai régal pour les papilles gustatives ! Thierry, un ami, est quant à lui arrivé sur le coup de vingt heures. Il a également eu droit au dessert – du fromage - un mets toujours apprécié... surtout quand celui-ci est accompagné d'un succulent vin rouge.

Cette famille est unique. Marie-Ange est issue d'une fratrie de dix enfants et son époux a également de nombreux frères et soeurs. J'imagine sans peine les réunions de famille animées et festives. Joviaux, ils nous ont raconté de nombreuses anecdotes sur la vie vécue au rythme des bonnes et des mauvaises nouvelles. Notamment celle de ce frère champion de sprint dont Marie-Ange semble si fière. Album à l'appui, elle a ainsi pu retourner dans un passé assez lointain et partager ses souvenirs avec nous.

À huit heures tapantes, nous descendons au salon pour y retrouver ces deux charmantes personnes. Tout est déjà installé et la bonne humeur est au rendez-vous. Marie-Ange, tout sourire, évoque ces dizaines de pèlerins hébergés depuis 2003. Pour chacun d'entre eux, elle possède une photo accompagnée d'un petit mot. Étonnant de consulter cet album retraçant toutes ces rencontres éphémères.

Je me sens tellement bien ici – ce sentiment semble partagé par Thierry – que je n'ai pas l'envie de m'en aller. Et pourtant, il va falloir se décider à prendre son bâton et à battre le pavé, car il est déjà neuf heures quinze. En effet, une longue route nous attend. Au total, trente-trois kilomètres de sentiers diversifiés. Il y en aura donc pour tous les goûts !

Après d'émouvantes embrassades, nous entamons la première étape de la journée, une longue sortie en forêt de dix kilomètres que nous a déconseillée un homme rencontré la veille, privilégiant quant à lui la départementale. Mais notre choix ne manque pas de pittoresque et nous aimons l'aventure. Une petite voix me susurre à l'oreille : *facile de crâner quand on est deux ! Tu étais moins fier, hein, la semaine dernière dans la vallée de l'Hermeton !* »

Lorsque nous quittons la forêt, nous retrouvons un soleil ardent, perché haut dans le ciel. J'ai conscience d'avoir beaucoup de chance en ce début de pèlerinage... pourvu que cela dure encore quelques jours. Je regrette de ne pas avoir songé à acheter de la crème solaire, mais qui aurait pu se douter ?

Vers treize heures, nous décidons de casser la croûte. Nous tombons au bon moment ! Dix minutes plus tard et le seul magasin de Wasgny allait fermer ses portes jusqu'à seize heures. Nous nous ruons donc à l'intérieur de la supérette pour y acheter de quoi nous sustenter. Chouette, il y a un petit muret à proximité immédiate de l'église. Nous nous y installons pour déguster notre baguette fourrée au camembert. En fin de repas, je sors mon couteau et découpe grossièrement quelques tranches de saucisson. Un vrai régal !

Gonflés à bloc, nous abordons maintenant la dernière partie de l'étape. La température est étonnamment douce, elle doit flirter avec la barre des vingt-cinq degrés. Ce sont là des conditions de marche exceptionnelles pour un début de mois d'avril ! Je me débarrasse de ma polaire et la noue autour de ma taille tout en sifflotant. Maintenant, je prends pleinement conscience de mon statut de pèlerin et me sens bien en phase avec cette atmosphère intérieure un peu particulière.

Le soir est désormais tombé sur Hauteville, notre point de chute de ce samedi 5 avril. Déception de constater qu'il n'y a ici aucun supermarché, ni boulangerie, encore moins de restaurant. Mais la chance vient encore à notre secours. Un couple d'agriculteurs nous conduit dans la bourgade voisine, ce qui nous permet d'acheter quelques provisions. Hélas, notre gîte n'étant pas pourvu d'une gazinière, impossible de réchauffer nos deux boîtes de raviolis !

À tout problème, sa solution ! Nous décidons de retourner chez le couple de fermiers qui, bien volontiers, accepte de nous aider. Après une dizaine de minutes, nous repartons avec notre plat du jour préparé comme il se doit, et toute la vaisselle utile à notre repas.

Aujourd'hui, l'extinction des feux est programmée vers vingt-deux heures. La journée a été longue, il est donc important de se reposer. Nous logeons dans un gîte municipal, un ancien lavoir entièrement restauré par la commune de Hauteville. Nous sommes les premiers pèlerins à occuper le bâtiment et n'en sommes pas peu fiers !

Allongé sur le lit – à dire vrai, plutôt un fin matelas posé à même le sol - le bras replié derrière la nuque, je retrouve des sensations d'enfance quand, avant de m'endormir, je songeais avec bonheur aux sorties du lendemain. Parfois, je ressentais avec beaucoup d'acuité l'exaltation de la joie ou encore, lors de situations nouvelles l'angoisse de l'inconnu. Fataliste, je m'interroge : pourquoi, une fois adulte, éprouvons-nous autant de difficultés à vivre pareils moments ? Aurions-nous brusquement, lors de cette mutation, perdu toute envie de nous enthousiasmer, de nous laisser porter par nos rêves ? Ne serait-ce pas la faute à cette société «poubelle» où se déversent nos esprits... Honnêtement, j'ai tout lieu de le croire !

10ème étape - 6 avril
Hauteville - Avaux
25 kilomètres

Une nuit un peu particulière que celle passée à Hauteville. Le gîte communal, fonctionnel et bien équipé, présentait tout de même une petite particularité... Il ne fermait pas à clef ! Nous ne sommes pas peureux, mais c'est plutôt pour nos effets personnels que nous angoissions... Enfin, surtout moi, je l'avoue ! J'ai donc trouvé un système «d» en calant l'un des lits contre la porte d'entrée tout en bloquant la clenche à l'aide d'un balai, ceci sous le regard amusé de Thierry.

Côté literie, nous avons également été amenés à nous montrer inventifs. Le sommier, une structure métallique un peu flasque, couinait tellement qu'il a fallu étendre les matelas au sol et dormir dans nos sacs de couchage. J'ai donc mis un peu de temps avant de m'endormir... tout le contraire de mon ami Thierry qui, presque instantanément, a sombré dans un repos réconfortant.

Il est six heures trente lorsque le réveil sonne. De mon côté, je suis éveillé depuis un petit moment déjà à cause d'Arthur... Arthur est un résidant indigène qui a tenu à venir nous saluer de manière un peu trop appuyée à mon goût. Je crois que j'ai eu tort, hier soir, de me montrer trop familier et d'engager la conversation avec lui. En fait, ce voisin un peu encombrant n'est autre qu'un magnifique dindon, trop heureux de pousser son gloussement si caractéristique. Un peu casse-pieds mais bon, c'est ça aussi les bienfaits de la nature...

Lorsque je pose le pied au sol, je ressens une décharge au niveau du muscle du bas de hanche. La douleur est vive... je me demande ce qu'il m'arrive. Il est vrai qu'hier, lors de l'une de nos innombrables grimpettes dans les bois, j'avais déjà ressenti pareille sensation. Je sors donc une pommade spéciale de ma trousse de secours et entreprends de l'appliquer sur l'endroit douloureux. Il n'y a plus qu'à attendre qu'elle produise son effet.

Dans l'intervalle, je m'empare du livre d'or placé en milieu de table et écris le texte suivant : « *Je suis un pèlerin venu de Belgique, de passage à*

Hauteville et qui se rend à Saint-Jacques-de-Compostelle. Ce périple durera cent jours, si tout se passe comme prévu. Merci mille fois à la mairie d'avoir mis à notre disposition ce merveilleux gîte, ce qui nous a permis de passer une nuit reposante, bien au chaud, et de recharger nos batteries pour la suite du voyage. Un mot également pour remercier les habitants de Hauteville pour leur accueil et tout particulièrement ce couple d'agriculteurs dont la maison se situe en entrée de village. Grâce à eux, nous avons pu manger à notre faim et communiquer avec nos proches en utilisant leur système wifi. Christian Debruyne. »

Le petit déjeuner est un peu frugal ce matin. Il nous reste un bout de baguette à nous partager et un verre d'eau comme boisson. Adieu café odorant ou autres douceurs matinales. Hauteville est un désert, il n'y a rien à se mettre sous la dent ! Qu'à cela ne tienne, nous aurons tout le loisir de nous acheter un ou deux pains au chocolat dans le premier village que nous rencontrerons sur notre parcours.

Une fois à l'extérieur du bâtiment, nous observons le ciel, d'un gris menaçant. De gros nuages annonciateurs de pluie filent à toute vitesse en direction de l'ouest. Quel changement radical par rapport à la veille ! Un vent puissant pique la figure... c'est donc le moment d'enfiler nos vestes. Je ne sais pourquoi, mais au fond de moi, je suis intimement convaincu que nous allons échapper aux averses.

Après avoir escaladé une côte assez pentue, nous obliquons à l'intérieur des terres. Des champs mouchetés d'innombrables taches de couleur accueillent un grand nombre d'éoliennes dont on ne pourra reprocher l'installation à proximité d'habitations. Les grandes pales tournent à vitesse régulière dans un mouvement circulaire, venant quelque peu briser le silence ambiant.

Je suis heureux : la douleur observée ce matin s'est estompée et c'est un réel soulagement ! Ce n'est évidemment pas le moment d'attraper une tendinite de la hanche ou autres joyeusetés du genre ! D'un bon pas, nous approchons de Château-Porcien, une plaisante bourgade située dans la vallée de l'Aisne et que décrivait à merveille l'écrivain Charles Braibant : « *Quand vous êtes sur le pont, votre nez est picard et votre cul champenois* ».

Après une halte d'un petit quart d'heure, juste le temps de manger nos pains au chocolat, nous reprenons la route en direction du Cal, via la voie de halage. C'est indéniable, les paysages se transforment petit à petit. Nous quittons progressivement le monde des crêtes pour retrouver un terrain plus plat. Ce n'est pas plus mal, cela permettra à nos organismes de souffler un peu !

La masse nuageuse se disloque lentement, ce qui laisse augurer de la poursuite du beau temps. Il est maintenant près de quinze heures quarante et nous venons d'arriver à Vieux-lès-Asfeld. Pleins d'espoir, nous nous dirigeons en direction de l'auberge indiquée dans le topo-guide. Une dame peu sympathique vient nous ouvrir et nous toise du regard. Elle nous signale que l'auberge est complète et qu'elle ne peut rien pour nous.

Fatigués par cette journée harassante, nous ne nous attardons pas et décidons de rejoindre le village de Avaux, distant de plus de trois kilomètres. La chance est de notre côté, il reste plusieurs chambres. Nous choisissons celle au fond de couloir et nous nous affalons sur le lit. Oh, que ça fait du bien de pouvoir mettre ses pieds en éventail et de souffler un peu...

La soirée se déroule calmement autour d'une bonne table. C'est Thierry qui m'invite et je ne suis pas déçu du repas. Au menu, une tourte au poisson, un magnifique plateau de fromages sur leur lit de verdure et d'ananas frais, accompagnés d'une compote de fruits et de deux petits sablés.

Rassasiés, nous remontons dans notre belle et confortable chambre pour y vaquer à nos dernières occupations de la journée. Pour moi, ce sera : alimenter ma page Facebook et mon blog, sans oublier de rédiger les principaux événements qui ont rythmé notre journée. Un travail exigeant, certes mais qui ne me pose pas le moindre souci pour le moment. Extinction des feux vers vingt-deux heures trente...

11ème étape - 7 avril
Avaux - Reims
33 kilomètres

Avant de démarrer cette nouvelle étape, j'attends tranquillement un appel d'une journaliste de Vivacité. Lorsque mon portable sonne, je décroche, heureux de pouvoir dresser le bilan de ces dix premiers jours de marche. Cette interview revêt pour moi une importance particulière : il s'agit de maintenir l'attention du public par rapport à l'action caritative véhiculée par ce projet. Voilà, c'est dans la boîte, le reportage sera diffusé demain matin !

Nous saluons amicalement les responsables du gîte et les félicitons pour l'excellence de leurs services. De fins nuages dérivent dans le ciel, formant d'élégants motifs, sujets aux plus étonnantes interprétations. Le chemin de halage, situé à quelques centaines de mètres, est presque désert. Seuls deux courageux pêcheurs tendent leur ligne dans l'attente d'une prise miraculeuse. Absorbés par leur exercice favori, ils devinent à peine notre présence, alors que nous leur avons pourtant lancé un tonitruant «Bonjour» !

Le parcours de cette journée se déroule en grande partie au fil de l'eau. L'Aisne, paisible, accueille une profusion de résidents : hérons, canards, poules d'eau... craintifs à la vue de deux étranges randonneurs équipés d'un imposant sac à dos. Nous avons beau demeurer le plus discrets possible, rien n'y fait ! Tous détalent sans demander leur reste...

Le rythme de la marche est soutenu. Quel bonheur, la gêne musculaire observée la veille n'est plus qu'un mauvais souvenir ! Heureusement, car l'étape est harassante avec une succession de petits sentiers tortueux. Après Brienne, Neufchâtel-sur-Aisne, Pignicourt, Orainville, Bermiricourt, Courcy... voilà, qu'au loin, apparaît la silhouette de Reims !

Nous ne sommes pas mécontents d'arriver à destination après plus de sept heures de marche. La magnifique cité a du charme, c'est une évidence et elle n'est pas peu fière de raconter aux passants sa glorieuse histoire. Cité des sacres des rois de France, elle offre moult découvertes aux amateurs de patrimoine et de belles pierres.

J'avoue méconnaître totalement les atouts de cette ville pourtant pétrie de richesses. C'est donc avec une vive curiosité que j'arpente, en compagnie de Thierry, les rues et ruelles de la cité reinsoise. Et puis, voilà que se dresse devant nous la cathédrale Notre-Dame, un incomparable chef-d'oeuvre de l'architecture gothique. Ce qui me frappe en premier, ce sont les impressionnantes dimensions de l'édifice dont il est difficile de saisir l'image en une seule prise de vue.

Quelle merveille pour les yeux que cette pierre lumineuse travaillée dans les moindres détails par de véritables artisans. Je pénètre à pas feutrés à l'intérieur de ce joyau et y parcours plusieurs panneaux explicatifs détaillant les vingt-cinq sacres royaux, depuis le baptême de Clovis en l'an 498 ! Nul doute, cette cathédrale produit une impression particulière.

Un homme d'un certain âge, assis à proximité de l'entrée, me fait signe d'approcher. Il s'agit du responsable de l'accueil pèlerins. Je le salue poliment et m'assieds en face de lui. Il m'interroge sur mon lieu de départ et note quelques informations dans son carnet. Puis il me pose une série de questions sur les raisons qui m'ont poussé à entreprendre ce pèlerinage. Satisfait des réponses apportées, il me propose de tamponner ma crédenciale, ce que j'accepte bien volontiers. Dans la foulée, il me communique quelques adresses d'hébergement disponibles sur le GR 654, ce qui viendra compléter les renseignements à ma disposition.

Je m'attarde plusieurs minutes devant les immenses vitraux qui inondent les allées de leurs couleurs mystérieuses. Quel patience il aura fallu aux artisans pour concevoir de tels chefs-d'oeuvre. Serions-nous, aujourd'hui, encore capables de réaliser ce genre de merveilles ? Et les visiteurs présents dans la cathédrale ne s'y trompent pas : tous semblent muets d'admiration face à cet étonnant spectacle.

Thierry me pousse du coude et me fait remarquer qu'il est près de dix-sept heures. Nous abandonnons, à regret, la contemplation de ce merveilleux édifice et rejoignons la gare de Reims à grandes enjambées. Une fois son billet en poche, Thierry accepte de prendre un dernier verre et puis s'en va rejoindre le quai de départ. Me voilà à nouveau seul pour la suite de mon périple.

Après avoir alimenté ma page Facebook et mon blog en détaillant les principaux éléments de cette belle journée ensoleillée, je reprends la direction du centre-ville pour repérer les différentes curiosités à visiter dès le lendemain matin. Un groupe de touristes américains fait la fête à proximité du grand théâtre. Lorsqu'ils m'aperçoivent, ils m'interpellent de la main. Probablement ont-ils repéré la coquille solidement arrimée à mon sac à dos. Étonnant de constater à quel point Compostelle les attire... À l'évidence, il n'est guère difficile de deviner que « The Way », un magnifique film sorti courant 2010 au cinéma, y soit pour quelque chose.

Alors que je descends en direction de la place de Stalingrad pour rejoindre mon lieu d'hébergement, une grande affiche attire mon regard. Il s'agit d'une évocation de la Grande Guerre et plus particulièrement de la terrifiante bataille de la Marne où l'armée française et les troupes alliées tinrent en respect l'envahisseur allemand pendant près de quatre années. Quelle folie que ces centaines de milliers de morts tombés sous les balles et les tirs de mortiers ! Je ne peux m'empêcher de m'interroger et de me dire que les hommes peuvent souvent agir avec une inconscience sidérante.

Arrivé sur le pont de la Vesle, je rejoins le centre Saint-Exupéry, où je passerai la nuit. Il s'agit d'un grand bâtiment qui offre une septantaine de chambres individuelles ou collectives. La préposée à l'accueil, une étudiante anglaise bien sympathique, m'indique le numéro du dortoir et m'explique les formalités d'usage. L'endroit est plutôt spartiate, mais je n'en ai cure, là n'est pas l'essentiel.

Une fois installé dans mon huit mètres carrés, je décide d'aller me promener en centre-ville pour y trouver de quoi me sustenter. Ambiance très différente de celle observée dans les petits villages traversés au fil du parcours. Qu'à cela ne tienne, je sais que la diversité offerte tout au long du chemin rendra mon parcours enrichissant et dénué de monotonie. En effet, il est primordial, selon moi, d'éviter de se laisser envahir par une certaine habitude.

12ème étape - 8 avril
Reims - Verzy
18 kilomètres

Levé tôt, je suis déjà fin prêt à partir à l'assaut des ruelles du centre-ville. Le ciel est totalement dégagé, mais le vent souffle en rafales, augmentant ainsi l'impression de froid. Quel changement radical par rapport aux températures estivales de la veille. D'un geste instinctif, je remonte le col de ma veste et avance, les mains profondément enfoncées dans les poches.

Moins d'un kilomètre sépare le Centre Saint-Exupéry des principales curiosités du cœur de ville. Dans un premier temps, toute mon attention se porte sur la cathédrale Notre-Dame, encore déserte en ce début de matinée. Je suis de nouveau stupéfait par la magnificence de cet édifice construit au XIIIe siècle sur les ruines d'autres ouvrages bien antérieurs à celui-ci.

Je m'arrête devant une œuvre impressionnante représentant Jeanne de Domrémy, appelée plus communément Jeanne d'Arc, celle qui libéra Orléans au mois de mai 1429. En retrait de son portrait, se trouve un texte plutôt évocateur des mœurs de l'époque. Je le note dans mon calepin : « *Gentil Roy, maintenant est exécuté le plaisir de Dieu qui voulait lever le siège d'Orléans et vous amener cette cité de Reims, recevoir votre saint sacre, en montrant que vous êtes vrai roi et celui auquel le royaume doit appartenir* ».

Un brouhaha discret se fait entendre. Il s'agit d'un groupe d'étudiants accompagné par deux professeurs et une guide. Celle-ci observe mon sac à dos et sourit tout en me fixant du regard. « *Pèlerin ?* » questionne-t-elle. Je lui réponds d'un signe amical de la tête. Aussitôt, elle rajoute : « *Si vous souhaitez vous joindre à nous, je n'y vois aucun inconvénient.* » Trop heureux de cette aimable proposition, je me positionne à l'arrière du groupe.

Sa voix est ferme, mais néanmoins très musicale. En début de visite, elle nous explique que Reims aurait été créée par Rémus, le parent du fondateur de la Rome antique. Elle poursuit en interrogeant les élèves sur la signification du baptême de Clovis. Ceux-ci, amorphes, sont incapables de répondre à ses questions. Un peu surprise par ce manque flagrant de culture, la guide insiste sur l'importance de l'acte posé par Clovis. Elle souligne avec emphase : « *Sa conversion au christianisme lui permit d'affermir sa mainmise militaire sur la Gaule !* » Petite diversion, suite à une question posée par une étudiante, la guide remonte les siècles et s'attarde sur l'épisode tragique de la Grande Guerre. Pendant ce conflit, l'armée allemande pilonnera la cathédrale qui recevra, de plein fouet plus de trois cents obus !

S'ensuit alors un chassé-croisé de questions-réponses, moment que je choisis pour poursuivre ma visite de la cathédrale en solitaire. En bout d'édifice, je m'arrête devant trois vitraux d'un bleu envoûtant. Il s'agit ni plus ni moins d'une œuvre du réputé peintre Marc Chagall qui, en 1971, accepta ce travail un peu particulier. Ce bleu qui hypnotise est le même bleu utilisé par les artisans du XIIIe siècle. Je ne peux détacher mon regard de la fenêtre centrale, une réalisation d'une dizaine de mètres de hauteur symbolisant deux grandes figures de l'Ancien et du Nouveau Testament.

Il est près de dix heures. Après la prise des derniers clichés, je quitte les lieux en saluant la guide d'un geste de la main. À l'extérieur, le vent a encore forci. Je me hâte donc de me faufiler dans les ruelles afin de me protéger de la colère d'Éole. Les habitants de la remarquable cité déambulent devant moi, l'air sévère. Un peu à l'image de notre société : chacun rumine dans son coin, le plus souvent insatisfait de ce que la vie lui offre.

Je n'ai malheureusement pas le temps de visiter le palais du Tau, ancienne résidence des évêques et archevêques de Reims. J'aurais bien aimé découvrir les dizaines de pièces provenant des différents sacres ou encore les tapisseries du XVe siècle et la salle dédiée à Charles X. Hélas, ce sera pour la prochaine fois... En cet instant, je me fais la promesse de revenir plus tard pour explorer toutes ces merveilles.

Afin de ne pas trop m'éloigner de mon point de départ, situé dans le prolongement du pont de Vesle, je décide de restreindre quelque peu mon rayon d'action. Je marche donc d'un pas rapide et découvre successivement : les places Royale et de la Justice, les halles du Boulingrin, pour terminer en apothéose avec la Porte de Mars, un immense arc monumental long de trente-trois mètres, constitué de trois arcades agrémentées d'un décor mythologique. Un vrai régal pour les yeux et pour l'esprit !

La boucle est bouclée, me voilà revenu au pont enjambant la Vesle que je traverse avant d'obliquer vers la droite et de rejoindre les chemins de halage le long du cours d'eau toujours aussi paisible. Le silence ambiant m'ensorcelle. Dès lors que dire à ceux qui préfèrent le tumulte ? Rien, sinon peut-être de venir ici et de se laisser imprégner par cette onde silencieuse propice à la réflexion.

Vers treize heures trente, je décide de m'octroyer une pause et de casser la croûte. À peine assis sur un tronc d'arbre, j'entends de petits piaillements. Qu'est-ce donc ? Je me lève avec discrétion et écarte les joncs, d'un mouvement prudent. Oh, ce sont des poussins... de toutes menues boules de poils. Encore un tableau de rêve offert par une nature généreuse !

En ce moment, l'impression que la plupart d'entre nous sommes devenus incapables d'apprécier les beautés qui nous entourent, devient très présente. Ainsi, je me pose la question de savoir pourquoi, dans la vie quotidienne, il est si difficile d'estimer à leur juste valeur les choses simples de l'existence. Peut-être les notions telles que le profit, l'accumulation des richesses, l'indifférence... ont désormais érodé tout le champ de notre conscience, aboutissant à une sorte d'infantilisme intellectuel.

Après avoir traversé plusieurs petits villages dont le typique Vezernay, je débouche face à la mairie de Versy. Les portes de l'administration étant closes, personne n'est en mesure de tamponner mon passeport de pèlerin : la fameuse crédenciale. Bah, ce n'est pas grave, ce sera pour demain ! Et maintenant, il ne me reste plus qu'à trouver ma chambre d'hôtes, car je n'ai qu'une seule envie : prendre une bonne douche et me reposer un peu.

13ème étape - 9 avril
Versy - Condé-sur-Marne
21 kilomètres

J'éprouve l'étrange sensation d'avoir passé la nuit dans une usine à pâtisseries, entouré de douceurs aux mille parfums. Mais oui, bien sûr, cette impression, n'est pas le simple fait du hasard... je me trouve en effet sur le territoire du célèbre biscuit rose de Reims, celui qui, dit-on, flatte tous les sens ! Il est vrai qu'il est attirant avec ses jolies couleurs et son aspect robuste voilé de blanc. Nul doute, celui qui entend rivaliser avec la réputée madeleine de Proust n'a pas fini d'enchanter nos papilles.

Versy, où je me trouve actuellement, a tout de ces petits villages de France qui ont une âme. Son origine remonterait aux alentours du VIe siècle lorsque des moines vinrent s'y installer pour y bâtir un monastère et un peu plus tard une abbaye. Mais Versy accueille également le point culminant du massif de la Montagne de Reims que j'ai traversé hier sous un vent à décorner les bœufs. La vue sur la plaine environnante, s'étalant sur des dizaines de kilomètres, était époustouflante.

Mais la région est surtout réputée pour son champagne, le roi des vins ! La vigne est la reine de la terre, elle s'étend à l'infini, aussi loin que porte le regard. Impossible ici, au détour d'un sentier, de ne pas croiser un vigneron accroupi au sol à surveiller un patrimoine pour lequel il éprouve une infinie fierté. Ici, le temps qui passe rejoint le temps qu'il fait... cette heureuse alchimie garantit un produit de qualité.

En cet endroit, le champagne est joyeux, il est le maître des lieux. Compagnon de tous les instants, il est le symbole incontesté d'un art de vie raffiné. Je ne compte plus les innombrables maisons champenoises disséminées sur mon parcours. Elles sont presque aussi nombreuses que les habitants... Et il y en a vraiment pour tous les goûts, de la plus anonyme à la plus prestigieuse.

Avant de quitter le sympathique village de Versy, où j'ai trouvé à loger dans une charmante famille, je décide de me rendre à la mairie pour faire tamponner ma crédenciale. Avant de pousser la porte de ce beau bâtiment, je ressens soudain une vive inquiétude. Qu'ai-je donc fait de mon bâton de marche ? Ce n'est pas possible, quel étourdi suis-je donc ! Je suis certain de ne pas l'avoir oublié à la chambre d'hôtes, mais où alors ? Et si c'était ici devant la mairie que je l'aurais laissé traîner ? Je me souviens en effet m'y être arrêté hier, devant les escaliers pour consulter mon guide !

Le cœur battant, je pénètre dans le bâtiment municipal et m'adresse au secrétariat. La préposée, qui s'est déjà emparée de son cachet, attend que je lui présente le document. Tout en m'observant, elle sort de son armoire un bâton de marche. Mais c'est le mien ! La dame, sourit, probablement heureuse d'avoir pu me rendre service. Puis, elle me tend une main complice et me souhaite bonne chance pour la suite de mon périple.

Avant de rejoindre une partie boisée, la route s'élève et grimpe dans un environnement dédié uniquement à la vigne. À une centaine de mètres sur ma gauche, je remarque un homme qui conduit un cheval de trait avec une charrue pour retourner la terre entre les plantations. Lorsqu'il arrive à ma hauteur, je lui demande l'autorisation de le prendre en photo, ce qu'il accepte bien volontiers. Il me raconte son ambitieux objectif de remettre à l'honneur les anciens métiers, dont l'utilisation du cheval de trait, pour assurer le travail des champs. Voilà quatre ans qu'il a créé son entreprise et qu'il propose ses services aux viticulteurs de la région de la Champagne. Et le succès semble au rendez-vous !

Après l'avoir salué, je poursuis mon chemin tout en jetant un œil bienveillant au ciel. Les nuages se morcellent rapidement... une nouvelle belle journée m'attend. Subjugué par la beauté des paysages, je ne cesse de tirer de son fourreau mon appareil photo pour mitrailler ces longues bandes de terre aux couleurs si particulières. Un véritable panaché de vert, de jaune, d'ocre... offert par une nature si prodigue.

La plaine crayeuse de la Champagne cède progressivement la place à de nouveaux chemins plus... aquatiques. Après le petit pont de bois, j'oblique vers la droite et rejoins le chemin de halage, là où s'étire l'Aisne. Il n'y a presque aucun bruit si ce n'est le cri d'un bataillon d'oies sauvages en formation à l'affût d'un lieu paisible où se poser. Plénitude, senteurs, couleurs... autant de sensations à même de qualifier mon ressenti.

L'Aisne est truffée d'écluses aux abords joliment fleuris et dont le passage a été automatisé. Je jette un coup d'œil aux maisonnettes qui, autrefois, devaient héberger l'éclusier et sa famille. Ah, tous ces vieux métiers qui ont disparu ou sont en passe de l'être, quelle perte pour notre patrimoine culturel ! Il s'agit là d'un pan entier de notre héritage qui se volatilise au non d'une modernité aux accents de rentabilité !

Au bout d'un moment, une envie folle me prend de me vautrer dans l'herbe odorante d'un pré situé à quelques mètres d'une écluse. Je défais les lacets de mes bottines et renverse mon sac à dos qui me servira d'oreiller. Le regard fixé en direction du ciel, je m'amuse à observer les petits amas nuageux qui lentement dérivent dans une voûte céleste presque limpide. Ah, quel bonheur de pouvoir vivre ces instants magiques !

Une camionnette ralentit et le chauffeur, un homme plutôt grassouillet, me crie d'une voix taquine : « *Ne manque plus que le pastis et la pétanque, hein, monsieur* ». Je me relève et salue ce conducteur plutôt sympathique. De la tête il m'invite à monter dans son véhicule, ce que je refuse poliment tout en lui expliquant les raisons de mon refus. Celui-ci semble effaré d'apprendre le nombre de kilomètres qu'il me reste à parcourir. Il secoue la tête à plusieurs reprises et tout en me saluant amicalement, reprend la route sans tarder.

La fin d'étape est vraiment entraînante, rien qu'un beau sentier bien plat. Quelle dissemblance avec le parcours des cinq premiers jours pendant lesquels mon organisme avait été soumis à rude épreuve. La température est vraiment élevée, ce qui m'oblige à abandonner ma polaire bleue dont je ne me sépare qu'en de rares occasions. Mieux vaut en effet être prudent et éviter tout refroidissement ! Je me sens bien, très bien... et prends plaisir à profiter de cette sensation de pur bonheur. Nul doute, cette lucidité du moment m'amène à vivre ces instants avec une intensité décuplée.

14ème étape - 10 avril
Condé-sur-Marne - Châlons-en-Champagne
20 kilomètres

Tous ces villages traversés, y compris ceux où je m'arrête pour y passer la nuit, recèlent une âme particulière. La culture du secret y semble encore très vivace et sous une apparente bonhomie, chacun épie l'autre sans jamais trop en dire ! Lorsque je pose une question, je reçois le plus souvent pour réponse un : « *Je n'ai pas le droit de vous le dire, monsieur, vous comprenez... mais sachez que... donc, motus et bouche cousue, hein monsieur...* »

Je souris, à l'idée qu'il y aurait des ouvrages entiers à écrire sur le sujet. L'homme, cet être complexe, est un drôle d'animal qui souvent choisit de se compliquer la vie, alors qu'en y mettant un peu de bonne volonté, tout serait bien plus facile ! Fréquemment, il montre son côté belliqueux, égoïste, indifférent... Cependant, si nous prenions le temps d'écouter notre moi profond, les choses seraient radicalement différentes, de cela je suis intimement convaincu ! Enfin, cette certitude n'engage que moi, bien entendu !

Cette marche m'offre l'occasion de réfléchir, d'aller à l'essentiel sans tricher, sans chercher à emprunter des chemins de traverse. Je suis étonné de voir combien l'individu peut se révéler à lui-même une fois libéré des entraves de la vie quotidienne. Chaque jour, au fil de mes réflexions solitaires, je me découvre ému par la conviction profonde que dans cette démarche, l'homme accepte sans sourciller d'affronter les côtés sombres de sa personnalité.

Les cloches de l'église de Châlons sonnent allègrement. Il est sept heures dix, l'heure d'aller prendre le petit déjeuner. Lorsque je débouche dans l'immense cuisine qui tient plus du réfectoire, un silence sépulcral m'attend. La table, joliment décorée, met en appétit. Je ne me prive donc pas de goûter à tout ce qui se présente. Un pèlerin doit se nourrir abondamment pour affronter les rudesses du parcours... du moins, c'est comme cela que je justifie mon appétit gargantuesque.

Une fois le repas du matin englouti, je décide que le temps est venu de prendre mon envol. Avant de quitter le gîte, j'aperçois une grande clef en bois posée dans une mangeoire accolée au mur. Je ne résiste pas à la tentation de la prendre en mains... Et s'il s'agissait de la clef du bonheur ? Ah, si cela pouvait être vrai, elle en ferait des envieux !

Mais nous avons tous en nous une clef secrète, j'en suis persuadé ! Elle est si profondément enfouie sous une couche de rêveries que nous ne pouvons déceler sa présence. Et pourtant, il nous serait facile de nous en emparer et de la faire tourner dans la serrure, ultime obstacle au bonheur. C'est ce que j'essaie d'entreprendre au travers de ce pèlerinage... évacuer toutes les choses insignifiantes de mon esprit pour ne retenir que l'essentiel, tout ce qui est véritablement source d'épanouissement !

En début de parcours, mon regard ne peut se détacher du ciel limpide, synonyme de grande pureté. Les oiseaux volent haut, heureux probablement de ces conditions printanières vraiment exceptionnelles. Les ruelles sont désertes, à l'exception du petit sentier menant au canal. Une dame, la cinquantaine bien avancée, me salue amicalement. « *C'est vous que j'ai vu hier, du côté de Versy ?* » Je lui confirme que j'y étais effectivement en début de journée. Alors, elle m'explique l'envie de sa maman de prendre le chemin, ce qui ne semble guère la rassurer. « *Elle va avoir septante-cinq ans, monsieur, et elle veut partir au début de l'année prochaine. Si tel est son souhait* lui dis-je, *laissez-là vivre son rêve...* »

Après quelques kilomètres d'une marche soutenue, j'aperçois une petite péniche en approche de l'écluse. Moins de deux minutes plus tard, elle se présente devant l'ouvrage entièrement automatisé. Curieux tout de même de découvrir le génie de l'homme, toujours à créer, à inventer... À la manoeuvre, un homme, à la barbe hirsute, me lance un amical bonjour auquel je réponds avec courtoisie. Après avoir observé la manœuvre pendant quelques instants, je décide de poursuivre ma route.

Arrivé dans le village de Recy dont j'ai, il y a un bon bout de temps déjà, décelé le haut clocher roman, je me rends sans tarder à la boulangerie afin d'y commander du jambon. La boulangère me toise d'un air ahuri et m'explique qu'elle ne vend que du pain et des viennoiseries. Me voilà bien avancé avec ma baguette beurrée, emportée ce matin. Je lui achète néanmoins une couque au sucre... ce sera pour terminer ce copieux repas !

Alors que je suis tranquillement assis sur un gros rocher à la sortie du village, une voiture s'arrête. La conductrice me demande si j'ai de l'eau en suffisance. Je lui réponds par l'affirmative, mais lui signale n'avoir rien trouvé à Recy pour garnir ma baguette. Elle hausse les épaules et me demande de bien vouloir patienter quelques minutes. Lorsqu'elle démarre, je m'interroge sur son intention. À peine le temps d'observer le ballet de deux canards qui se disputent et voilà que la grosse berline opère son retour. La dame, range sa voiture sur le bas-côté de la route et me tend un sac. « *Du fromage, un peu de pâté maison, un pot de flanc et un fruit. Cela vous dépanne-t-il ?* » Je reste là, bouche bée, face à tant de générosité !

La dernière partie de l'étape s'effectue tout en douceur... il faut bien que la digestion s'opère ! Lorsque je pénètre dans les rues de Châlons-en-Champagne, la surprise est de taille... le silence vient de céder sa place à un vacarme assourdissant ! Que de voitures, de motos, de vélos et... beaucoup de gens. Moi qui ai vécu, ces derniers jours, dans des hameaux presque déserts, me voilà revenu à la ville et à ses contraintes. Moins d'une demi-heure plus tard, je prends possession de ma chambre dans l'auberge de jeunesse et décide de m'accorder une petite sieste, au demeurant bien méritée...

Requinqué, après un somme d'une petite heure, je me promène dans un adorable parc fleuri, remarqué lors de mon entrée dans Châlons. Celui-ci propose une profusion de fleurs et d'arbustes odorants taillés à la perfection. Le soleil est doux, il rend les gens heureux. Je saisis toute la joie, mais aussi la précarité de ces instants magiques... autant de fenêtres lumineuses qui s'ouvrent dans ma mémoire pour garder à jamais captives ces visions de liberté.

Il ne me reste plus qu'à me laisser bercer par ces exquises impressions. Comme l'on peut se sentir bien en profitant des plaisirs simples de la vie. J'entends cette affirmation au fond de moi et acquiesce d'un mouvement de la tête. Faut-il donc venir jusqu'ici pour comprendre cela ? Apparemment la réponse se révèle positive... édifiant constat, n'est-ce pas !

15ème étape - 11 avril
Châlons-en-Champagne – Saint-Amand-sur-Fion
32 kilomètres

J'avoue ne jamais avoir entendu parler de Châlons-en-Champagne et ce fut une véritable découverte. Tout d'abord il y a les belles maisons du centre-ville qui mènent à la cathédrale bâtie au XIIe siècle. Il s'agit d'un édifice à la fois robuste proposant d'impressionnantes dimensions, toutes en harmonie. Le travail de la pierre, du tympan richement orné, aux gargouilles et aux festonnages du second étage, tout est perfection !

Second coup de cœur, sans conteste, l'église Notre-Dame-en-Vaux, située non loin du splendide hôtel de ville. À l'intérieur, on ne peut détacher son regard de la nef gothique. Je me suis également attardé près d'un imposant vitrail du XVIe siècle dont les trois baies figurent la légende de saint Jacques. Nul doute, le maître verrier y a mis tout son coeur ! Les parties basses de l'œuvre présentent un saint Jacques revêtu des attributs de pèlerin, tandis que la partie supérieure du vitrail figure une mêlée homérique, au milieu de laquelle on distingue l'apôtre combattant les Arabes aux côtés de ses frères chrétiens. L'expressivité des visages est telle que, pour peu, les personnages pourraient paraître réels ! Pas étonnant dès lors que cette église figure au patrimoine mondial de l'humanité.

Un peu plus loin, à l'entrée de la ville, trône avec majesté la porte Sainte-Croix, dernière porte faisant partie autrefois d'une série de quinze ouvrages permettant l'entrée dans la ville, lorsque celle-ci était encore ceinte de murailles d'une longueur totale de quatre kilomètres. D'une hauteur approximative de dix-sept mètres, elle a fière allure et symbolise parfaitement le bon goût de cette cité jadis réputée dans toute l'Europe pour sa draperie.

Mais Châlons, ce sont aussi d'innombrables bâtiments art déco, des hôtels particuliers du XVIIe, de magnifiques places... sans oublier de nombreux espaces verts et canaux courant à travers toute la ville, donnant à celle-ci un petit air de Venise. Impossible pour moi de visiter tous ces trésors, mais je réserverai à l'avenir une place dans mon agenda pour séjourner à Châlons.

Je songe également au bon accueil reçu lors de mon arrivée. Les jacquets sont accueillis par des bénévoles qui fournissent moult renseignements sur la ville, ses endroits pittoresques ainsi que sur les hébergements disponibles. C'est ainsi que j'ai pu trouver une place dans une auberge de jeunesse fraîchement rénovée et située à quelques dizaines de mètres du centre-ville.

Ce moment partagé avec ces gens chaleureux me fait penser aux conditions de séjour des pèlerins d'autrefois, ceux-ci ne disposant pas des facilités actuelles. Pas de boussole, de cartes, de listes d'hébergement, de gsm ni autres moyens de communication... un sacré parcours tout de même pour celui qui désirait cheminer jusqu'à Santiago de Compostela ou encore vers Jérusalem. Je veillerai donc à demeurer mesuré dans mes paroles lorsque les circonstances se révéleront moins engageantes !

Je quitte l'auberge de jeunesse au pas de course pour me rendre dans la petite boulangerie remarquée hier lors de mon entrée dans Châlons. J'y achète deux pains au chocolat, une boisson et une baguette pour casser la croûte ce midi. Le gérant, un homme sympathique, me demande si je ne souhaite pas un peu d'eau pour remplir ma bouteille en plastique accrochée à mon sac à dos. J'accepte sa généreuse proposition et le remercie pour sa sollicitude.

Alors que je viens de terminer mes viennoiseries et que j'ai laissé Châlons derrière moi, un homme m'interpelle. D'une imposante stature, sa voix caverneuse résonne : « *Vous vous rendez à Compostelle ?* » Voilà la conversation engagée. Il aura suffi d'un sac à dos, d'une coquille et d'un bâton de marche pour attirer l'attention du gaillard. Il me félicite pour mon courage de mener à bien pareille entreprise. Depuis de longues années il hésite à prendre le chemin. Cette heureuse perspective ne semble toutefois guère le rassurer. « *Pourquoi donc hésiter* » lui dis-je. « *Oh, c'est toute ma vie que j'ai hésité. Par une sorte d'instinct naturel, auquel j'aurai toujours accordé ma confiance, je me suis interdit beaucoup de choses.* » Brusquement, il me tend la main, et sans mot dire, oblique vers la gauche. Étrange personnage, mais qui suis-je pour le juger ?

À mesure de ma progression, je ne peux que m'extasier devant les beautés proposées par cette nature pétillante de diversité. Rien ne manque à la splendeur des paysages. Tout y est... de la limpidité de l'eau, de l'azur du ciel, des couleurs des arbres et des fleurs en passant par la faune besogneuse en ce petit matin calme. Je sais que je vis là d'ardentes sensations que le langage humain ne saurait décrire tant les émotions sont vives. Comment autant de simplicité parvient-elle à me parler avec une telle force ?

La journée est chaude et ensoleillée, elle me rappelle un peu les printemps de mon enfance, que seul mon cœur est capable de ressentir... Autant de souvenirs vivaces ensevelis dans les tréfonds de ma pensée. Me remémorer ces moments de bonheur, c'est également voir apparaître le visage de ma tendre grand-mère. Un au-delà protecteur a-t-il su lui tendre la main ? C'est là le vœu le plus cher que je puisse formuler.

Alors que je consulte mon topo-guide, des éclats de voix viennent percer le silence. Deux femmes, assises sous une tonnelle ombragée, se disputent violemment... une histoire d'argent à entendre leurs vociférations. Quel lamentable spectacle ! Je me demande brusquement si nous ne sommes pas arrivés à un moment précis de l'histoire de l'humanité où l'homme, cet être «moral», mais par intermittence seulement, se trouve à la croisée des chemins : soit poursuivre sa course effrénée vers la recherche d'un bonheur artificiel prôné par une société moderne en manque de repères, soit essayer de devenir quelqu'un de plus « social », moins obsédé par ses propres préoccupations.

Il est presque dix-sept heures lorsque j'arrive à Saint-Amand-sur-Fion... Eh, oui, cela ne s'invente pas ! Je me rends tout de suite chez mon accueillante, une dame très dynamique malgré ses quatre-vingt-cinq ans. C'est fantastique, j'ai pour moi tout un étage situé dans des greniers entièrement aménagés. La literie est de bonne qualité et la salle de bains bien équipée. À l'évidence, le dévouement qu'elle prodigue n'est pas feint, il est le fruit d'une véritable sincérité. Je suis vraiment fourbu... le sommeil ne devrait pas être long à venir !

16ème étape - 12 avril
Saint-Amand-sur-Fion - Vitry-le-François
16 kilomètres

Il est près de six heures trente lorsque j'ouvre les yeux. J'observe la lumière du jour filtrant entre les lattes disjointes des persiennes. Elles dessinent au sol d'étonnantes arabesques auxquelles je m'amuse à donner un sens. Une pensée heureuse me vient à l'esprit, celle de ce chemin dont je foule le sol jour après jour. J'ai le sentiment que le pèlerin, à chaque instant se façonne un peu plus. Au fur et à mesure qu'il progresse, il se déleste de ses problèmes et de ses angoisses tandis qu'une grande joie se diffuse en lui. C'est là une sensation grisante, étonnante...

D'un bond, je saute du lit et ouvre les volets, libérant par ce geste un torrent de lumière. Au loin, le soleil débute sa lente ascension dans un ciel d'une éclatante pureté. Le village est paisible et je rends grâce au hasard d'avoir conduit mes pas dans cet endroit merveilleux. Ici règne un silence des campagnes, propre à tous ces petits villages disséminés sur mon parcours. Une vraie cure de jouvence !

Une fois habillé et rasé de frais, je descends quatre à quatre les marches de l'escalier, prenant garde à ne pas me heurter la tête à la grosse poutre du rez-de-chaussée. Le chien de la maison, – à dire vrai celui-ci tient plus du veau –, saute sur ma poitrine les deux pattes en avant. Se cramponner au mur s'avère indispensable afin de ne pas trébucher ! Il a beau être affectueux, il n'en reste pas moins terriblement impressionnant. Je n'ose imaginer si celui-ci venait à se montrer agressif. Brrr, j'en ai froid dans le dos ! Afin de briser la glace, je n'hésite cependant pas longtemps avant de le gratifier d'une généreuse caresse.

Lorsque je pousse la porte de la cuisine, Monique, mon hébergeante, m'accueille avec un splendide sourire. J'ai encore en mémoire ses paroles lancées hier soir alors que nous discutions de la charge supposée que représente l'accueil des pèlerins. Monique avait eu ces propos magnifiques : « *Oh, vous savez, ils m'apportent bien plus que je ne leur donne. Et cela me procure une telle joie, vous savez.* » Cette femme est formidable, quelle générosité de cœur !

La table dressée avec soin témoigne de son attention pour les autres. Il y a là tout ce qui est nécessaire pour que je prenne des forces avant de me lancer à l'assaut du Mont de Fourche. Sans traîner, j'ingurgite deux croissants, un sandwich, un peu de fromage ainsi qu'un onctueux yaourt, sous les yeux attentifs de la maîtresse de maison. Le chien, couché à ses pieds, m'observe dans une pose erratique. Quel monstre de puissance, je ne voudrais pas me fâcher avec lui !

Monique, fière de son village, se révèle une véritable encyclopédie. Elle maîtrise de nombreux sujets et est intarissable lorsqu'il s'agit d'évoquer les trésors de Saint-Amand. Avant de la quitter, elle me demande de jeter un œil attentif à ces vieilles bâtisses nichées dans les ruelles du village. « *Un trésor* », me fait-elle remarquer, les yeux pétillants.

Une fois mon sac à dos solidement harnaché, je prends congé de mon hôte en l'embrassant tendrement. Et me voilà parti pour une nouvelle étape entre vignobles et champs de colzas dont la couleur jaune contraste, presque de manière brutale, avec le bleu du ciel. Une fois sur le sentier rocailleux, une odeur caractéristique titille mes sens. C'est du lilas ! Je ne résiste pas à la tentation d'attraper une branche à la volée et de profiter du parfum divin qu'exhale cette fleur.

Étourdi que je suis, d'avoir encore oublié de me ravitailler en eau ! Malgré l'heure matinale, la chaleur est déjà bien présente. Je me débarrasse donc de ma veste coupe-vent et poursuis ma route marquée par le fléchage caractéristique du GR. En de nombreux endroits, celles-ci sont doublées par des coquilles clouées sur les arbres. Louanges soient rendues aux bénévoles qui, tout au long de l'année, veillent à rendre intelligible ce parcours tortueux. Il s'agit là d'un véritable sacerdoce, ô combien utile aux pèlerins que nous sommes.

Je n'ai pas vu le temps passer, me voilà déjà arrivé à Vitry-le-François, véritable ville carrefour au cœur de la Champagne. J'essaie de me repérer dans ce dédale d'avenues, mais ma tâche est simplifiée lorsque j'aperçois, au loin, la haute stature de la collégiale Notre-Dame, située place d'Armes. Beaucoup de monde se promène dans les rues, profitant de conditions climatiques plutôt exceptionnelles en ce début de mois d'avril.

Après m'être octroyé une petite pause à proximité du magnifique hôtel de ville – un ancien couvent des Récollets – je décide de rejoindre l'office du tourisme à la recherche de renseignements sur la ville et plus particulièrement sur les possibilités d'hébergement. Une gentille dame me renseigne le doyenné du Perthois, où trois chambres sont régulièrement mises à la disposition de ceux et celles qui cheminent. Une occasion à ne pas manquer !

À deux reprises, je me trompe de rue, pressé sans doute de découvrir à quoi ressemble mon lieu de séjour. Lorsque la lourde porte s'ouvre, une sœur, le visage sévère, m'accueille avec réserve. Elle m'accompagne au second étage et m'indique la chambre située en bout de couloir. Ce n'est pas grand, mais tout y est : un lit douillet, un frigo, une taque pour celui désireux de s'occuper de sa petite popote, quelques provisions... Avant de quitter le palier, la religieuse me demande si je souhaite tamponner ma crédenciale. Voilà, c'est fait, un beau cachet de plus sur mon passeport de pèlerin.

Je profite de l'après-midi pour parcourir les artères de Vitry, animées en cette heure du jour. À la fin de ma visite, je pénètre dans la grande collégiale. Nul doute, il s'agit d'un superbe édifice. S'attarder devant le Maître-autel en pierre, marbre et bronze doré s'impose. Quelle merveille ! Sur ma droite, les orgues majestueuses et la Chaire à prêcher représentent également de beaux points d'attrait.

Ce soir, l'envie d'aller au restaurant est absente, je décide donc d'opter pour de la restauration rapide. Ce type de nourriture ne me convient pas vraiment, mais bon, ça cale l'estomac et surtout, je peux disposer d'une connexion wifi pour alimenter ma page Facebook et mon blog. La dame, d'une rare gentillesse me prie de ne pas m'éterniser afin de permettre aux autres clients de s'asseoir également. Vers vingt-et-une heures trente, fatigué d'observer son regard désapprobateur, je la salue avec un petit sourire en coin et rentre me coucher pour être en forme demain matin.

17ème étape - 13 avril
Vitry-le-François - Outines
34 kilomètres

Me doucher représente la première action du matin. Il est sept heures et me voilà tout propre et revigoré, prêt à avaler les trente-quatre kilomètres de l'étape du jour. Il règne, en ces murs, un silence pesant. Comment ces sœurs peuvent-elles vivre ainsi cloîtrées toute leur vie, coupées pour la plupart d'entres elles du monde extérieur. Voilà un bien grand mystère à mes yeux. D'un autre côté, ce choix d'une grande charité doit, à mon sens, être salué, peu importe que l'on soit croyant ou indifférent à la religion.

Un feuillet disposé sur une table de présentation m'apprend que cette congrégation s'appelle la congrégation des Soeurs de Jésus Miséricordieux. Une photo figure Sainte Faustine Kowalska, une jeune Polonaise, à l'origine de la fondation de cet ordre. Un petit texte explique de quelle manière la religieuse fut choisie par les puissances divines pour transmettre le message de la miséricorde. Il dit ceci : « *Tu es la secrétaire de la miséricorde... Ton devoir est d'écrire tout ce que je te fais connaître à propos de la miséricorde au profit des âmes qui, en lisant ces écrits, seront consolées et auront le courage de s'approcher de moi...* ». Quel programme !

À la lecture de ces quelques lignes, la pensée, vive comme le mistral affamé, tourbillonne en moi. Ce cœur qui est le mien m'interroge à voix basse : « *Que représente ce monde pour toi... un hasard, un simple concours de circonstances ? Ou alors, tout n'est-il qu'orchestration savamment calculée ? Regarde cette nature autour de toi, ne te parle-t-elle pas ?* Mais l'esprit sait également faire la part des choses ! Ainsi rétorque-t-il d'une voix pleine de colère *: Et ce monde de chaos où règnent l'injustice, la famine, la division, la décadence... Quel est donc le rôle de ce Grand Ordonnateur ? Peut-être assiste-t-il là, passif, à contempler son œuvre en perdition. Mais oui, certainement est-il sadique, se gaussant de voir l'homme, tel une bête immonde, sombrer dans une déchéance sans fin.* »

La foi en Dieu ou bien la foi en l'Homme ? Vaste débat que celui-là ! À chacun ses convictions... du chrétien à l'agnostique, en passant par l'athée, tous ont droit à la parole pourvu que la tolérance soit de mise. Je ne peux toutefois m'empêcher de songer aux sœurs de cette congrégation. Leur visage illuminé d'une joie primitive m'interpelle. Toute à l'exaltation de leur foi, elles irradient d'un tel bonheur... C'est déconcertant !

La porte de ma chambre refermée, je descends le large escalier en pierre menant au hall d'accueil. Il n'y a personne ! Je suis un peu déçu, car j'aurais bien voulu m'entretenir avec l'une des religieuses avant mon départ. La rue est presque déserte en cette heure matinale. Brrrr, le vent souffle en rafales tandis que le ciel est parsemé de gros nuages. Quel changement de temps par rapport à la veille !

Trois jeunes, un peu éméchés, discutent bruyamment sur la place d'Armes. Ils me saluent amicalement tout en me demandant si je me rends à Jérusalem. Je souris et les laisse à leurs débats animés. Je marche à bonne allure car je sais qu'une longue étape m'attend aujourd'hui. Trente-quatre kilomètres, partiellement en forêt. Mon topo-guide a déjà bien vécu... Il est tout écorné pareil à un vieux bouquin de brocante maintes fois utilisé. Ce n'est pas grave, du moment que je puisse y glaner quelques renseignements et trouver ma route.

Après deux bonnes heures passées dans d'étroits sentiers rocailleux, j'arrive en vue du Mont Moret, une sacrée butte qui domine la vallée. Immédiatement, mon regard est attiré par une stèle en marbre brun, posée là, au milieu de paysages déserts. Il s'agit d'un monument érigé en l'honneur des combattants français ayant défendu avec succès cet endroit stratégique lors de la bataille des 8, 9 et 10 septembre 1914. Le drapeau aux couleurs bleu blanc rouge flotte dans les airs comme pour interpeller le passant. Je ne sais pourquoi, mais cet endroit me donne la chair de poule !

Alors que je m'apprête à repartir, une petite plaque en laiton, posée sur la face latérale droite de la stèle attire mon attention. Je m'en approche et lis le texte avec une certaine curiosité : «*Je suis venu de Gironde avec mon épouse pour rendre hommage à mon grand-père paternel, «Jean L», du 326ème RI de Brive, mort pour la France à trente ans et déclaré disparu autour du 9 septembre 1914 dans la bataille victorieuse du Mont Moret à Courdemanges dans cette guerre atroce.* »

Je ne connais pas cet homme venu se recueillir ici dans cet endroit isolé, mais je ne peux m'empêcher d'être ému. Ce témoignage, livré ainsi, en des mains inconnues, est interpellant. Il figure bien la bêtise humaine et la stupidité de tels conflits. Que de morts tombés sous les balles pour sauver quoi… la patrie ? Et en guise de remerciement, ces morceaux de granit, qui fleurissent dans toutes les villes et villages du monde, auprès desquels viennent se recueillir les descendants accablés de chagrin. Quel funeste sort réservé à ces courageux combattants !

Le chemin est cassant avec de profonds sillons laissés par les tracteurs. La plante de mes pieds est douloureuse, mais je poursuis mon avancée espérant bientôt retrouver un terrain plus favorable. Là ! Une biche au milieu de la route, à moins d'une centaine de mètres. Elle m'observe un court instant puis disparaît dans le bois. J'ai eu le bon réflexe, j'ai réussi à la prendre en photo !

Arrivé à Outines, je pousse un ouf de soulagement, car la fatigue était bien présente en cette fin d'étape. En ce moment, je ne pense qu'à une seule chose : enlever mes grosses godasses et masser mes pieds endoloris. Une demi-heure plus tard, mon vœu est exaucé, j'ai réussi à contacter le maire du village, un homme affable et attentionné, qui m'a proposé d'occuper le gîte communal, un magnifique espace de cent mètres carrés pour moi tout seul ! Me voilà tranquillisé, je vais à présent pouvoir me reposer.

Soudain, je me rends compte de mon étourderie : j'ai oublié d'acheter de quoi manger ce soir. Suis-je bête ! Mais, y avait-il seulement la moindre boutique sur le chemin… Je n'en ai pas l'impression. Hélas, ici, la situation semble identique… il n'y a aucun commerce à Outines ! Bon, il va donc falloir que je me résigne à jeûner, ce qui ne me plaît guère, car j'ai une faim de loup. À nouveau, la chance vient à mon secours. Ainsi, une minute plus tard, une dame, toute souriante, débouche dans la pièce avec un plateau rempli de victuailles. Rien que de bonnes choses : du couscous, de la baguette, des tomates, des fruits… Ces gens sont formidables !

18ème étape - 14 avril
Outines - Chavanges
17 kilomètres

Le petit matin silencieux glisse sur moi tel un manteau ouaté. Sous le charme de cette journée qui s'annonce agréable, mon regard se porte en direction du soleil. L'astre de feu s'élève lentement dans le ciel striant le sol d'enroulements chamarrés. J'avance le pas rythmé sur la route bosselée et ressens, avec une grande acuité, les choses qui m'entourent. Je goûte avec avidité ce sentiment de liberté. Me suis-je un jour senti aussi bien, comme libéré de toute entrave ? Peut-être, mais j'avoue ne pas réellement m'en souvenir.

Soudain, à quelques mètres de la route, plusieurs dizaines de moutons bêlent à tue-tête. Je stoppe ma progression et m'approche d'eux, le sourire aux lèvres. Quatre à cinq petites boules de poils, fraîchement nées, cherchent protection auprès de leur mère. Instinctivement, je recule de plusieurs mètres afin de ne pas les effrayer. Le vent souffle en rafales, ce qui me contraint à relever le col de ma polaire. Les mains dans les poches, je tente de me réchauffer quelque peu. Rien n'y fait ! Il n'y a qu'un seul moyen de ranimer mes doigts engourdis, c'est de marcher ! Je reprends alors le chemin, non sans avoir jeté un dernier regard en direction de la troupe massée près de la clôture.

La route est parsemée de grandes flaques que j'évite soigneusement. Il serait en effet malvenu de me tremper les pieds alors qu'hier, j'ai dû patauger toute la journée dans des chemins boueux. Après avoir avalé quelques kilomètres, j'arrive en direction du village de Lentilles. Peu de monde sur la route, sinon trois ou quatre paysans affairés au travail des champs. L'un d'eux, me salue avec chaleur. Je m'arrête et lui serre la main. « *Pèlerin ?* » me fait-il tirant à grandes bouffées sur le mégot de cigarette figé entre ses lèvres. Je lui raconte que je chemine, que je suis en errance. Il secoue la tête de gauche à droite comme interpellé par cette réponse évasive. Lorsqu'il prend conscience de l'objectif : parcourir ainsi près de deux mille cinq cents kilomètres, l'homme a un sifflement admiratif. J'apprends qu'un proche cousin, décédé depuis, a lui aussi rejoint Compostelle, voilà maintenant une dizaine d'années. Le paysan me signale combien René – c'était son prénom - avait changé. Il n'était plus le même, cet être égoïste et bien éduqué avec qui il avait toujours éprouvé de grandes difficultés à communiquer. « *Le chemin transforme-t-il l'homme ?* » me lance-t-il d'un air sérieux. Je suis incapable de lui répondre, du moins pas à ce stade de mon périple.

Lorsque je pénètre dans les petites ruelles du village, je peux mesurer l'isolement des familles qui vivent ici. Il n'y a guère que quelques dizaines de vieilles masures aux façades abondamment fleuries. Ces taches de couleur bigarrées font chaud au cœur. Et de cœur il en est question lorsque je rencontre une vieille dame – elle doit très certainement avoir dépassé les quatre-vingt-cinq ans – qui m'interpelle avec douceur. « *Il ne fait pas très chaud, hein, monsieur ?* » me dit-elle. Je lui réponds que non, tout en soufflant dans mes mains gercées par le froid. De la tête, elle m'invite à pénétrer dans sa maison. J'avoue que ce geste me procure une réelle satisfaction. Alors que je m'assieds sur la chaise qu'elle me désigne de la main, la vieille dame qui s'appelle Claire, me propose un bol de soupe. Le breuvage, un mélange de légumes verts, s'avère excellent.

Claire m'observe du coin de l'œil, guettant ma réaction. Je la rassure sur la qualité de son potage. Alors, elle sourit tandis que s'accentuent les petites ridules striant son visage. Nous demeurons ainsi installés dans une sorte de silence complice, à nous dévisager. La vieille dame se lève brusquement et agrippe la photo placée sur le rebord de la cheminée. C'est son fils, il s'appelle Bertrand. Enfin, je devrais plutôt dire... il s'appelait Bertrand. Claire soupire comme pour mieux masquer son trouble. Je la devine sujette à une forte émotion. Son chagrin est immense d'avoir perdu cet enfant. « *C'était il y a près de vingt-cinq ans maintenant. Ce n'est pas juste* articule-t-elle. *Moi, je suis encore là tandis que lui, il gît six pieds sous terre.* » Je ne sais que répondre face à cette implacable réalité.

Claire veut tout savoir : est-ce que je suis marié, si j'ai des enfants, pourquoi je chemine ainsi, battant la campagne... Alors je lui raconte mon parcours en y mettant beaucoup de conviction. « *J'aime votre projet* » me dit-elle. *Ce n'est pas une démarche égoïste, c'est bien d'aider les enfants... Je penserai à vous tout au long du chemin. Lorsque vous arriverez à Compostelle, dites-lui à ce Jacques, que j'ai perdu la foi, que mon cœur est devenu plus dur que de la pierre. Des fois, je m'en veux, mais c'est ainsi, c'est plus fort que moi. Si vous saviez à quel point je suis triste et lasse. Je n'attends qu'une seule chose : la mort !* » Claire me fend le cœur. Cependant, je garde le silence.

Son visage m'accompagne tout au long de cette étape. Je me promets de lui envoyer un bouquin avec une dédicace. Cela lui fera plaisir, du moins je le pense. Nul doute, cette femme s'impose de lourds sacrifices, ayant refusé depuis la mort de ce fils toute parcelle de bonheur. Serait-ce une manière pour elle de trouver la paix, usée par les déconvenues de la vie ?

Alors que, perdu dans mes pensées, j'emprunte un sentier caillouteux, un pèlerin me rejoint, le pas alerte. Le souffle court – visiblement il a un peu exagéré en forçant l'allure – il m'interpelle gentiment. J'apprends que cet homme chemine depuis près de trois semaines et qu'il envisage de rallier Saint-Jean-Pied-de-Port. De sa main gauche, il montre son pantalon déchiré sur une longueur d'une vingtaine de centimètres. « *Un sale cabot* » fait-il, le visage serré. « *Il m'a bien attrapé, je n'ai rien vu venir. La faute à pas de chance ! C'est en effet la seconde fois que je suis attaqué. Mais la première, c'était plus grave, ici ce ne sont que quelques éraflures.* »

L'homme, qui s'appelle François, me demande s'il peut cheminer avec moi. Je lui adresse un sourire, synonyme d'accord... Je vois qu'il m'observe, qu'il a envie de me parler. François secoue la tête tout en indiquant, à l'aide de son bâton, l'horizon lointain. Devant les beautés de cette nature exubérante, j'essaie de mémoriser tous ces instants de pur bonheur et imagine sans peine que ces paysages enchanteurs ressurgiront de ma mémoire bien des années plus tard. En cet instant, je crois fermement que l'on ne peut sortir indemne d'une telle expérience.

Il est déjà près de quinze heures et temps de songer à terminer cette étape d'un pas léger. Aujourd'hui j'ai réellement goûté à la chaleur du chemin et ça m'a procuré de belles émotions. Toutes ces rencontres touchantes, ces gens qui ouvrent leur cœur... J'imagine difficilement pouvoir éprouver cela dans notre vie quotidienne. Et pourtant, il suffirait que nous montrions tous un peu de bonne volonté pour y arriver. D'égoïste, d'indifférent, de jaloux, de narcissique qu'il est, l'homme gagnerait à s'ouvrir aux autres... moi y compris !

19ème étape - 15 avril
Chavanges - Brienne-le-Château
32 kilomètres

Quel vacarme cette nuit ! Pour peu on se serait cru à un bal du 14 juillet, les feux d'artifices en moins. Cinq ou six jeunes, visiblement avinés, ont fait la fête au-delà de deux heures du matin. C'est la gendarmerie qui est venue mettre un peu d'ordre et rétablir la quiétude du village, très certainement peu coutumier de ce type de chahut. Enfin, même si c'était plutôt désagréable, il n'y avait pas de quoi non plus en faire une crise d'hystérie.

Les paupières sont encore un peu lourdes, mais rien que la perspective de pouvoir reprendre la route, sous un soleil toujours aussi généreux, me rend une bonne dose d'énergie. Je repense à ce vieux monsieur, rencontré hier, lors de mon arrivée à Chavanges. Assis sur une chaise, à l'abri du vent, il m'avait fait signe d'approcher. À l'évocation du mot pèlerin, il avait lancé ses bras en l'air en expliquant qu'à la bonne saison, il en passe au moins six à sept par jour, la plupart, plongés dans leurs réflexions. J'ai vite compris que c'était dit sans méchanceté : juste pour susciter le débat.

En donnant une connotation si particulière au mot «pèlerin», la conversation a pu s'engager. « *Ce monde ne tourne plus rond, monsieur, je suis heureux quelque part d'être en fin de vie. Tout va de plus en plus vite... on n'a plus le temps pour rien. C'est pourquoi j'admire votre décision de prendre ainsi le chemin. L'homme en marchant retrouve quelque part cette solitude primaire dont nous avons tous besoin pour réfléchir. J'ai 91 ans et ma vie a été heureuse. C'est juste difficile de voir partir ceux que l'on aime...* »

Sa voix était calme et son regard si expressif ! Je n'ai pas souhaité l'interroger davantage, devinant au fond de lui une véritable pudeur sur son chagrin. Avait-il perdu un enfant, son épouse, des proches ? Il s'est tu, un moment, comme s'il cherchait ses mots. Puis, il m'a serré la main avec chaleur tout en me souhaitant une bonne continuation. J'aurais aimé poursuivre la conversation, mais je me suis rendu compte qu'il pleurait. Étaient-ce des larmes de révolte ou éprouvait-il une certaine lassitude ? Jamais je ne saurai !

Sur mon chemin, je croise de nombreuses maisons à colombages. Les façades de ces étonnantes demeures sont constituées de bois et d'une sorte de torchis blanc donnant à l'ensemble un style plutôt raffiné. Chef-d'oeuvre en la matière, l'église de Lentilles, très stylée, avec son clocher revêtu d'écailles de bois de châtaignier, évoque un peu les vieux sanctuaires scandinaves, réputés pour leur esthétique. Quel patrimoine tout de même que celui de la France ! Pour ma part, l'un des plus beaux pays au monde.

Presque midi, il est temps de songer à la pause repas. Au loin, un chien aboie sans discontinuer. Je lève la tête en direction de la ferme située à trois cents mètres du sentier sur lequel je me trouve. Alors que je m'apprête à obliquer vers la droite, le molosse, une sorte de rottweiler, fonce dans ma direction. Il a l'air très agressif, mais que faire ? D'instinct, je dresse devant moi mon bâton de marche et décide d'avancer dans la direction du chien en hurlant tel un possédé. L'animal surpris stoppe sa course tout en découvrant ses crocs. Il est à moins de trois mètres et s'apprête à me sauter dessus ! J'essaie de ne pas paniquer, ce que flairerait inévitablement ce fauve, visiblement décidé à en découdre avec moi.

Je jette un rapide coup d'oeil en direction de la ferme, mais malgré mes cris répétés, rien ne bouge ! Nouvelle attaque du chien qui vient de tâter de la pointe de mon bâton. Il recule instinctivement de deux mètres tout en aboyant furieusement. Lentement, je fais mouvement vers le champ, dans l'espoir qu'il devine ma louable intention : quitter son territoire ! Je marche ainsi à reculons, essayant de ne pas trébucher sur les gros sillons laissés par les roues d'un tracteur. La tactique semble fonctionner. Le chien demeure sur le sentier tout en poursuivant son exercice d'intimidation. Il me toise, gueule ouverte, mais demeure figé... Alors que je me trouve désormais à une centaine de mètres de l'animal, celui-ci décide d'abandonner la partie et de rejoindre la ferme. Ouf, c'est gagné, et sans bobos !

Je m'éloigne donc au pas de course et maintiens ce rythme pendant plus de trois kilomètres. Arrivé à une aire de pique-nique, je décide de m'arrêter... Je suis fourbu, mes jambes sont en compote. On dit que l'exercice, ça creuse, eh bien, c'est la vérité. Ce sale cabot m'aura fichu une sacrée trouille ! Les cheveux au vent, je dévore à pleines dents mon sandwich jambon-emmenthal. Dieu que cela fait du bien ! L'air est vif et le ciel limpide. C'est le moment que je choisis pour m'allonger dans l'herbe fraîchement tondue. Je cale mon sac de couchage sous la nuque et profite, sans retenue aucune, de cet instant magique.

Il est près de dix-sept heures lorsque j'arrive à Brienne-le-Château, capitale du Nord-Est Aubois, nichée au sein du Parc naturel de la Forêt d'Orient. Première mission, dénicher l'office de tourisme afin d'obtenir le fameux sésame qui me permettra de loger dans un gîte mis à la disposition des pèlerins par la mairie de Brienne. Ah, le voilà, ce magnifique bâtiment abritant également le musée dédié à Napoléon. Je n'aurai pas dû chercher longtemps.

À l'accueil, une charmante hôtesse me renseigne sur la procédure à suivre, après m'avoir demandé ma crédenciale. Les règles sont strictes, mais il en va du maintien de la qualité des infrastructures. Une fois sur place, je constate ne pas être seul. Il y a ici un Italien, Ernesto, qui retourne au pays. Celui-ci a encore à parcourir près de mille deux cents kilomètres... quel courage ! Comme il est éreinté, après une journée de marche de plus de quarante-cinq kilomètres, il me salue et rejoint sa chambre sans tarder. Nul doute, celui-là, il va se jeter sur son lit, tout habillé, et dormir du sommeil du juste.

Parmi les occupations habituelles, la lessive tient une place importante. Tâche essentielle si on veut éviter de ressembler à un putois. Il en va tout simplement du respect que l'on porte à sa propre personne et à celui des autres randonneurs. Je m'y attelle donc sans rechigner.

Le soir, fatigué par les émotions de la journée, je soupe au pas de charge. Au menu : lasagne bolognaise - un kilo tout de même - accompagnée d'un savoureux Côtes du Rhône. Vers vingt-et-une heures, je rejoins ma chambre pour rédiger mes impressions de la journée. Une heure plus tard, le temps est venu de fermer ma tablette et de me mettre au lit. Avant de m'endormir me reviennent à l'esprit les images de cette désagréable rencontre avec ce chien. L'avoir échappé belle est l'expression qui convient !

20ème étape – 16 avril
Brienne-le-Château - La Loge aux Chèvres
25 kilomètres

Quelle belle cité que Brienne-le-Château ! Bien avant de l'avoir atteinte, la ville offre à la vue, la silhouette trapue du château du XVIIIe ayant abrité, au fil des siècles, de nombreuses familles aristocratiques. Le bâtiment impressionne tant par ses dimensions que par son magnifique parc planté de centaines de marronniers. Ceux-ci ont subi une coupe de printemps assez sévère. À bien y regarder, on pourrait, selon la taille réalisée, deviner des formes assez particulières. Mais oui, voilà un humain qui lève les bras... ici un fusil pointé vers le ciel...

Mais Brienne – je l'ignorais totalement – a également accueilli durant cinq années l'un des plus illustres empereurs, le «grand» Napoléon. Celui-ci y a fait ses études à l'École Royale Militaire en tant que boursier du roi. Il portera toujours dans son cœur cette ville où il forgera son caractère de futur empereur de France. Napoléon aura notamment ces mots pour Brienne, lui témoignant ainsi tout son attachement : « *Pour ma pensée, Brienne est ma patrie, c'est là que j'ai ressenti les premières impressions de l'homme.* »

La mémoire de « Napolioné Buonaparté » est honorée comme il se doit. Ainsi, l'enfant immigré corse possède son musée recelant de véritables trésors dont de nombreuses cartes, uniformes, armes, gravures... Le buste de l'empereur trône également en plusieurs endroits stratégiques de la ville dont l'imposante statue faisant face à l'hôtel de ville. Son regard fier semble héler le passant et l'inviter à lui témoigner respect et déférence.

L'esprit encore occupé par les traces de ce prestigieux patrimoine, je termine mon petit déjeuner constitué de deux pains au chocolat et d'un bol de café soluble. Avant de quitter la table, le pèlerin italien débouche dans la cuisine, le visage chiffonné. Il me regarde et ironise dans un français plus que correct : *ma qué mauvais matelas, on dirait oun tapis dé fitness. Io sono stanca...* ce qui se traduit par : *je suis fatigué.* Je souris et nous partons tous les deux dans un délire communicatif discutant des conditions spartiates que doivent parfois affronter celles et ceux qui cheminent.

À regret, je prends congé de cet éphémère compagnon de route et me lance à l'assaut de l'étape du jour qui doit me conduire de Brienne à La Loge-aux-Chèvres, soit un peu plus de vingt-cinq kilomètres. À la sortie de Brienne, je consulte mon plan et mémorise mes différents lieux de passage : Brienne-la-Vieille, Dienville, Unienville, Amance... avant d'arriver à destination. Je rajuste la sangle de mon sac à dos et hop, me voilà parti !

Vers neuf heures, j'approche du lac d'Amance, un important barrage-réservoir de l'Aube. Le spectacle est saisissant de beauté avec cette eau limpide où folâtrent des dizaines de cygnes, de canards et autres volatiles. Peut-on rêver endroit plus fabuleux pour se promener au soleil levant ? Quelle sensation délicieuse de se laisser porter par cette magie. Surtout ne pas fermer les yeux et happer ces instantanés afin de les graver à jamais dans la mémoire.

Subjugué, l'esprit empreint de sérénité, je décide de m'asseoir sur le ponton flottant installé face au lac. Il n'y a encore personne et c'est donc dans un silence envoûtant que j'assiste au grand spectacle de la nature. De plus, une odeur indéfinissable flotte dans les airs, s'agit-il de ces grappes de fleurs disséminées dans les massifs ou alors cette ambiance d'Éden qui trouble à ce point mes sens ?

J'essaie de me souvenir de la date du jour : mardi ou mercredi ? Après quelques hésitations, j'opte pour la seconde proposition tout en secouant la tête. Je suis assez surpris de constater à quel point je perds la notion du temps. Le pèlerin vit incontestablement dans sa bulle dorée, une sorte d'état rassurant et confortable. Difficile d'expliquer cette étrange sensation à quelqu'un qui n'a jamais goûté à ce genre d'expérience.

Mû par une force qui me pousse à aller de l'avant, je me redresse et effectue quelques mouvements de stretching. Il est vrai que la nuit n'a pas été vraiment reposante. Je ne sais pourquoi, je songe aux personnes aperçues à Brienne dans un centre de rééducation, proche du refuge. Tous des cabossés de la vie, victimes de funestes coups du sort... certains ne sachant plus parler, d'autres paralysés des membres inférieurs... Je sens une sourde colère poindre en moi, me reprochant de me plaindre au sujet de la qualité de la literie alors que tant de gens souffrent... une bonne leçon à méditer au quotidien !

Me voilà à présent en forêt pour une balade de dix kilomètres. Quel silence ! Seul le bourdonnement d'une nuée d'insectes vient, par moment, troubler cette quiétude à laquelle l'esprit n'est plus guère habitué. Une forte odeur d'humus titille mes narines tandis que le vent vient froisser les feuilles des grands arbres... maîtres incontestés de cet univers chlorophylle. Mes sens parlent les premiers, entamant un dialogue intérieur plein de douceur. Je vis intensément le spectacle de cette nature envoûtante. Quel régal !

Je ne sais pourquoi, le besoin de m'asseoir, là, sur cette souche, est impératif. Mon esprit se remplit soudain d'idées un peu confuses sur cette drôle d'époque que nous vivons, le plus souvent endormis sous une chape d'indifférence. Je me rends compte en ce moment combien, parfois, mon horizon est vide de sens, soumis à ce que la société m'a appris. Ici, au beau milieu de nulle part, je me sens bien, ressentant des impressions fortes, et cela me rend heureux.

Lorsque je me redresse pour reprendre la route, j'ai l'impression vivace de sortir de ce dialogue intérieur à la fois frustré et heureux. Frustré de constater combien mon existence est tournée vers moi-même, mes propres satisfactions... et heureux à l'idée de l'avoir compris ! Je ne sais pourquoi, je repense aux paroles de mon accueillante à Saint-Amand-sur-Fion : *donner à l'autre m'apporte plus que recevoir...* J'espère pourvoir garder à jamais cette merveilleuse phrase au fond de mon cœur.

J'atteins la Loge-aux-Chèvres vers quinze heures trente, satisfait du déroulement de cette journée pouvant être qualifiée d'introspective. Compostelle se veut une route de la réflexion, de descente en soi-même... Aujourd'hui, je pense être en mesure de le confirmer ! Cheminer seul avec pour seule compagne la solitude me permet de me défaire de ce « modèle idéal » prôné par notre société. Ici, je goûte au sentiment merveilleux d'être libre de toute entrave de pensées, échappant ainsi à la désagréable impression de n'être qu'un détenu envoyé dans un lointain pénitencier dont jamais il ne pourra s'échapper.

21ème étape - 17 avril
La Loge-aux-Chèvres - Bar-sur-Seine
28 kilomètres

Alors que je masse avec vigueur mes pieds endoloris à cause du terrain irrégulier parcouru la veille, mon regard se porte vers l'extérieur. De la fenêtre du premier étage, je distingue un jardin astucieusement aménagé. D'élégants cerisiers du Japon trônent fièrement au beau milieu d'une pelouse au vert tendre, tandis qu'un sentier sinueux descend vers un élégant bassin, entouré de lilas blancs et pourpres. Nul doute, la propriétaire des lieux possède le sens des harmonies, si chères aux peintres ivres de couleurs chatoyantes.

Ciel, je n'ai rien à me mettre sous la dent et pourtant, mon estomac crie famine ! Hélas, La Loge-aux-Chèvres est telle une île déserte... hormis quelques jolies habitations et une église à l'extrémité du bourg, c'est le néant. Je jette un œil à mon topo-guide qui me renseigne une boulangerie dans le prochain village. Allez, moussaillon, cap sur Villeneuve-au-Chêne et au pas de charge s'il vous plaît ! Pourvu que le boulanger n'ait pas choisi le jeudi comme jour de fermeture. Pas de blague, hein, sinon, je fais un malheur !

Brrr, il ne fait vraiment pas chaud. Un petit vent du nord fouette le visage telle une bise affamée. Il a dû geler cette nuit, car la rosée du matin a givré les pelouses ainsi nappées d'un fin manteau blanc. Il est encore tôt, à peine sept heures, mais je suis si heureux de pouvoir m'offrir cette féerie matinale. Je me plais ainsi à fouiller l'horizon à la recherche de détails qui viendront me surprendre. Oui, cette solitude prenante de l'aurore m'aide à mieux respirer, plus même, elle me galvanise !

J'attaque d'un bon pas le sentier forestier serpentant à travers les pâtures. Oh, des spectateurs... Trois chevaux m'accompagnent le long de la clôture, hochant la tête comme pour m'inciter à venir leur caresser les naseaux. Je m'approche du plus téméraire d'entre eux et lui parle d'une voix pleine de douceur. Il se laisse câliner tout en me fixant du regard. Je lui explique, le sourire aux lèvres, que le bruit qu'il entend est celui produit par mon ventre, à l'agonie !

La boulangère est très sympathique, elle vient de me donner un croissant supplémentaire sans avoir à débourser le moindre cent... probablement la magie entourant le pèlerin ! Alors que je suis assis non loin d'une stèle commémorative, une cycliste, le panier avant garni de plusieurs baguettes, arrête sa course et vient me rejoindre. « *Bonjour, monsieur*... fait-elle, un peu hésitante. *J'ai vu la coquille sur votre sac à dos, tout à l'heure, lorsque vous êtes passé devant mon habitation. Vous vous rendez à Compostelle ?* »

Et ce n'est plus qu'un flot de paroles semblable à une source tarie qui brusquement aurait retrouvé toute sa vitalité. Agricultrice et ancien professeur de formation, cette dame exprime son rêve de toujours, partagé avec un père mourant, celui de se rendre en Espagne à la cathédrale de Santiago, après avoir cheminé comme les pèlerins de jadis. « *Si je le fais, ce sera plus tard, j'opterai pour le dénuement le plus total, car c'est alors que l'esprit s'ouvre le mieux au questionnement. Je n'ai jamais dit cela à personne, mais peut-être que je me sens isolée dans mon identité... Oui, cette recherche intérieure devient de plus en plus pressante au fil des ans et il faudra bien qu'un jour, je puisse affronter tous ces fantômes qui obsèdent mon esprit. Le fait d'avoir noyé cela dans le travail et de m'être investie dans ma vie de couple n'a guère atténué cette envie de savoir... Enfin, ce sont-là des choses personnelles, vous comprenez et il m'est si difficile d'en parler.* » Satisfaite de cet échange, un monologue vécu avec une grande charge émotionnelle, elle enfourche sa bicyclette et disparaît aussitôt.

Le soleil posté à son zénith diffuse ses chauds rayons. Le thermomètre doit très certainement flirter avec la barre des vingt degrés. Je bois abondamment, veillant tout de même à conserver un minimum d'eau, histoire de ne pas me retrouver à sec pour effectuer les derniers kilomètres. Je sens au fond de moi une énergie prête à déplacer des montagnes. Je ne marche plus, je vole, tel une plume portée par un vent tourbillonnant. Et pourtant, je me rends compte que chaque pas posé sur le sol est un pas de plus qui me rapproche de la fin du chemin, même si celle-ci est encore très éloignée. Et je ne veux pas entendre parler de cela, du moins pas en ce moment !

Déjà midi, le temps file à une vitesse sidérale. J'aperçois, à moins de deux cents mètres, un pré, à l'herbe rase. Parfait, cette prairie me semble idéale pour y casser la croûte. Je déballe mes affaires : une baguette, du pâté de campagne, une pomme et deux biscuits. Il règne en cet endroit un calme absolu, propice aux rêveries les plus profondes. Je mange de bon coeur, car l'effort physique, cela creuse !

Porté par une bonne énergie, j'atteins Bar-sur-Seine à quatorze heures. Quel contraste avec la tranquillité observée en forêt. Ici, la circulation est intense et de nombreux badauds se promènent à proximité immédiate de la Seine. Les gens m'observent, le regard amusé. Il est vrai que je ne passe pas inaperçu avec mon grand sac à dos et mon bâton de marche. Un coup d'œil sur les plaques signalétiques me permet de mieux me situer. D'emblée, je repère mon lieu d'hébergement, un hôtel situé en plein cœur de ville. Je m'y rends immédiatement pour réserver ma chambre et y déposer mes affaires.

Il n'y a pas à dire, Bar-sur-Seine est une petite cité attachante qui a su préserver un patrimoine intéressant. Ce sont surtout les splendides habitations à pans de bois qui retiennent mon attention. L'une d'entre elles, dont l'origine remonte au XVIe siècle, est une pure merveille. Dénommée la « Maison Renaissance », elle se caractérise par une remarquable statue figurant saint Roch et de grosses poutres finement sculptées. Je m'arrête aussi devant l'église Saint-Étienne, bâtie en plusieurs phases, essentiellement aux XVIe et XVIIe siècles. Elle mêle de nombreux éléments de styles Renaissance et classique, mais également une architecture d'un gothique flamboyant.

En moi règne une soudaine envie de m'asseoir sur ces larges escaliers et de me plonger dans le tournoiement des sons et des couleurs, véhiculés par cette place bondée en cette après-midi ensoleillée. À cet instant précis, je me rends compte qu'il y a toujours eu, au niveau de ma personnalité, cette dualité entre le sage, parlant peu, et cet être exubérant, une sorte d'intarissable plaisantin. J'avoue sans détour que ce mélange de contraires, un peu en dents de scie, participe dans une large mesure à mon équilibre. Mais ici, c'est le charme puissant de la solitude qui prédomine. Seul, face à moi-même, j'assiste chaque jour un peu plus à une lente introspection, captivante à plus d'un titre !

22ème étape - 18 avril
Bar-sur-Seine - Bragelogne
28 kilomètres

Mais où est donc passé le roi soleil ? A-t-il décidé, après trois semaines d'intense labeur, de prendre un repos bien mérité ? Je n'en sais trop rien, mais quoi qu'il en soit, de gros nuages noirs ont pris la relève ! Sont-ils inoffensifs ou au contraire porteurs d'averses ? J'aurai l'occasion de le découvrir sans tarder !

Au bout de la rue principale, j'oblique vers la droite et rejoins un sentier très raide qui s'élève en lacets jusqu'aux anciens vestiges de la forteresse des comtes de Bar, dont l'origine remonterait au IXe siècle. Ce qui devait constituer à l'époque un avenant castel – c'est du moins l'idée que je m'en fais – fut par la suite cédé aux comtes de Champagne dès le XIIIe siècle. L'ensemble impressionne, surtout la robustesse des remparts et le clocheton au sommet de la tour d'angle. L'esprit en bataille, j'essaie de m'imaginer les soldats perchés tout là-haut guettant l'arrivée d'un potentiel ennemi.

D'où vient cet étonnant plaisir que l'on peut prendre à imaginer comment d'autres individus vivaient il y a bien longtemps déjà ? Tout cela paraît si lointain et pourtant, que sont quelques siècles au regard des origines de l'univers ? Mille pensées se bousculent dans ma tête, les mêmes sans doute que des milliards d'autres humains qui, un jour aussi, prennent le temps de s'interroger sur la fugacité de l'existence terrestre.

Voici maintenant la forêt domaniale de Fiel où règne un silence pesant. Je scrute avec une attention redoublée les marques du GR incrustées dans les arbres afin d'emprunter la bonne direction. La végétation est très touffue et il est malaisé de voir à plus d'une trentaine de mètres. J'avoue ne pas trop aimer cela ! Sur ma gauche, se dessine une petite clairière circulaire, une sorte de puits de lumière niché au beau milieu de ce lieu étouffant. Je m'assois là, sur une grosse souche, ancré dans la conviction que ce lieu recèle quelque chose de mystérieux.

Je ne sais pourquoi, mais j'éprouve la désagréable sensation d'être observé. De fait, un bruit étrange me parvient aux oreilles, une sorte de battement d'ailes. Mon regard balaie la clairière cherchant à découvrir l'origine de ce drôle de chuintement. Vient alors se poser tout près de moi un oiseau au plumage chamarré. Pendant quelques secondes, il m'observe tout en émettant de bruyants piaillements.

– Bonjour, pèlerin, me reconnais-tu ?

Je le regarde surpris.

– Euh, il me semble t'avoir parlé, peu avant mon arrivée à Signy-l'Abbaye.

– C'est tout à fait exact... excellente mémoire !

L'oiseau m'observe tout en lissant son plumage ébouriffé par le vent.

– Sais-tu que je t'ai suivi régulièrement depuis notre première rencontre.

Étonné, je l'interroge pour en apprendre davantage.

– Et pourquoi donc me suis-tu ainsi ?

– Disons que cela m'intéresse d'observer ton évolution au fil de ce parcours qui te mènera à Saint-Jacques-de-Compostelle.

L'oiseau poursuit d'un ton énigmatique :

– Pèlerin, un jour, chaque homme voit revenir en lui tout son passé depuis les joies douces de la tendre enfance, jusqu'à l'adulte qu'il est devenu. Alors, il s'interroge sur le pourquoi de cette inattendue commotion dont il est victime et qui le force à réfléchir ainsi aux choses de l'existence. Ai-je raison ?

Je ne peux m'empêcher de sourire, indiquant de la tête ma totale approbation.

– Tu es perspicace, l'oiseau.

Il bat des ailes avec grâce. Ce mouvement, d'une parfaite harmonie, attise ma curiosité.

– Me diras-tu qui tu es ?

L'oiseau secoue la tête de gauche à droite comme pour me signifier son refus de se dévoiler davantage.

– C'est dans ton cœur que tu trouveras la réponse.

– Mais ce n'est pas juste. Toi tu sembles tout connaître de ma personne et moi je ne sais rien de toi ! Allons, tu ne peux me laisser ainsi dans l'ignorance !

Sur ces paroles, il s'envole et tout en s'élevant dans les airs, il me lance :

– À bientôt, je reviendrai te voir et réfléchis bien à ce que je t'ai dit. C'est en toi que tu trouveras la réponse !

L'oiseau a disparu et le silence est revenu. Je secoue la tête, incrédule face à cet étrange épisode. Ai-je rêvé ou alors, ce volatile était-il bien réel ? Ce qui est par contre bien réel, c'est cette forêt dont je n'aperçois pas la fin. Ah, impatience, quand tu nous tiens ! La voilà donc, la voie vers la lumière... un bruit de moteur me parvient aux oreilles. C'est la départementale que j'attendais !

Le ciel s'est à présent morcelé, laissant la place à un panaché de nuages laiteux. Seul le vent est encore bien présent et souffle en rafales, rendant indispensable le port de la veste. Je tire de ma poche mon couteau et étale une belle couche de pâté sur la baguette achetée ce matin au départ de l'étape. Un murmure approbateur se fait entendre... il s'agit de mon estomac, heureux que quelqu'un ait enfin pensé à lui.

Au détour d'un virage, Bragelogne apparaît. Par acquit de conscience, je pousse la porte de la mairie, mais celle-ci est fermée. Il faudra donc que je trouve une autre solution pour tamponner ma crédenciale. Je songe un instant à reconnaître le début d'étape du lendemain, celle qui doit m'emmener jusqu'à Tonnerre, mais, vu mon état de fatigue, je renonce. J'estime plus prudent de me reposer et prends la direction du gîte communal dont j'ai précieusement noté l'adresse dans mon agenda. Un homme affable m'accueille avec une voix empreinte de jovialité. Je suis content, il reste un lit de disponible. C'est parfait, je suis preneur !

Pascal, c'est son prénom, m'explique avoir également cheminé sur les routes de Compostelle sans toutefois avoir encore atteint l'objectif : gagner Santiago ! Chaque année, il part ainsi sur les chemins pour quelques jours et espère boucler son périple l'année prochaine. Je devine à la manière dont il en parle qu'il attend ce moment avec impatience. Peut-être envie-t-il ce pèlerin, là devant lui, qui prend la route pour avaler, d'un seul trait, les kilomètres le menant vers Saint-Jacques-de-Compostelle.

23ème étape - 19 avril
Bragelogne - Tonnerre
40 kilomètres

Aujourd'hui, le réveil sonne à cinq heures trente, car une longue étape m'attend. En effet, pas moins de quarante kilomètres sont au programme et, selon mon topo-guide, le balisage semble plutôt lacunaire ! Ceci me stresse tout de même un peu, car le parcours indique une absence quasi totale de villages, ce qui n'est pas fait pour me rassurer... surtout avec une impossibilité de se ravitailler en eau et en nourriture. Un rapide bilan au niveau de mes réserves est réalisé : une baguette, un peu de potage froid, une petite bouteille d'eau, un peu de jus d'orange et une barre de chocolat.. Va falloir s'en accommoder !

Il est sept heures moins le quart et je suis fin prêt. J'hésite à aller saluer les propriétaires du gîte rural qui m'ont accueilli hier soir. Des gens chaleureux, fiers de leur terroir et plus particulièrement de leurs vignes. Viticulteurs, ils produisent du champagne, que je n'ai malheureusement pas eu l'occasion de goûter... faudrait quand même pas trop en demander. Les persiennes ne laissent filtrer aucune lumière. Je crois qu'ils ne sont pas encore levés. Je décide donc de me mettre en route après avoir rédigé un petit mot de remerciement glissé habilement sous la porte du gîte.

Une fois face à la mairie, j'oblique vers la gauche et prends la direction du bois du Grand Mont. Quel silence ! On dirait que tout est encore assoupi, dans l'attente du premier rayon de soleil. Et celui-là n'est pas prêt de voir le jour, car le ciel semble très chargé. Bon point tout de même, il ne pleut pas ! Le sentier est raide et je souffre de ces premières grimpettes matinales. Arrivé à un petit plateau balayé par un vent frais, je dépose mon sac à dos et entreprends de masser mon genou endolori. Une petite douleur vient en effet d'apparaître. Mieux vaut donc prendre toutes les précautions afin d'éviter une aggravation.

La nature est sauvage, loin du tableau idyllique d'un jardin finement exécuté ou encore d'un champ de colzas, oasis colorées qui m'accompagnent quasi journellement depuis mon entrée en France. Je songe qu'aujourd'hui, je vais bientôt quitter l'Aube pour rejoindre le département de l'Yonne, avant de glisser dans celui de la Bourgogne. Quelle diversité offerte par ce beau pays qu'est la France ! Je pense qu'approfondir les richesses de chaque département ne pourrait suffire à une seule vie, fusse-t-elle entièrement dédiée à la découverte.

Les pierrailles pointues meurtrissent mes pieds. Je ne peux m'empêcher de jeter un coup d'oeil aux semelles de mes godasses afin de m'assurer que tout est en ordre. Même si le caoutchouc a déjà perdu quelques millimètres, j'ai confiance en mon matériel. S'il y a bien deux éléments avec lesquels le pèlerin ne doit pas transiger, ce sont indiscutablement : le sac à dos et les chaussures !

J'ai parcouru à peine sept kilomètres et je suis déjà trempé. Oh, que j'exècre cette sueur poisseuse qui colle à la peau et vous fait rapidement ressembler à un putois en vadrouille... Heureusement, ici, je ne risque pas de rencontrer grand monde, car la solitude règne en maître. Je trouve que je ne réussis pas trop mal à m'y habituer, même si de temps à autre, elle se révèle pesante.

D'autre part, ces larges plages solitaires me sont bénéfiques. En cet instant je m'interroge : en ces temps où, de manière quasi universelle, nous assistons aux discours creux, l'humain trouve-t-il encore un quelconque intérêt à se questionner, à s'étonner ? Et pourtant, notre esprit ne réclame-t-il pas d'être nourri de réflexions, d'observations, de questionnements ? Sans vouloir en exagérer la portée, je me rends compte, ici, sur la route, à quel point notre société entrave l'épanouissement de l'individu.

Comme pour m'encourager, le soleil fait son apparition et, en moins d'une heure, il a balayé tous les nuages. Il faut préciser qu'un fort vent d'ouest l'y a bien aidé. Je marche sur les corniches qui dominent la vallée et les vignes. Quel régal de pouvoir profiter de ces paysages ravissants et de ces couleurs matinales saisissantes de beauté. De-ci, de-là, je rencontre quelques cadoles, plus communément appelées cabanes de vigneron. Il s'agit de compositions en pierres sèches qui, le plus souvent, prennent la forme d'un igloo.

Soudain, les marques caractéristiques du GR, le blanc et le rouge, disparaissent. Bien pratique quand on arrive devant une fourche et que l'on ignore tout de la direction à prendre ! Je sens poindre, au fond de moi, une sourde angoisse. Après plus de trois kilomètres parcourus dans cet environnement incertain, je dois me rendre à l'évidence, je suis perdu ! Il va encore falloir témoigner d'une certaine patience pour retrouver ma route. Enfin, cela fait partie de la pérégrination, moins évidente qu'il ne m'y paraissait avant de prendre le départ.

Mon œil scrute l'horizon à la recherche d'un point de repère susceptible de m'aider à retrouver le bon chemin. Hélas, il n'y a rien sinon des champs et des bois à perte de vue ! Je décide de maintenir le cap et de poursuivre sur le sentier empierré, celui-là même qui meurtrit la plante de mes pieds. Une heure plus tard, toujours rien ! Le chemin continue à serpenter entre les vignes et les prairies. Au loin, une biche broute un peu d'herbe et refuse de se laisser photographier. Elle détale en direction d'une étendue de colzas et disparaît aussitôt. Décidément, la chance a l'air de me bouder aujourd'hui !

On dit que la roue finit toujours par tourner... eh, bien, en voici la preuve ! Comme par enchantement, je retrouve la trace du GR, à hauteur du lieu-dit : « le petit Viret », un endroit situé à cheval entre le bois des Brosses et celui de Boulot. C'est un réel soulagement de constater qu'en définitive, je n'étais pas si éloigné que cela du parcours détaillé dans mon guide. Se repérer n'est pas toujours évident... mais tout fini toujours pas s'arranger. Oh, là, sur la gauche, assis sur un muret en pierres sèches, un petit chaton ! Il est craquant avec ses taches noires qui lui cernent les yeux. Au bout d'un moment, fatigué par mes caresses, il détale, sans demander son reste.

Les derniers kilomètres sont difficiles. Les jambes sont lourdes et l'envie de prendre une bonne douche ne me laisse guère de répit. Alors mon esprit se remémore le marathon d'Amsterdam, couru avec mon ami Thierry. Une belle course, vécue sur le ton de l'amitié, mais où j'avais dû puiser largement dans mes réserves pour réaliser un temps honorable. J'entends encore distinctement les mots d'encouragement lancés par mon ami joggeur : « *Allez, Christian, encore trois kilomètres... Dans ta bulle et reste concentré sur l'objectif !* ».

24ème étape - 20 avril
Tonnerre - Chablis
18 kilomètres

Tonnerre regorge de splendeurs patrimoniales que je n'aurai hélas, pas le temps de visiter. Je pense notamment aux églises Saint-Pierre et Notre-Dame, à l'hôpital des Fontenilles, aux hôtels particuliers d'Uzes et Coeurderoy, aux maisons du XVIe siècle, à la Fosse Dionne qui, dit-on, serait hantée par un serpent capable de tuer d'un seul regard... Brrr, et si ce n'était pas qu'une légende ?

Mais, c'est aussi, ici à Tonnerre, que la magie du chemin a encore opéré. Alors que hier, en milieu d'après-midi, j'allais me rendre à l'office du tourisme après huit heures de route, j'ai été abordé par un passant, un ancien pèlerin. Il s'est intéressé à mon parcours, en fait similaire en bien des aspects au sien accompli en 2012. Après quelques présentations sommaires de la vie en centre-ville, il ne m'a, ni plus ni moins, invité chez lui, pour partager sa table. Proposition que je me suis empressé d'accepter sans la moindre tergiversation !

Quelle belle soirée passée en compagnie de personnes dévouées et attentives au pèlerin cheminant vers Compostelle. Existerait-il un code, une communion entre individus ayant partagé la même expérience de vie ? Probablement, le regard sur l'autre se modifie-t-il, entraînant plus de tolérance et d'empathie. Quoi qu'il en soit, il est heureux de constater que l'amitié gratuite et spontanée entre inconnus existe encore de nos jours, alors que nous vivons dans une société axée sur l'individualisme et la satisfaction immédiate de tous nos désirs.

Alain a cheminé en 2012, depuis Tonnerre, jusqu'à la route du Puy en Velay pour enfin rejoindre Santiago et le Cabo de Fisterra. Il m'a expliqué combien cette route a représenté pour lui un chemin de découvertes. Combien il a vécu de rencontres passionnantes et enrichissantes sur le plan humain. Notamment, l'histoire de ce prêtre français, accusé à tort de pédophilie au Sénégal, car il dérangeait le pouvoir en place. Prêtre qui, depuis, a écrit un livre sur les incohérences du procès bidon dont il a été victime. Ou encore l'histoire un peu folle de ce médecin français avalant tous les jours plus de cinquante kilomètres pour se retrouver volontairement dans un état de souffrance permanent. Avait-il quelques lourdes transgressions à expier pour agir de la sorte ?

J'ai mangé comme un roi et pu goûter au ratafia, un apéritif produit par Alain. Ce repas, partagé avec ces gens si sympathiques, m'a fait chaud au cœur. Nous nous sommes échangés nos coordonnées afin de maintenir le contact. Je m'en voudrais également de ne pas signaler qu'Alain est vigneron et que son vin rouge vaut le déplacement ! Dommage que je ne puisse emporter deux ou trois bouteilles afin de les déguster sur le chemin. Je pourrais ruser... Hélas, une petite voix m'invite à la prudence en me susurrant : « *Il faut demeurer raisonnable, Christian, et veiller au poids de ton sac !* » Oui... c'est d'accord !

Petite frayeur en rentrant au gîte municipal vers vingt-trois heures, les grilles étaient fermées sans possibilité aucune de les ouvrir ! Je me suis alors souvenu que la préposée de l'office de tourisme avait évoqué une petite porte en bois située en fond de ruelle. Après une dizaine de minutes d'une recherche stressante - il faisait très sombre et je n'y voyais rien - j'ai fini par découvrir le passage en question, en compagnie d'Alain, toujours aussi prévenant. Il eut été dommage de clôturer une si belle soirée par une nuit passée sous les étoiles !

Il est encore tôt lorsque je me réveille. Une fois debout, je constate que mes jambes ne ressentent aucune douleur particulière. Un peu étonnant tout de même après cette longue étape de la veille. Lorsque j'ouvre les épais rideaux, un flot de lumière inonde la chambre. Chouette, le ciel est limpide... encore une belle journée qui s'annonce. Je m'habille à la hâte et contrôle mon sac à dos afin de ne rien oublier. Tout est en ordre, je peux donc prendre la route.

Quelques badauds promènent leur chien, place de la République. Je les salue amicalement et oblique vers la droite pour rejoindre la fosse Dionne, ancien lavoir installé sur une source vauclusienne. Cet endroit est empreint de mystère avec son bassin circulaire d'une dizaine de mètres de diamètre, entouré de hauts murs en pierres claires. Les eaux sont d'un vert émeraude, invitant le passant à s'y baigner. Mais que celui-ci prenne garde à ne pas se laisser tenter, car trois plongeurs y ont déjà perdu la vie !

Après une grimpette très physique, surtout en début de journée, je débouche sur le parvis de l'église Saint-Pierre qui offre encore d'intéressants vestiges des XIIe et XIIIe siècles, plus particulièrement le portail roman et le chœur en sept pans. Du parapet, on embrasse toute la ville du regard et on aperçoit l'hôtel-Dieu, l'un des plus anciens monuments hospitaliers de la France médiévale.

Rapidement, je rejoins les sentiers longeant de vastes étendues de vignes. Sous un soleil dominateur, le spectacle est saisissant de beauté. Au loin, je distingue des ouvriers occupés à nettoyer les parcelles. Un dur métier que celui de viticulteur, avec une insécurité permanente liée aux conditions climatiques, susceptibles de réduire à néant le fruit de toute une année de travail. Un homme assis en tailleur relève la tête et me salue avec enthousiasme. Je m'approche de lui et le questionne sur sa profession qu'il dit adorer plus que tout au monde. Sa voix est plaisante et je ressens en lui une incroyable envie de communiquer sa passion pour la vigne. Un peu pressé par le temps, je le remercie et le laisse vaquer à ses occupations.

Profitant d'une excellente condition physique, je suis satisfait de ma progression. Il est un peu plus de onze heures lorsque je pénètre dans les artères animées de Chablis. C'est la grande foule et pour cause, le dimanche est jour de marché. Génial, je vais pouvoir m'acheter quelques produits du terroir. Je m'arrête près d'une échoppe dédiée aux fromages de chèvre. La crémière me fait goûter sa production avec un grand sourire, consciente assurément de la qualité de ses produits. C'est tout simplement délicieux ! Allez, j'en achète deux : un pour ce midi et l'autre, pour demain matin, histoire de bien débuter la journée. Un peu plus loin, je me laisse tenter par des andouillettes, un peu de saucisson et de la baguette artisanale. Ça y est, mon repas de midi est constitué !

Il me reste à présent à dénicher la maison paroissiale où, avec un peu de chance, je devrais pouvoir disposer d'une chambre pour y passer la nuit. Voilà, c'est là, dans cette petite ruelle. Une dame d'un certain âge vient m'ouvrir en me signalant qu'il lui reste deux places. Je suis rassuré, je vais pouvoir manger mon fromage et mettre mes doigts de pieds en éventail !

$25^{\text{ème}}$ étape - 21 avril

Chablis - Auxerre

22 kilomètres

Aujourd'hui, c'est la fête... J'en suis à ma vingt-cinquième étape ! Les jours défilent à une vitesse folle et je suis surpris d'avoir déjà parcouru six cents kilomètres. Je me sens en forme et cela me réconforte pour la suite du parcours, même si l'on ne peut jamais être sûr de rien, l'imprévu pouvant frapper à n'importe quel moment. Beaucoup de gaieté traverse mon esprit... Voilà donc une bien belle journée qui s'annonce.

Surprenante étape hier à Chablis avec une première soirée entre pèlerins. Un beau trio constitué d'un Allemand, d'un Français et d'un... Belge. Originaire de Francfort, Mathias, un solide gaillard taillé dans le roc, termine son périple à Nevers et exerce la profession de garde forestier. David, quant à lui, travaille pour un grand groupe producteur de champagne. Pour le moment, il est à l'arrêt à cause d'un problème de cheville, alors qu'il vient à peine de démarrer son parcours. Quelle idée quand même de vouloir parcourir plus de quarante kilomètres en début de camino avec dix-neuf kilos sur les épaules !

David nous a appris la difficulté du métier de viticulteur, une charge de travail constante et une dépendance envers une quantité de facteurs responsables du sort de la production. Le viticulteur travaille ses terres et sa vigne toute l'année, passant de la taille, du désherbage, des traitements, du rognage... jusqu'aux vendanges, sans oublier toutes les tâches liées aux aspects commerciaux.

J'aime le bon vin, mais j'avoue ma totale incompétence quant au jargon technique utilisé par mes deux compagnons de chambrée. Un peu ennuyant de devoir à chaque fois questionner nos deux passionnés : c'est quoi le courson ? Et la clarification mécanique ? Mais j'ai pu compter sur la gentillesse de David et de Mathias pour en apprendre davantage.

Si le côté convivial de ce repas animé - nous avons goûté plus que de raison au Chablis du cru - était indiscutable, notre gîte paroissial, par contre, ne répondait en rien au minimum de confort que peut espérer un pèlerin après une longue journée de marche ! Oh, je ne recherche en rien le luxe, ni le confort, mais un minimum de propreté et un équipement de base. Et que dire ici de la literie, vraiment dégoûtante ! Heureusement, le sac de couchage a pu quelque peu remédier à la situation !

Lorsque j'ouvre les rideaux, revêtus d'une tonne de poussière, je ne peux m'empêcher de marquer un certain étonnement : il pleut ! Il aura donc fallu vingt-cinq jours pour voir trace des premières gouttes. Oh, ce n'est pas une grosse pluie... non, à peine une petite bruine sans conséquence. Mathias m'observe tout en plaisantant : « *Das wetter ist nicht schön, Christian... Aber die sonne kommt immer wieder!* » Le soleil va arriver... oui, il doit avoir raison !

Mathias me demande s'il peut cheminer en ma compagnie jusqu'à Auxerre. Heureux de pouvoir enfin discuter avec quelqu'un d'autre que mon double, j'accepte bien évidemment sa proposition. Par la suite, nos routes se sépareront, nos itinéraires étant construits d'une tout autre manière. Il va tout de même falloir que je retrouve rapidement mon allemand, sinon, les dialogues risquent d'être limités !

Aujourd'hui, c'est le lundi de Pâques... j'ai complètement zappé cela dans mon agenda ! Pourvu qu'un gentil boulanger ait eu la bonne idée de penser à ces pauvres pèlerins qui ne vont tout de même pas débuter leur journée l'estomac dans les talons ! Alors que nous empruntons la rue principale, un cri de victoire retentit : nous sommes sauvés, la boulangerie est ouverte !

Une petite bruine vient fouetter nos visages, mais la température est somme toute assez clémente. Le départ se fait par un sentier, en spirales, très raide. Lorsqu'on arrive au sommet de cette jolie butte, nos mollets sont en feu. Mathias souffle tel un bœuf : « *Christian, es ist so schwer...* » Et moi de lui répondre, oui, tu as raison, c'est une entrée en matière très costaude !

Il est dix heures, lorsque nous débouchons sur la place de Beine. Il n'y a pas âme qui vive en cet endroit isolé. Et nous qui pensions trouver un peu de réconfort en ces lieux en sirotant un bon café. Nous en sommes pour nos frais et devons nous contenter d'une simple lampée d'eau ! Mais nous faisons contre mauvaise fortune bon cœur... n'avons-nous pas une chance insolente de pouvoir ainsi cheminer et de découvrir toutes ces merveilles ?

Mathias tire la langue, fatigué par le long parcours de la veille. Il me signale qu'il est cuit et qu'il va devoir ralentir la cadence. Je lui réponds que cela ne me pose aucun problème, car j'éprouve aussi une certaine fatigue. Le regard reconnaissant, il me remercie de ne pas le laisser tomber telle une vulgaire chaussette. À quoi bon tracer comme des damnés, nous n'avons plus que huit kilomètres à parcourir et puis, ce n'est pas une course, même si je sais pertinemment qu'une fois l'étape accomplie, beaucoup de tâches m'attendent encore.

Il n'y a pas à dire, cette partie de l'Yonne est réellement fabuleuse. Des champs de vignes s'étendent à perte de vue et viennent se marier harmonieusement avec le jaune des colzas. Un vrai festival pour les yeux ! C'est là tout le mérite de cette nature enchanteresse d'allier beauté et fonctionnalité. S'extasier devant ce spectacle pourrait paraître un peu ridicule, mais une fois sur le chemin, ces gestes prennent tout leur sens !

Voilà, Auxerre est en vue, là, droit devant nous. Du sommet du plateau, nous embrassons du regard toute la ville qui déploie ses tentacules sur plusieurs kilomètres. Excellente nouvelle, notre topo-guide indique : *descendre par le petit chemin herbeux et rejoindre la gare d'Auxerre.* La fin d'étape approche et c'est tant mieux, car nous sommes littéralement vannés. Néanmoins, cette journée nous aura permis de profiter d'un environnement exceptionnel.

Ce soir, nous logeons à la maison des randonneurs, une adresse vivement recommandée par Alain, rencontré lors de mon séjour à Tonnerre. Rapidement, nous constatons que ce choix s'avère judicieux. L'infrastructure est de bonne qualité et le bâtiment est situé à moins de trois cents mètres du centre-ville. De plus, nous recevons tous les deux un accueil très chaleureux ainsi qu'une documentation complète d'Auxerre et de ses trésors. Vivement demain que je puisse découvrir cette ville aux mille facettes. Mais là, je suis si fatigué qu'une seule chose s'impose à mon esprit : trouver de quoi me sustenter et, par la suite, rejoindre les bras de Morphée...

26ème étape - 22 avril

Auxerre - Champs-sur-Yonne et... retour...

8 kilomètres

Mathias est fin prêt, il lace ses chaussures et sangle son sac à dos avec précaution. Il me dit avoir passé un bon moment à cheminer avec moi et qu'il n'oubliera jamais nos échanges chaleureux. Je lui réponds que de mon côté, j'ai également apprécié sa compagnie pendant ces deux journées et lui souhaite bon vent pour la fin de son périple. Bientôt, il rentrera en Allemagne et retrouvera sa famille, plus riche d'expériences et d'attention envers autrui. Le fait d'avoir pu se mouvoir ainsi dans l'imaginaire d'une société nouvelle, susceptible de voir éclore d'autres mœurs, est assurément un privilège accordé aux pèlerins... À nous donc, de tirer profit de ces moments de réflexion et de remise en question !

Notre existence est ainsi faite de rencontres éphémères dont certaines marquent plus que d'autres. Chacun livre son vécu, sa vision, ses choix... susceptibles d'apporter un éclairage nouveau sur la manière d'appréhender les choses. Qu'est ce qui est vraiment important dans notre vie terrestre, si fragile ? Je trouve personnellement qu'aller à la rencontre des autres permet à l'individu de sortir de son cercle de confort en confrontant ses expériences avec celles d'autrui...

Après les photos d'usage et les échanges de coordonnées, j'accompagne Mathias jusqu'au pont Paul Bert, où coule l'Yonne. Le ciel s'est éclairci depuis la veille, le soleil opérant ainsi son grand retour. Nous nous serrons la main avec beaucoup d'émotion, sachant que chacun suivra sa propre route et que nous ne nous reverrons probablement plus jamais. Mathias s'éloigne à grandes enjambées, allant rejoindre le GR 654 qui doit l'emmener jusqu'à Arcy-sur-Cure. Il se retourne une dernière fois, agite la main, et disparaît rapidement au détour d'un virage.

Impossible pour ma part de quitter Auxerre sans visiter ses vieux quartiers et son patrimoine. Je décide dans un premier temps de longer l'Yonne et de profiter du soleil matinal. Un monsieur, la septantaine, promène son chien. Il s'arrête pour me saluer et me demande si j'habite la région. Lorsqu'il apprend que je suis pèlerin, son visage s'illumine.

« *Saint-Jacques, un vieux rêve pour moi, mais que je n'ai jamais pu réaliser* » me dit-il, la voix brisée par l'émotion. Je renonce à l'interroger sur le sujet, voyant qu'il représente pour lui une charge émotionnelle importante. En ce moment, je mesure pleinement la chance que j'ai de pouvoir effectuer ce voyage si particulier.

L'homme, qui se prénomme Pierre, s'assied à mes côté et se met à parler de sa ville natale en y mettant beaucoup d'emphase. Je l'écoute, passionné par cette visite privilégiée : « *Auxerre est une ville surprenante qui a su maintenir son patrimoine intact. À l'origine, «Ausserre» naît d'un castrum gallo-romain créé vers la fin du troisième siècle. La cité de l'époque, réputée pour ses vignobles, était traversée par la Via Agrippa reliant Rome à la Bretagne.* »

Pierre poursuit : « *Si je peux vous conseiller un circuit de visite, j'emprunterais très certainement celui qui démarre rue du Temple, face à l'église Saint-Eusèbe, puis qui se prolonge vers le nord de l'intra-muros, pour enfin aborder le centre avec la cathédrale Saint-Étienne et le côté est avec l'église Saint-Pierre et le pont Bert, où nous nous trouvons actuellement.* » Je remercie cet homme si aimable et décide de suivre le circuit proposé.

Je passe de découverte en découverte, ne sachant où donner de la tête. Arrivé face à la cathédrale Saint-Étienne, je ne peux retenir un sifflement d'admiration. La pierre de l'édifice, travaillée avec finesse, est ornée de motifs et statues d'une rare beauté. Je suis stupéfait par la virtuosité, l'habileté, des artisans de l'époque. Dommage de constater les destructions de la statuaire, probablement occasionnées lors de la Révolution française.

Autre élément patrimonial remarquable, la tour de l'Horloge, un véritable chef-d'oeuvre construit au XVe siècle sur d'anciens vestiges du castrum gallo-romain. À l'origine, ce bâtiment a servi de prison, pour ensuite être transformé en horloge géante et puis en beffroi. De nombreux touristes prennent la pose devant ce magnifique témoin du passé. Je dois donc patienter pour pouvoir à mon tour photographier l'édifice.

Voilà que sonnent les cloches de la cathédrale. Peut-être viennent-elles me rappeler l'imminence du départ. Il est déjà midi, mais je ne me tracasse guère, l'étape d'aujourd'hui étant la plus courte de l'ensemble du pèlerinage, avec seulement huit kilomètres au programme. Au vu de ce que j'ai pu découvrir ce matin, je suis heureux d'avoir planifié une si petite sortie. Le choix était judicieux !

Avant de prendre la direction de l'Yonne et de ses eaux placides, je m'arrête dans une boulangerie pour acheter ma baguette. J'ai vraiment de la chance, car c'est la dernière ! Avec ce qu'il me reste de fromage de chèvre, ce sera parfait. Les ruelles sont bondées à cette heure du jour. Je veille donc à n'accrocher personne avec mon gros sac. Ouf, je viens de rejoindre les chemins de halage... l'air y est plus respirable.

Une grosse voix vient me surprendre : « *Hé pèlerin, tu passes par Champs-sur-Yonne ?* » Un homme, la soixantaine bien entamée, occupe le pont d'une péniche de belle dimension. Je le regarde surpris et opine de la tête. Il se met à rire et me demande si je ne veux pas y aller en bateau. Sa question me désarçonne un peu, mais je n'hésite pas une seule seconde. Je n'ai encore jamais eu l'occasion de naviguer sur une péniche.

Patrick, ancien agent du fisc, est retraité depuis cinq ans et s'adonne à sa passion, la navigation. Il m'explique combien cette vie le passionne, lui permettant de vivre «hors du temps». Patrick a également parcouru les chemins de Compostelle, c'était en 1998... une époque où il n'y avait pas encore grand monde sur les routes laissant la part belle à l'improvisation. Il dit avoir à nouveau souhaité cheminer au départ de Saint-Jean-Pied-de-Port, il y a plus de deux années maintenant. Néanmoins, après quatre jours et son arrivée à Pampelune, il a préféré renoncer, épuisé par le flux ininterrompu de pèlerins.

Champs-sur-Yonne... je n'ai pas vu le temps passer ! Quelle belle après-midi, vécue au fil de l'eau ! Patrick s'est révélé quelqu'un d'attachant avec qui j'ai passé d'excellents moments à disserter des choses de la vie. Bon, c'est vrai que j'imagine sans peine les mauvaises langues affirmer : il a triché ! Allez, j'avoue avoir raboté le parcours de quelques kilomètres, en profitant ainsi d'un moyen de déplacement original... Quoique, vous ne savez pas tout !

27ème étape - 23 avril
Auxerre - Arcy-sur-Cure
33 kilomètres

Dès que j'ouvre les yeux, je devine en moi une ardeur prête à déplacer des montagnes. D'un geste énergique, j'ouvre les persiennes et tombe en arrêt devant un tableau qui heurte mon esprit. Je secoue la tête de droite à gauche dans un signe de dénégation. Ce n'est pas possible ! Là, devant moi, se dresse un bâtiment aperçu à Auxerre... Suis-je subitement devenu fou ?

Mais non, l'explication est toute simple. Petit flash-back donc pour éclairer votre lanterne. Lorsque je suis arrivé, hier, à Champs-sur-Yonne, encore tout éberlué par cette sensationnelle excursion en péniche, je me suis dirigé vers mon hébergement renseigné dans mes documents, le pas léger et l'esprit encore empreint de ce voyage original. Hélas, tout était complet !

Me restait donc la possibilité de me renseigner plus en avant sur les alternatives existantes. Je me suis tout d'abord rendu à la mairie, mais j'y ai trouvé porte close. Une gentille dame a bien cherché à activer ses relais, mais ses espoirs ont été déçus. Etant donné que poursuivre ma route m'obligeait à cheminer dix kilomètres de plus pour me retrouver dans un village pas plus grand qu'un mouchoir de poche, sans aucune assurance de succès, j'ai préféré opter pour un retour à Auxerre ! Ainsi nous étions quitte... les sept kilomètres économisés grâce au trajet en péniche se retrouveront au programme de ce jour !

Mais, à toute situation, ses bons côtés. Hier soir, au moment du souper dans la cuisine communautaire, j'ai assisté à un incroyable vaudeville, caractéristique de la bêtise humaine. Je dis cela sans aucune moquerie, mais c'était édifiant ! Huit cyclistes, hommes et femmes, occupés à la confection de leur repas, m'ont fait passer un moment inoubliable. Je ne résiste pas à la tentation de reprendre ci-après un résumé de leurs conversations !

Trois dames cuisinent...

– Je fais chauffer le potage ?

– C'est ça le potage... cette petite brique ?

– Oh, il y en a en suffisance pour trois personnes.

– Mais, nous sommes huit !

La dame qui remue dans la soupe prend subitement la mouche.

– J'ai demandé tout à l'heure qui en voulait, mais vous étiez trop occupée à flirter avec mon mari, n'est-ce pas !

– Comment ?

– Ne faite pas l'innocente, j'ai bien remarqué votre petit manège !

Les quatre hommes et la dernière dame font leur apparition.

– Et, alors, elle est prête cette soupe.

– Il n'y en a pas assez pour tout le monde, Monique a acheté une... petite briquette !

Monique, le visage cramoisi, quitte la cuisine sous le regard médusé des autres convives.

– Mais qu'est-ce qu'elle a ? demande l'un de ces messieurs.

– Oh, je n'en sais rien, probablement un petit coup de fatigue, répond l'autre dame.

– Ce n'est pas étonnant, l'étape du jour était beaucoup trop longue !

– Ah, non ! fulmine le gros monsieur assis près de la porte. Quand j'ai posé la question au sujet du parcours, personne n'a rien dit.

La femme du monsieur essaie de tempérer la situation, mais un grand froid s'est emparé de la joyeuse assemblée. Au même moment, un cri retentit.

– La soupe !

– Qui a-t-il ?

– Elle est cramée !

De mon côté, je me retourne et essaie d'arrêter le fou rire qui vient de me surprendre. Impossible, des larmes coulent de mes yeux et le flot refuse de s'arrêter. Heureusement, personne ne remarque rien, et le vaudeville reprend de plus belle.

– Bon, ce n'est pas grave, il nous reste les pâtes.

Monique fait sa réapparition les yeux rougis. Un grand silence s'installe. Puis, la dame qui me fait face, rompt la glace.

– Allez, et si nous cuisinions les pâtes ?

– N'oublie pas de mettre du sel dans l'eau, hein.

– Mais, Monique, tu sais bien que Raymond et Pierre n'aiment pas le sel !

– Alors on fera cuire les pâtes dans deux casseroles !

Le dénommé Raymond intervient :

– Comment fait-on pour l'addition ?

Un autre répond : oh, pour les questions d'argent on verra cela plus tard. L'autre, guère décidé à lâcher le morceau insiste :

– J'aimerais que l'on règle ça maintenant !

– Tu n'as pas confiance ou quoi ?

– Ce n'est pas ça, mais Agnès et moi repartons demain.

– Quoi ?

– On est crevés !

– Alors, si tout le monde commence à faire à sa mode... N'avions-nous pas décidé de demeurer ensemble pendant toute la randonnée...

Je pourrais encore poursuivre de la sorte noircissant des pages entières de cet ouvrage, mais je pense que ce portrait est suffisamment explicite. Simplement rajouter que trois des convives ont quitté la cuisine très fâchés et que les autres ont boudé pendant tout le repas. Avant l'apothéose, j'ai décidé de quitter la pièce, lassé d'entendre toutes ces jérémiades. Que les gens peuvent donc être stupides !

Je marche maintenant depuis un peu plus de deux heures et ressens une gêne à l'arrière de la cuisse. Immédiatement, je décide de m'octroyer une pause, et d'en profiter pour m'enduire de pommade. Lorsque je reprends la marche, après un arrêt d'une petite demi-heure, la douleur a presque disparu. C'est donc avec un gros moral que l'aventure se poursuit.

La journée a filé telle une météorite... me voilà déjà dans les ruelles d'Arcy-sur-Cure. Tout y est calme, comme dans les autres villages traversés. On dirait que les habitants ont déserté leur habitation et s'en sont allés. Heureusement pour moi, mon hébergeante est bien présente. Une dame, pensionnée depuis quelques années et qui s'est également rendue à Compostelle en 2010.

28ème étape – 24 avril
Arcy-sur-Cure - Vézelay
21 kilomètres

Seuls quelques nuages inoffensifs dérivent dans le ciel, agrémentant celui-ci de jolis motifs aux formes oblongues. C'est étrange, je ressens au fond de moi une excitation peu commune, celle d'apercevoir les contours de Vézelay et de me plonger dans son ambiance particulière. Me voici donc à quelques heures de boucler le premier tronçon, point de départ vers Saint-Jean-Pied-de-Port.

Mes pieds touchent à peine le sol, j'ai l'impression de voler ! Je me sens bien, serein comme jamais. Néanmoins, mon esprit me ramène à Arcy-sur-Cure, où j'ai quitté Ferdinand tôt ce matin. Ferdinand est un pèlerin, originaire de Turnhout, et qui chemine en direction de Vézelay. Ce bonhomme empathique en est à son sixième pèlerinage... Enfin je devrais plutôt dire en était à son sixième pèlerinage !

Nous avons beaucoup discuté ensemble hier soir, partageant la même chambre chez notre sympathique hébergeante du jour. Il m'a expliqué ne jamais se lasser de cheminer, étant ainsi toujours en trajet de pensées. Ferdinand a emprunté, au fil des années, la route du Puy en Velay, celle d'Arles, la route de Paris, la via Lemovicensis, le Camino del Norte et son pendant, le Camino Francès. « *On ne peut sortir indemne de ces descentes successives en soi-même.* » m'a-t-il dit avec une telle conviction, les yeux embués de larmes.

Ce matin, Ferdinand était tout sourire, prêt à aborder l'étape mythique de Vézelay avec une grande énergie. Et puis, un simple coup de fil qui vient tout chambouler ! Le pèlerin, guilleret en cet instant, s'assombrit brusquement, le visage contracté. Les paroles prononcées trahissent son tumulte intérieur. Quand il a raccroché, il s'est tourné vers moi en disant : « *Un proche vient de décéder, il me faut rentrer en Belgique !* »

Je n'ai su que lui répondre, ébranlé par cette nouvelle. J'ai éprouvé au fond de moi cette terrible dualité entre la vie et la mort. Ce fil, si fin, qui brusquement se rompt mettant fin à notre cheminement. À quoi tenons-nous ? Cette vie éphémère à quoi sert-elle ? J'avoue avoir ressenti un grand froid intérieur, semblable à un engourdissement qui aurait pu être provoqué par un gel intense. Si quelque vérité tend à s'affirmer en cet instant, c'est la précarité de notre parcours terrestre.

Peu à peu, mon esprit se libère, happé par les splendeurs offertes par le chemin. À Saint-Moré, je tombe en arrêt devant des dizaines de cavités creusées dans la paroi calcaire. La présence de l'homme, au milieu du paléolithique, est attestée. Comment donc imaginer des humains en ces lieux aux antipodes de ce que nous connaissons aujourd'hui, habitués à nous prélasser dans un grand confort.

Un peu plus loin, je traverse le campement de Cora, un lieu autrefois occupé par les gallo-romains. Quelques petits potelets, disséminés en bordure du site, interrogent les rares passants qui empruntent cette route : *quel était le rôle de la garnison du camp de Cora ? Qui était Ammien Marcellin ? Quelles villes reliaient la voie romaine d'Agrippa ?* Ces questions me plongent dans ce bouillant passé. Mon regard fouille les épaisses murailles à la recherche de guetteurs, protégeant le campement. Pour peu, on s'y croirait !

J'accélère la cadence, comme emporté par un puissant tourbillon, et quitte les forêts touffues pour rejoindre des chemins empierrés, bordés de part et d'autre par des champs de colzas. Les paysages sont sublimes, un vrai panaché de couleurs des plus tendres aux plus vives. Et puis soudain, au détour d'un virage, Vézelay apparaît dans toute sa splendeur.

La basilique domine la colline et son sommet est illuminé par un soleil un peu voilé. Ce ciel crayeux donne une tonalité surprenante à ce magnifique tableau. Par contre pour mon gosier, la situation est moins idyllique. Je n'ai plus d'eau depuis un bon bout de temps et j'avoue éprouver une soif sévère.

Les sentiers caillouteux font mal aux pieds. Les caillasses pointues attaquent la semelle de mes godasses et la voûte plantaire aspire à un peu plus de calme. Un instant, j'envisage de retirer mes chaussures de marche et d'enfiler mes nu-pieds pour effectuer les trois derniers kilomètres. Mais, vu la distance restant à parcourir, je préfère renoncer.

Alors que je suis en passe de rallier le village d'Asquins, un homme occupé à tondre sa pelouse me salue. Dans la foulée, il me demande si je ne souhaite pas un peu d'eau. J'accepte sa gentille proposition et avale d'un seul coup près d'un demi-litre du précieux breuvage, délicieusement frais. Une fois de plus la chaleur des gens envers les pèlerins m'interpelle. Heureux de constater que l'entraide existe encore !

Il n'y a pas à dire, Vézelay se mérite. Le sentier se met à grimper, proposant un dénivelé très important. L'effort est brutal et des gouttes de sueur perlent à mon front. Mon tee-shirt est trempé et une sueur visqueuse colle à ma peau. Pas très confortable, mais au fond, cela a-t-il une réelle importance ? Je poursuis donc mon ascension en gardant à l'esprit que dans quelques minutes, j'aurai rejoint la place de Vézelay. Un besoin fou d'accélérer le pas me saisit. Qu'est-ce donc que cet empressement, sinon peut-être l'envie d'atteindre ce premier cap, prélude à une nouvelle voie menant vers ma destination finale.

Voilà, la basilique se dresse là devant moi. Comme elle est émouvante dans son étonnante simplicité ! Je décide de me rendre dans un premier temps à l'office du tourisme pour pouvoir disposer d'un plan de ville et pour obtenir des précisions quant aux principaux monuments historiques. Zut, le jeudi est le jour de fermeture… Qu'à cela ne tienne, je remonte la rue principale pour profiter d'un accueil pèlerin indiqué dans ma feuille de route. Les deux préposés, très affables, me donnent tout ce dont j'ai besoin.

Avant de partir à la découverte de Vézelay, il me reste encore à me présenter au centre Marie-Madeleine pour y réserver ma chambre. L'endroit est très beau, du moins l'aile accessible aux visiteurs. Les autres parties du bâtiment sont en rénovation. Toutes les chambres individuelles sont prises… Pas grave, va donc pour le dortoir collectif ! Je pense que cette première me fera le plus grand bien et sera en mesure de me préparer efficacement pour la suite du voyage qui risque de ne plus être aussi paisible.

2ème tronçon

Vézelay – Saint-Jean-Pied-de-port

892 kilomètres

29ème étape - 25 avril
Vézelay - Bazoche
15 kilomètres

Hier, j'ai eu l'occasion de passer un merveilleux moment en compagnie des trésors patrimoniaux de Vézelay. Cette belle cité rayonne tel un diamant aux mille facettes et diffuse de mystérieuses senteurs. Immédiatement, j'ai ressenti une vibration particulière, comme une petite musique qui peu à peu s'immisce dans mon esprit et vient réveiller la conscience. Serait-ce l'âme de tous ces pèlerins, ayant un jour parcouru les allées de la cité, qui vient ainsi héler le visiteur du jour, le prendre par la main et l'inviter à réfléchir à sa condition humaine ?

On pourrait dire que Vézelay se livre à tous, « chemineurs », randonneurs, passants... comme un livre de prière et de lumière. Pénétrer ses secrets n'est pas chose aisée, mais pour qui se montre sensible à ses charmes, la récompense est indiscutablement au rendez-vous. Tous ces vieux murs parlent à votre cœur, et plus spécialement la basilique, véritable chef-d'oeuvre ayant subi une rénovation en profondeur débutée en 1840 et achevée en 1859.

Lorsque l'on pénètre au sein de cet édifice, fondé sous l'impulsion de deux frères envoyés à Vézelay par Saint-François d'Assise, les yeux se mettent à fouiller ce foisonnement de détails. La pierre, travaillée avec raffinement, interroge l'esprit. Bien entendu, certains puristes reprocheront à l'architecte, le «grand» Viollet-le-Duc, une certaine froideur. Mais peu importe, l'édifice a parlé à mon cœur. J'ai beaucoup admiré la façade ouest et son Christ en gloire, les sculptures, les différents chapiteaux, le tympan, le jeu des colonnades...

Pendant que je visitais la basilique, il y eut un gros orage. Je me suis assis sur un banc en pierre dans le cloître me laissant imprégner par la magie des lieux. C'était comme un souffle magique m'invitant à descendre en moi-même et à profiter de cette douce harmonie. Deux sœurs sont passées devant moi et ont souri. Leur visage exprimait quelque chose de très fort... elles étaient comme transcendées par leur foi et cela imprimait tout leur être.

J'ai trouvé un hébergement au centre Sainte-Madeleine, un endroit à la fois convivial et bien équipé. C'était une première pour moi de me retrouver dans un dortoir communautaire de douze personnes. On y parlait toutes les langues, du français à l'allemand, en passant par l'anglais, l'espagnol, l'italien, sans oublier le néerlandais. Chouette expérience de vie collective avec ses bons moments partagés et ses contraintes.

Mes yeux sont encore remplis de fatigue lorsque le réveil sonne. Il est à peine six heures et un grand silence règne dans le dortoir. Je me lève sur la pointe des pieds et rejoins la salle de douche. L'eau n'est pas très chaude, mais cela présente le grand avantage d'être immédiatement réveillé. Habillé et rasé de frais, je dévale l'escalier et prends la direction de la basilique pour assister à la bénédiction des pèlerins.

À sept heures pile, les laudes débutent par les hymnes et cantiques chantés par des moniales et des frères disposés en arc de cercle. Drapés d'une longue toge blanche, ils tournent leur visage vers l'autel. Les voix sont limpides et s'élèvent vers le sommet de l'immense basilique. Ce moment est empreint d'une vive émotion tant il est merveilleux d'harmonie et de simplicité. À la fin de l'office, les pèlerins qui le désirent, reçoivent la bénédiction du frère supérieur, et ses bons souhaits pour la suite du parcours.

Avant de quitter ce prodigieux édifice, je décide de visiter la crypte, dans laquelle se trouvent les reliques de Sainte Madeleine, originaire de Magdalena au bord du lac de Tibériade. Selon l'histoire chrétienne, elle fut convertie à la parole de Jésus et témoin, en premier, de la Résurrection du Christ. Les moines de Vézelay viendront déposer ses reliques à la basilique dès le Xe siècle, ce qui fut à l'origine d'un incroyable afflux de pèlerins dès le XIIe siècle. Quelques visiteurs s'immobilisent en silence devant le petit coffret argenté. Étonnant de remarquer combien l'esprit humain s'interroge en présence de symboles ou de légendes faisant référence aux origines de la vie.

À l'heure du départ, il ne pleut plus. La chance continue de m'accompagner, c'est indiscutable ! Aujourd'hui, mon programme est limité puisque je n'ai pas plus de quinze kilomètres à parcourir pour rejoindre la destination du jour : le village de Bazoches. C'est parfait, cela me permettra de souffler un peu après ces dernières étapes, plutôt ardues. D'un côté, je n'éprouve cependant aucune lassitude, ce qui me rassure quant à mes capacités à atteindre mon objectif. Oui je sais, Thierry : *concentré sur l'objectif !*

La route, bien que proposant un relief accentué, est très fluide. Le rythme est soutenu, si bien que j'arrive à Bazoches vers treize heures. Tout est fermé, c'est bien ma veine ! Je n'ai rien à manger ! Au hasard, je vais sonner à la porte d'un restaurant dont c'est le jour de fermeture. Le patron, un homme aimable, me donne un morceau de pain, deux tranches de jambon et un quart de tarte aux pommes. Après l'avoir remercié à plusieurs reprises pour sa sollicitude, j'établis mes quartiers sur l'aire de pique-nique, située à l'entrée du village. Affamé, je dévore à pleines dents ce repas gracieusement offert par cet homme chaleureux. S'il n'y avait ce vent piquant, je me laisserais probablement aller à une petite sieste... Hélas, c'est impossible !

Les rares habitants qui déambulent dans les rues en cette heure du jour m'observent. Beaucoup y vont d'un signe de la tête ayant sans aucun doute remarqué la coquille qui pendouille sur les flancs de mon sac à dos. D'autres entament une petite parlotte, heureux d'échanger quelques mots avec un pèlerin en route vers Compostelle. J'adore ces moments, chaleureux. C'est étonnant, le loup solitaire que je suis serait-il en train de muer ? Peut-être bien !

Rassasié, je prends la direction de l'église Saint-Hilaire où se trouve le tombeau de Sébastien Le Prestre de Vauban, promu Maréchal de France par le roi Louis XIV en janvier 1703. Célèbre de par le monde, il a notamment œuvré à l'érection de plus de trois cents fortifications et participé à une centaine de batailles. Avec surprise, je découvre une plaque en marbre fixée au mur qui signale ceci : « *En 1808, sur ordre de l'Empereur, le cœur du Maréchal de Vauban fut prélevé dans sa sépulture, à Bazoches, enfermé dans une cassette en plomb, transporté à Paris et placé dans le monument élevé à sa mémoire, en face de celui de Turenne, sous le dôme des Invalides.* »

30ème étape – 26 avril

Bazoches - Corbigny

21 kilomètres

Hier soir, ma compagne Eve est venue me rejoindre à Bazoches. C'était important pour moi, qu'elle puisse venir faire un saut en Bourgogne, car je commençais à trouver le temps long. C'est certainement cela le plus difficile à gérer : l'absence de ses proches ! Elle reste jusqu'à lundi matin, deux petits jours seulement !

L'estomac rempli, je retrouve la chambre afin de m'apprêter pour l'étape du jour. Le sac à dos est bouclé, ne me reste plus qu'à enfiler mes godasses de marche. Mais où les ai-je donc fourrées ? Un juron plus tard, je les retrouve sous le lit. Bizarre, je ne me souviens pas les avoir rangées à cet endroit. Tandis que je cherche à m'en emparer, une voix courroucée m'interpelle...

– Non, non et NON !

Mais, enfin... mon pied me parle ! Incrédule je l'observe se contorsionner dans tous les sens... Puis, il reprend sur le même ton...

– C'est une blague ?

Interdit, je me décide tout de même à répondre.

– Comment ?

– Je pensais qu'on en avait terminé avec ce foutu pèlerinage... A-t-on idée de marcher tous ces kilomètres sur des routes bosselées, empierrées, crevassées, boueuses... Hein, pied droit, dis quelque chose... Tu n'en as pas marre, toi aussi ?

– Ras la voûte plantaire, le gauche !

– Eh, bien voilà, ainsi, nous sommes sur la même longueur d'onde !

Un peu irrité, j'avoue avoir du mal à comprendre cette drôle d'agitation. Je n'ai pas de temps à perdre avec ces bêtises. Ainsi, je prends une grosse voix et m'adresse à eux sans ménagements.

– Bon, c'est terminé cette comédie ?

– Ce n'est pas une comédie. Je parle ici également pour pied droit, nous sommes fatigués, crevés, assommés, démotivés… nous voulons rentrer à la maison pour jouir d'un repos bien mérité !

– Non mais, vous allez arrêter et tout de suite !

Pied gauche, impossible à contrôler, balance un coup dans les chaussures qui migrent vers l'autre bord du lit, blotties les unes contre les autres.

– Alors, si je vous comprends bien, vous avez décidés de vous mettre en grève ?

– C'est exactement ça, hein, pied droit…

– Oui !

– Manquait plus que celle-là… Il y avait déjà la grève du travail, celles de la faim, du sexe, du zèle… et voilà qu'aujourd'hui, vous venez d'inventer la grève des pieds !

– Et pourquoi pas, nous aussi on a droit à un petit peu d'égards.

– Tu as raison, le gauche, tous les jours sont pareils à taper le bitume, et à être tout trempés après moins d'une heure. Beurk, cette transpiration qui vous écoeure… On à l'impression de devenir un mélange de bleu danois et de vieux camembert oubliés dans le fond de l'armoire.

Décidément, là, je trouve qu'ils vont trop loin… Je peux entendre les plaintes, mais encore doivent-elles être légitimes !

– Vous ne manquez pas de toupet vous deux ! N'ai-je pas pris soin d'acheter de bonnes godasses ? Et les chaussettes de marche, du matériel de professionnel… qu'est ce que vous en faites ? Et puis, tous les soirs, je vous lave, vous bichonne et vous enduis d'huiles essentielles adaptées aux pieds fatigués !

Le gauche arrête de se dandiner. Puis, il reprend d'une petite voix fluette.

– Je dois avouer que nous sommes bien traités.

– Mais, qu'y a-t-il alors ? Je comprends, vous avez certainement le mal du pays, c'est ça ?

– On voudrait retrouver nos sentiers de tous les jours, l'herbe si douce du jardin, l'eau de la piscine...

Le droit soulève ses orteils en signe de protestation.

– Et que va-t-on devenir lorsque les godasses auront rendu l'âme ? Au fait combien de kilomètres reste-t-il à parcourir ?

– 1800 kilomètres.

– Quoi, 1800 ?

– Oui !

– Mais, nous n'allons jamais y arriver !

Je prends une voix douce et tente de les rassurer.

– Vous avez fait du bon boulot jusqu'à présent... et vous savez quoi ? Je suis fier de vous !

Ils répondent en chœur.

– C'est vrai ?

– Bien entendu. Nous formons une bonne équipe, une équipe qui va au bout de ses objectifs sans faillir !

Le gauche intervient timidement :

– Ne pourrions-nous pas nous arrêter un peu plus tôt ?

Puis, c'est au tour du droit de se manifester

– Ou alors, prendre le train, ou le bus ou le taxi... pour gagner quelques centaines de kilomètres ?

– C'est impossible.

– Et pourquoi ?

– Parce que cela s'appelle tricher !

Le droit secoue le talon et lance d'une petite voix :

– Mais jamais personne ne le saura, ce sera un secret bien gardé entre nous, hein, le gauche ?

– Oui, c'est juré, nous ne dirons rien.

– Et les enfants, qu'en faites-vous ?

Ils me regardent un peu surpris.

– Vous savez bien, tous ces enfants de Make A Wish, nous devons les aider ! Nous n'allons tout de même pas les laisser tomber ? Vous savez, ces petits bouts, ils comptent sur nous !

Mes pieds se rapprochent l'un près de l'autre dans un discret conciliabule. Le gauche me regarde et s'adresse à moi d'une voix solennelle :

– Nous irons jusqu'à Saint-Jacques et nous nous soutiendrons dans les moments difficiles !

– Merci à vous deux… Je savais que je pouvais compter sur vous.

Je suis heureux de leur décision et leur donne une tape amicale. Puis, je chausse mes godasses de marche en prenant soin de ne pas trop les serrer. Ça y est, l'étape du jour va enfin pouvoir débuter !

31ème étape - 27 avril

Corbigny - Premery

34 kilomètres

L'étape d'hier qui m'a emmené de Bazoches à Corbigny ne présentait aucune difficulté. Elle était un petit peu particulière tout de même, car j'ai reçu, sur le coup de vingt heures, la visite de ma compagne, Eve. J'avoue que je me suis senti comme un coq en pâte, avec le repas fourni, l'hébergement réservé, la documentation de l'office de tourisme à disposition dès mon arrivée à Corbigny... C'est ce qui s'appelle être aux petits soins pour son amour de pèlerin !

Corbigny est un beau village avec sa tour des remparts de la Madeleine et ses ruelles intimistes. Nous avons logé dans un petit hôtel bien sympathique et y avons également soupé. Cela fait du bien de pouvoir disposer d'un menu complet pour recharger les batteries. Toujours songer à emmagasiner le plein de calories, histoire de conserver un peu de graisse !

Ce matin, le ciel est bougon. J'espère être en mesure, cette fois du moins, d'échapper aux averses annoncées par météo France. J'aurais toutefois tort de faire la fine bouche étant donné le temps exceptionnel dont j'ai profité depuis mon départ de Namur. Quand je songe aux pèlerins qui ont à affronter la pluie à longueur de journée, je me dis que j'ai bénéficié, jusqu'à présent du moins, d'une chance vraiment insolente.

Je quitte Corbigny par la rue principale et entame, dès le début de parcours, une rude côte. Arrivé à son sommet, je ressens une gêne au tibia droit. Cela ne m'étonne guère, car depuis Vézelay, il y a beaucoup de passages sur routes bitumées. Je sais qu'il me faut être attentif aux signaux de mon corps, mais par ailleurs, les distances sont là... elles ne peuvent être comprimées !

Après quelques kilomètres, je rejoins Chitry-sur-Mine, un minuscule village perdu au beau milieu des champs. Avant de bifurquer vers la droite, un buste attire mon attention. Il s'agit d'un monument dédié à l'écrivain Jules Renard, célèbre notamment pour ses ouvrages : Les Cloportes, L'Écornifleur, La Maîtresse... sans oublier le très connu

Poil de Carotte. La stèle, de belle dimension, rend hommage à l'enfant du pays, qui mourra dans la fleur de l'âge, à 46 ans !

Aussi loin que porte le regard, on aperçoit des forêts et des bocages. On se trouve ici dans le Morvan, entre la vallée du Serein et les rives de Loire. Le paysage est très vallonné. Au sommet de ces petites montagnes, la vue sur l'ensemble de la vallée est magnifique. Pour le moment, le ciel tolère le soleil, ce qui confère à cet endroit un petit air de paradis perdu.

Arrivé à Moussy, après vingt-deux kilomètres de marche plutôt sportive, je décide de me reposer un peu et de satisfaire mon envie de nourriture. Je m'assieds sur les marches de la petite église et essaie de me protéger du vent froid. Je prépare mon sandwich au saucisson avec entrain et l'ingurgite sans délai. Pour dessert, un énorme melon m'attend. Il est vraiment succulent, mûr à souhait.

Lorsque vient le moment de reprendre la route, une averse violente éclate. Le ciel a viré au mauve et de gros éclairs zèbrent la campagne assoupie. Je décide alors de me pelotonner sous la toiture de la frêle église, mais hélas, le vent chasse la pluie dans ma direction. À la hâte, je m'empare de mon protège-sac et l'enfile sans traîner... il est capital de préserver mes affaires de l'humidité ! Je scrute le ciel guettant une éclaircie, mais celui-ci demeure sombre, bien décidé à maintenir grandes ouvertes les vannes célestes.

Hum, pas très agréable de patauger dans la pluie. Quel contraste avec toutes ces belles journées passées sous le soleil. Mais le moral reprend vite le dessus, car le caractère aléatoire des conditions climatiques fait partie intégrante de ce cheminement. Tiens, voilà qu'un coin de ciel bleu vient apporter une touche de couleur au ciel sombre. Ne jamais désespérer, Christian, et toujours accorder ta confiance aux hasards de la route.

Au bout d'une heure d'effort, j'atteins le village suivant. Des dizaines de moutons paissent tranquillement dans les prés voisins. De nombreux petits sont rassemblés près de leur mère. Un ovidé se met à bêler comme pour me questionner sur les raisons de ma présence. J'imite son doux appel et celui-ci me répond de suite. Immédiatement, une grande agitation s'empare du troupeau et ce ne sont plus que bêlements partant, dans les graves, tantôt dans les aigus. Un vrai concert !

Je suis satisfait d'arriver à Premery, car la douleur au tibia est vraiment vive. Chaque fois que je pose mon pied sur la route, une décharge accompagne le mouvement. Un bon massage à l'aide de mon huile préférée me paraît le remède approprié pour apporter un peu de tonicité à mon membre meurtri. Pourvu que cela ne s'aggrave pas et ne vienne m'immobiliser pendant plusieurs journées !

Premery s'étend sur une longue distance, proposant des paquets d'habitations du sommet du village jusque dans la vallée. Une fois dans le centre-ville, je passe à proximité du château des évêques de Nevers, un édifice datant des XIVe et XVe siècles. Une grosse tour circulaire semble héler le visiteur, mais l'essentiel, à mes yeux est de trouver rapidement un hébergement et de quitter mes vêtements humides.

Eve m'attend près de l'église Saint-Marcel, à peine de retour de sa visite de Vézelay. Elle m'avoue avoir beaucoup apprécié la quiétude des lieux ainsi que l'ambiance particulière offerte par la basilique. S'engage alors une discussion sur cet endroit symbolique et la vie des moines et des soeurs qui occupent les lieux.

Pleins d'enthousiasmes, nous filons rejoindre notre hôtel renseigné sur ma feuille de route. Hélas, tous les rideaux sont fermés... il n'y a pas âme qui vive ! Qu'à cela ne tienne, nous optons pour une autre adresse, une chambre d'hôtes située en dehors du bourg. Pas de chance, celle-ci est déjà occupée par un autre pèlerin et en plus, le logeur ne semble pas très sympathique.

Après une recherche assidue d'une heure et avec l'aide des villageois très concernés par notre quête, nous finissons par dégoter un hébergement à l'extérieur de Premery. C'est le soulagement qui prédomine, car la chasse au logement de fin de journée n'est pas toujours un long fleuve tranquille !

32ème étape - 28 avril
Premery - Nevers
31 kilomètres

Il n'est jamais évident de quitter ses proches en sachant que la route va, à nouveau, vous éloigner pendant près de septante jours. Le moment des adieux, empreint d'émotion et de tendresse, arrache quelques larmes qu'un mutisme certain ne vient que renforcer. Dans ces cas-là, il vaut mieux abréger au plus vite ces moments difficiles afin de ne pas trop gamberger. Je me retourne une dernière fois, agite la main de manière appuyée et disparais dans les ruelles de Premery.

Cette trente-deuxième étape pourrait s'intituler «la voie des châteaux», au nombre de six sur le parcours. Afin de m'occuper l'esprit et de ne plus trop songer au départ de Eve, je m'évertue à citer tous ces points d'attraits disséminés tout au long de l'étape. Il y a successivement les châteaux des Audins et de Belouse, ceux de Villemenant, des Bordes, des Évêques et enfin celui de la Brosse. Chouette programme de découverte en perspective !

J'avoue un peu craindre cette étape, guère aisée, surtout après les efforts fournis la veille. Ce sont à nouveau trente-et-un kilomètres à parcourir avec un problème de tibia. Pourtant, il y a du mieux ce matin, très certainement grâce à la crème appliquée avec soin à plusieurs reprises. Pourvu que la douleur demeure dans des limites acceptables afin de ne pas m'obliger à prendre un ou deux jours d'arrêt.

Après six ou sept kilomètres, je rencontre, au détour d'un minuscule hameau, une gentille dame. Celle-ci, le visage avenant, me propose un café. J'accepte volontiers son invitation et m'installe confortablement dans le salon, décoré d'une profusion de cadres et de bibelots. Je suis heureux de pouvoir m'arrêter quelques minutes pour laisser reposer mon tibia et bien évidemment pour déguster le délicieux breuvage !

Cette dame, la septantaine bien engagée, est veuve depuis l'année dernière. Elle m'explique souffrir de l'absence de son époux et également de la solitude bien présente en cet endroit coupé du monde. Il n'y a guère qu'une bonne vingtaine d'habitants, ce qui offre peu de perspectives d'échanges. Je me dis qu'il faut vraiment être courageux pour mener pareille existence !

Originaire de Guérigny, Évelyne, semble intarissable sur les charmes de cette cité. « *Quand vous y passerez tout à l'heure* me dit-elle, *il faut absolument que vous y demeuriez un moment pour vous laisser imprégner par l'ambiance des lieux. Guérigny est une petite ville de trois mille habitants où j'ai passé une trentaine d'années de mon existence. Sa réputation vient des forges de la Chaussade, héritières des forges royales, implantées dans la région depuis le XVII*e *siècle.* »

Évelyne me questionne sur mon cheminement, heureuse d'apprendre, qu'outre la démarche personnelle, mon périple propose également une visée caritative. Elle me demande de plus amples informations au sujet de l'association Make A Wish et promet de faire un don en faveur des enfants. Je la remercie pour tant de sollicitude et lui signale que le temps est venu pour moi de reprendre la route. Elle me serre alors dans ses bras tout en me souhaitant bonne chance pour la suite du parcours.

Tout en quittant le hameau, je m'interroge, une nouvelle fois, sur le caractère généreux de toutes ces personnes rencontrées depuis mon départ. Ce chemin est magique, comme entouré d'une onde positive toujours présente pour encourager le marcheur. Je suis convaincu que toutes ces belles rencontres resteront à jamais gravées dans ma mémoire et me conduiront à également faire preuve de plus d'empathie et d'attention envers les autres.

L'esprit, par une ascèse due aux difficultés de la marche, accepte d'intégrer de nouvelles logiques ou du moins m'invite à y réfléchir. Cette réalité, je peux la ressentir, au jour le jour. Indépendamment de l'absence de nombreux maillons dans la chaîne de la compréhension, cela m'enthousiasme et me porte vers l'avant.

Je traverse maintenant une épaisse forêt peuplée d'arbres aux formes tortueuses. Vu leur taille impressionnante, certains doivent être tricentenaires. Immédiatement, je m'interroge : combien ces sentinelles immobiles ont-elles vu défiler de pèlerins en route vers Compostelle ?

Des centaines de milliers, je suppose ! En cet instant, j'aime à penser que ces immenses sujets possèdent une sorte de mémoire, mais aussi qu'ils peuvent ressentir des émotions ou encore qu'ils sont capables de dialoguer entre eux...

Tiens, voilà Guerigny, le village cher au cœur d'Évelyne. En pénétrant dans le centre-ville, je ne peux m'empêcher d'avoir une pensée pour cette gentille dame. Je voudrais bien y demeurer un peu, mais j'ai déjà pris pas mal de retard sur le programme préalablement fixé. Je souhaite en effet rejoindre Nevers à une heure acceptable afin d'être en mesure de visiter ses principaux pôles d'intérêts, apparemment très nombreux.

Devant moi, à une bonne centaine de mètres, je crois deviner la haute stature du pèlerin hollandais rencontré hier soir à l'auberge de Prémery. J'accélère le pas et tout en me rapprochant de lui, je reconnais la couleur de son foulard, noué à l'arrière de son sac à dos. Pas de doute, c'est bien notre homme ! Devinant très certainement une présence à ses côtés, il se retourne et, à ma vue, il avance la main et me la serre d'une poigne ferme.

Alors qu'il me demande comment va mon tibia, je plonge la main dans la poche de ma polaire. Je le regarde avec un franc sourire et lui dit : « *Je pense avoir quelque chose pour vous, quelque chose que vous avez oublié ce matin à l'hôtel.* » Immédiatement ses yeux s'illuminent. « *Mon amulette* » me lance-t-il, hilare. Je la lui tends et il l'attrape en la serrant dans ses grosses mains calleuses. « *Oh, si vous saviez comme j'y tiens... mille fois merci.* »

Je lui explique que c'est l'hôtelier qui me l'a remise avant mon départ, insistant sur le fait que je finirais bien par retrouver son propriétaire. Incroyable, non ? Heureux, il me propose de cheminer ensemble jusqu'à Nevers, notre point de chute pour cette journée. Cet homme affable se révèle un excellent compagnon de route... un de plus rencontré sur ce merveilleux chemin riche en découvertes.

33ème étape - 29 avril
Nevers - Grossouvre
25 kilomères

Nevers, ancienne cité ducale, est une ville surprenante qui a subi un profond lifting sous l'impulsion de l'ancien ministre Pierre Bérégovoy, aujourd'hui décédé. Moi qui pensais me retrouver dans une agglomération chétive, quelle surprise de découvrir les dimensions impressionnantes de celle qui, autrefois, a hébergé les comtes, puis les ducs de Nevers et qui, depuis la fin du XVIe siècle, est réputée pour ses faïences colorées.

Hier après-midi, j'ai pu bénéficier d'un ciel plutôt avenant... tout le contraire de la précédente étape. J'ai donc été capable de parcourir en long et en large les rues et ruelles du centre-ville. Quelles richesses patrimoniales avec le merveilleux palais ducal et sa façade Nord flanquée de deux tours majestueuses, la grande cathédrale Saint-Cyr et son Christ en gloire - une peinture murale du XIIe siècle -, mais également la Porte du Croux et le Musée Archéologique du Nivernais.

Victor Hugo écrivait, il y a plus d'un siècle déjà : « *L'homme du Moyen-Âge n'a rien pensé qu'il ne l'ait écrit dans la pierre* ». Et il avait entièrement raison ! Que de merveilles qui, au fil des siècles, suscitent toujours autant d'émotion. Le travail des artisans de l'époque témoigne de l'art du beau et met en exergue la créativité et le talent de tous ces bâtisseurs de génie !

J'ai trouvé à loger à l'espace Bernadette Soubirous. Mon coup de cœur, assurément, depuis le début de mon cheminement. Ce sanctuaire, où prêtres et sœurs de la charité accueillent pèlerins et personnes en retraite, est chargé en émotion. Il s'agit d'un imposant édifice, lieu de recueillement, pour des milliers de visiteurs. Au sein de cette grande enceinte, des dizaines de personnes, attendent de pouvoir visiter les magnifiques bâtiments qui se présentent à eux.

Beaucoup de personnes ont en mémoire l'histoire de la petite Bernadette, une fille illettrée de quatorze ans qui, à Lourdes, à proximité de la grotte de Massabielle, verra à dix-huit reprises la Vierge Marie lui apparaître. Oh, bien entendu, à chacun ses convictions... mais personne ne pourra remettre en cause son sacrifice au profit des malades et des pauvres ! Un grand panneau reprend l'une de ses paroles : « *Je ne vivrai pas un instant que je ne le passe en aimant* ». À plusieurs reprises, j'ai répété cette phrase d'une invraisemblable force, me demandant si cet engagement envers l'Autre est l'élément indispensable à l'être afin qu'il vive et qu'il devienne esprit.

Bernadette, qui meurt en 1879 à l'âge de trente-cinq ans, sera canonisée en 1933. Lors de son procès en béatification, son corps est exhumé et retrouvé intact ! Il est par la suite transféré dans la chapelle où il demeure encore aujourd'hui, exposé dans une grande châsse en verre. Inutile de dire que sa personne fait l'objet d'un culte important.

Sans un quelconque parti pris et jouissant d'une grande liberté d'esprit, j'ai décidé de me rendre dans cette chapelle pour découvrir la châsse. Bernadette Soubirous, revêtue d'une longue bure noire, penche légèrement la tête comme pour saluer les visiteurs. L'expression de ce visage, enduit d'une cire protectrice afin de cacher le noircissement naturel de la peau, interpelle. Comment donc ce corps peut-il demeurer imputrescible depuis près de 135 ans ? Longtemps encore, je garderai en mémoire cette visite chargée en émotion !

Le repas, pris en commun hier soir, aura permis d'échanger sur les expériences des uns et des autres. Ce mélange d'hommes de foi, de pèlerins et de visiteurs de toutes confessions, a favorisé des discussions intéressantes sur l'existence et ses mystères, chacun développant ses arguments tout en laissant aux autres leur propre espace de liberté. Le plus surprenant est qu'il y avait un prêtre parmi nous et que celui-ci a témoigné d'une extraordinaire écoute, laissant à chacun l'occasion d'échanger sur ce sujet sensible. Pas une fois, il n'a cherché à imposer sa foi et je trouve cela formidable.

Ce matin, je me lève de bonne heure. Il est à peine six heures lorsque j'ouvre les yeux. Une fois ma toilette effectuée, je me rends dans la bâtisse principale - notre dortoir se trouvant dans le parc - pour flâner dans les grands couloirs truffés de panneaux didactiques. En cette heure du jour, il règne un grand silence propice à aiguiser ses réflexions. Puis, après une vingtaine de minutes, je décide d'aller préparer mon sac pour le départ.

Lorsque je quitte l'espace Soubirous, les rues sont encore presque désertes. Je rencontre seulement trois ou quatre personnes, pressées de rejoindre l'abribus ainsi qu'une dame âgée, le visage à moitié caché par un foulard noir, occupée à balayer la devanture de son habitation. Je lui lance un bonjour appuyé auquel elle répond par un signe évasif de la main. Puis, comme par magie, elle aperçoit la coquille fixée à mon sac à dos et se rapproche le visage illuminé d'un grand sourire. « *Vous allez jusqu'à Santiago* » me fait-elle ? Sans me laisser le temps de lui répondre, elle me prend dans ses bras et m'encourage à ignorer les difficultés qui se présenteront à moi.

Rapidement, je gagne un immense pont enjambant la Loire, puis disparais dans de minuscules sentiers dont les herbes hautes ralentissent ma progression. Après moins d'une demi-heure, mes pieds sont trempés... va falloir que je veille à ne pas attraper un refroidissement ! Ouf, le chemin s'élargit et rejoint le canal de Berry, un gigantesque ouvrage de deux cents soixante-et-un kilomètres de long créé au début du XIXe siècle afin d'acheminer matières premières et combustibles pour l'ensemble du bassin industriel du centre de la France.

Un peu plus loin, un pêcheur me salue et, immédiatement, engage la conversation. Fier de sa région et membre d'un syndicat d'initiative, il ne tarit pas d'éloges sur la richesse de la faune et plus particulièrement des volatiles, nombreux à occuper les lieux. Il cite une profusion d'espèces dont je ne retiens que quelques noms, notamment : le martin pêcheur, le héron cendré, la bergeronnette et le grèbe huppé.

Vers onze heures, je pénètre dans la forêt d'Apremont pour une longue balade de près de huit kilomètres. Dommage qu'il faille demeurer sur la route goudronnée, le passage en forêt étant visiblement interdit par les différents propriétaires privés. Qu'à cela ne tienne, je marche d'un bon pas tout en admirant les arbres aux formes diverses et rejoins Grossouvre en début d'après-midi.

34ème étape - 30 avril
Grossouvre - Augy-sur-Aubois
17 kilomètres

Aujourd'hui, je vais dépasser le tiers du parcours, soit plus de huit cents kilomètres accomplis ! À la question : Prêt à entamer les mille sept cents derniers kilomètres afin de rallier Saint-Jacques-de-Compostelle et puis, dans la foulée, le Cap Fisterra ? Je réponds par un oui franc, dénué de la moindre hésitation. Je suis vraiment heureux de ressentir en moi cette force qui me pousse à aller de l'avant. De bon augure pour la suite de mon parcours !

Lorsque je repense à tous ces jours passés sur le chemin, des milliers d'images m'envahissent l'esprit. Elles sont vives et à la fois d'une telle douceur. Les jours ont fait tourner la roue du temps, mais mon impression première demeure... Cette route est magique, elle procure tant de sensations à celui qui se sait se montrer ouvert et attentif.

Notre cœur à tous est un trésor, une sorte de petit coffre-fort qu'il suffit d'ouvrir pour libérer son lot de sentiments, le plus souvent délaissés dans la fulgurance de la vie quotidienne. Je l'ai ouvert et j'y ai découvert le partage, l'attention aux autres, la joie de me sentir si vivant, le plaisir des choses simples, les charmes et les bontés prodigieuses offertes par la nature... C'est tellement facile, il suffit de lâcher prise et de se laisser guider...

N'ai-je pas, au fil des ans, perdu lentement de l'intérêt pour tout ce qui m'entoure ? Très certainement ! Ici, je réapprends à toucher, sentir, écouter, observer... réalisant mon ignorance de ces choses élémentaires et tellement vraies. Cette difficile solitude qui, malgré les rencontres, a grandi en moi au fil des jours, je la mets à profit pour me concentrer sur l'essentiel, pour m'interroger sur cette vie si fragile qui file entre les doigts telle une poignée de sable.

Lorsque je descends quatre à quatre l'escalier couinant sous le poids de mes pas, je sais ce que je vais découvrir en ouvrant la porte. Hélas, mon pressentiment était le bon ! Voilà une pluie battante qui vient me cueillir en début d'étape et, vu la couleur du ciel, je pense qu'elle n'est pas prête à réfréner ses ardeurs. Je relève le col de ma veste, m'assure que mon sac à dos est bien protégé, puis me lance à l'assaut des premiers kilomètres.

Au bout de cinq minutes la haute silhouette du château de Grossouvre n'est plus qu'un heureux souvenir. Ce beau domaine, niché dans un parc de vingt-neuf hectares, a appartenu à plusieurs grandes familles dont les Grivel qui l'ont occupé pendant quatre cents ans. Il est actuellement la possession d'un véritable passionné des vieilles pierres intéressé par la réhabilitation des anciennes demeures.

Rapidement, je rejoins le chemin longeant le canal de Berry dont la surface ondule sous la violence de la pluie. Seuls quelques canards, indifférents aux caprices de la météo, batifolent gaiement. Un vent piquant me fouette le visage, venant encore renforcer cette désagréable sensation. Je dépasse un pèlerin qui peste et lui bourre le dos d'une tape amicale. Pour seule réponse, je reçois une sorte de grognement, un mélange de bouledogue et de zébu... Allez, mon vieux, un peu de bonne humeur, que diable !

Alors que la praticabilité de la voie verte me fait hésiter à poursuivre par le chemin de halage, le croassement rauque des corbeaux vient interrompre le silence régnant en ces lieux. Au fur et à mesure de mon avancée, les hautes herbes semblent me retenir prisonnier. Je me sers de mon bâton de marche pour me frayer un passage, mais le résultat n'est pas à la hauteur de mes espérances.

Je suis maintenant trempé des pieds à la tête ! Mes chaussures, gorgées d'eau, émettent un chuintement désagréable. Je me demande déjà comment je m'y prendrai pour les sécher. Au loin, une brume visqueuse s'élève en fines volutes comme la fumée au-dessus d'une bassine d'eau chaude. Inutile de le nier, j'ai à l'esprit l'image d'une douche revigorante que je prendrai dès mon arrivée au gîte !

Voilà Sancoins, une cité au riche passé industriel. Pour être franc, ma préoccupation première est de trouver une taverne pour y commander une boisson chaude. Là, à moins de cinquante mètres, je trouve mon bonheur. La gérante observe mes vêtements trempés et l'espace d'un instant, je redoute qu'elle ne me fiche à la porte. Mais, c'est tout le contraire qui se produit... cette dame est vraiment très agréable.

Le chaud breuvage me procure une exquise sensation de bien-être. D'un seul coup, mon corps semble reprendre vie, engourdi qu'il est depuis le début de l'étape par cette atmosphère froide et humide. La dame me questionne sur la destination finale de mon périple. Lorsqu'elle apprend que je vais jusqu'à Saint-Jacques, la joie se lit sur son visage et pour cause, elle a elle-même parcouru le chemin en 2009. « *Que de souvenirs,* me dit-elle, *il n'y a pas un jour qui passe sans que je ne repense à cette extraordinaire aventure...* »

J'hésite à commander un second café, mais je juge préférable de reprendre la route dès à présent. À l'extérieur, la pluie a redoublé de violence et sous l'effet des rafales de vent, la protection de mon sac à dos s'envole. Je ne peux m'empêcher de lâcher une bordée d'injures et cours après mon matériel. Par chance, elle est retenue par les hautes herbes à quelques centimètres du canal. Quel fichu temps !

Les kilomètres défilent allègrement et pourtant, j'ai l'impression de faire du sur-place. Un pêcheur - il doit être bien courageux pour demeurer là immobile dans ce froid - me salue amicalement. J'incline la tête et lui souris. « *Sale temps* » me lance-t-il. Je ne peux qu'acquiescer tout en levant les yeux au ciel. Nous partons tous les deux dans un fou rire communicatif. « *Eh oui,* fait-il, *il faut prendre le temps comme il vient... Inutile de se montrer irrité, ce sont là les caprices de la nature ! Pas vrai pèlerin ?* »

Il est un peu plus de treize heures lorsque j'arrive à Augy-sur-Aubois. Le temps est toujours aussi maussade même si la pluie a un peu diminué en intensité. J'observe mon topo-guide qui indique : tout droit jusqu'à la croix. C'est là que je trouve le panneau indicateur « Gîte pèlerins - Nos Repos ». J'avoue ne pas être mécontent de pouvoir mettre un terme à cette étape peu engageante !

35ème étape – 1er mai

Augy-sur-Aubois - Saint-Amand-Montrond

34 kilomètres

J'ai beaucoup apprécié mon hébergement à Augy-sur-Aubois et plus particulièrement les échanges avec l'accueillant, Renatum Heinrichs, un homme intéressant, cultivé et d'une réelle empathie envers les pèlerins. J'avoue qu'après une journée passée dans le froid et la pluie, ce réconfort fut apprécié à sa juste valeur.

Dès mon arrivée, je me suis glissé sous la douche et ai profité de ce moment pour le moins agréable. Par la suite, je me suis tranquillement assis dans le fauteuil face au feu, dont les belles bûches crépitaient à n'en plus finir. J'ai fermé les yeux une petite heure pour me remettre de ce début de journée plutôt chaotique.

Chacun porte en lui ses propres souffrances et cela ne se remarque pas toujours au premier coup d'œil. Ainsi mon hôte, un homme à la carrure impressionnante, a livré entre mes mains un témoignage de vie très émouvant, tout en retenue et avec douceur. C'est l'histoire de ses deux fils qui se sont un peu égarés sur le chemin de la vie...

Renatum raconte : « *Mes deux fils sont deux petits gars intelligents et très sociables. Brillants étudiants, ils ont brusquement connu des soucis probablement dus à des épreuves de vie refoulées dans leur subconscient dont notamment le décès de proches. Cette douleur a brusquement refait surface et ils se sont coupés du monde, négligeant leurs études et sombrant dans la drogue. Mais que peut entreprendre un parent dans ces cas-là ? Témoigner beaucoup d'amour, de compréhension...* »

« *Et si cela ne fonctionne pas ? J'ai tout essayé et ai dû, à un moment donné, prendre la décision de leur demander de quitter la maison. Ils ont alors zoné comme de véritables SDF, complètement déconnectés de la réalité et refusant d'évoluer dans une société telle que nous la connaissons : indifférente, égoïste, hédoniste... c'était très dur comme père et comme mère d'accepter cette déchéance. Qu'avions-nous fait de contraire ? Étions-nous responsables de ne pas avoir détecté à temps ce mal-être ?* »

J'avoue que je n'ai pas su trouver les mots pour lui témoigner mon soutien. Renatum, au bord des larmes, m'a regardé et a esquissé un sourire. Cet homme est profondément bon, cela se devine au premier regard. Il a également entrepris le pèlerinage vers Compostelle à plusieurs reprises, cherchant au fil du chemin à dompter les soubresauts de la vie. Depuis, les choses ont évolué... Ses deux enfants viennent de reprendre leurs études et même si cet équilibre demeure fragile, l'espoir d'un avenir meilleur se dessine tout doucement.

Puis, il m'a longuement entretenu de ses différents cheminements et de la joie éprouvée d'être réceptif à ce qui l'entoure. Fermement décidé à apporter lui aussi sa pierre à l'édifice jacquaire, Renatum et son épouse ont racheté une vieille bâtisse à Augy, qu'ils ont transformée afin d'y accueillir des pèlerins. Il a également créé une chaîne de solidarité de vingt-six hospitaliers qui occupent chacun à leur tour le bâtiment pendant une période de une ou deux semaines.

Ici, l'accueil est à son sommet ! Tout est mis en œuvre afin que le pèlerin fourbu puisse se reposer dans de bonnes conditions. Un exemple illustrant bien cet état d'esprit est la confection du repas. Uniquement des produits faits maison et d'une qualité exceptionnelle. Accompagné de cinq autres pèlerins français, nous avons tout dévoré avec beaucoup d'appétit.

Aujourd'hui, nous sommes le jeudi 1er mai ! Je viens brusquement de me rendre compte que ce jour férié risque de compliquer le ravitaillement et plus particulièrement en ce qui concerne le repas du midi. Renatum sourit et s'éclipse, l'espace de quelques minutes. Quand il revient, il me tend un sac plastique. « *Voilà* dit-il, *avec cela, plus de problème pour le lunch* ». Il y a du pain, du pâté, du fromage, un yaourt, des biscuits, un chocolat ainsi qu'une boisson... Cet homme est vraiment très généreux !

Bonne nouvelle, il ne pleut pas ! J'avoue que la perspective de passer une seconde journée sous la pluie m'a hanté une bonne partie de la nuit. Ah, c'est que l'on ne renonce pas aussi facilement à son petit confort... même si en tant que marcheur, il faut être paré à toute éventualité. Après avoir fait prendre une dernière photo en compagnie des autres hébergés, je décide d'y aller.

Aujourd'hui encore, je vais passer la plupart de la journée à longer le canal de Berry. En ce jour férié, les chemins de halages sont bondés de pêcheurs venus en famille pour taquiner le poisson. De petites tables pleines de nourriture sont disposées en retrait des berges, donnant à cet endroit un petit air de fête.

Il ne faut guère plus de cinq minutes pour que quelqu'un me crie un engageant : « *Bonjour, pèlerin, un petit coup de rosé* ? ». Un homme d'allure chétive, dont la moustache recourbée lui donne un air de Picasso, me tend une chopine en grès. Dieu du ciel, maintenant je n'ai plus le choix... malgré l'heure matinale, me voilà dans l'obligation de trinquer avec toute la famille.

Ma foi, il n'est pas mauvais ce vin de pays que j'accompagne avec une tranche de saucisson coupée grossièrement. L'épouse du monsieur, une jolie dame au visage avenant, me questionne sur mon itinéraire du jour. *Saint-Amand-Montrond, mais c'est à plus de trente-cinq kilomètres d'ici !* J'incline la tête tout en souriant. Les gens rencontrés sur la route ont toujours l'air tellement étonnés d'apprendre les distances parcourues.

Assurément, le soleil n'est guère décidé à conserver sa position dominante dans le ciel. Vers dix heures trente, les gros nuages, autoritaires, apportent de nouvelles averses m'obligeant à enfiler ma veste de pluie. Je fais contre mauvaise fortune bon cœur et observe l'eau du canal hérissée de petites vaguelettes. Contrairement à la précédente journée, il ne fait pas froid... C'est déjà ça de gagné !

Après six heures de marche, entrecoupées d'une bonne vingtaine de minutes dédiées à la pause repas, j'arrive à Saint-Amand-Montrond. Je ne suis pas mécontent d'en avoir terminé avec cette étape, car je suis littéralement vanné. Avant de me rendre en centre-ville, à la recherche d'un hébergement pour la nuit, je prends place sur un banc et me masse la nuque endolorie par le poids du sac à dos. Pas toujours évident la vie d'artiste !

36ème étape - 2 mai
Saint-Amand-Montrond - Chatelet
31 kilomètres

À la question de savoir pourquoi l'Homme chemine, souvent abordée avec pudeur, le pèlerin mettra un peu de temps avant d'y répondre. Le sait-il seulement, ce qu'il vient chercher sur cette route où, bien avant lui, des millions d'individus ont entrepris semblable périple ? C'est loin d'être une certitude !

Les motivations se révèlent diverses, même si la spiritualité ou du moins la recherche d'une certaine forme de spiritualité fait partie des réponses le plus souvent citées. Le sujet demeure difficile à évoquer, chaque personne souhaitant garder pour elle ses propres convictions. Ceci n'empêche toutefois pas les pèlerins d'aborder cette thématique, mais plutôt dans une dimension collective ou le «nous» remplace la plupart du temps le «je».

Une chose est cependant acquise - du moins pour tous les pèlerins que j'ai rencontrés depuis mon départ - c'est le manque de repères que nous offre une société qui ne tourne plus rond. Les valeurs d'autrefois disparaissent et sont remplacées par une attitude générale de repli sur soi, une sorte d'égocentrisme néfaste à l'ensemble de la collectivité. Beaucoup de chemineurs s'interrogent sur l'évolution des mœurs individualistes.

De mon côté, je partage tous ces points de vue et suis effrayé de constater cette indifférence galopante de plus en plus présente. Notre vie de tous les jours est une vie d'homme stressé, broyé par un univers intrusif qui nous apporte son lot de réponses formatées sur les sujets qui interpellent un individu normalement constitué : la croyance, la famille, les relations sociétales, les progrès technologiques...

Beaucoup, lors de nos discussions, ont pointé une société inégalitaire où le nombre de personnes précarisées, déconnectées, désoeuvrées est en constante augmentation. Heureusement qu'un système social existe pour assurer la subsistance d'une part importante de la population. Encore avons-nous cette chance dans nos pays industrialisés, contrairement à d'autres contrées nettement moins bien loties !

Mais, que se passera-t-il lorsque cette aide sociale, qui repose en grande partie sur les personnes actives, ne pourra plus être assurée ? De brillants économistes rêvent d'une nouvelle révolution industrielle, mais laquelle ? Prenons garde à ce que la révolution tant attendue ne soit pas celle du peuple... tous les laissés pour compte, abandonnés par l'ogre capitaliste !

Réfléchir à toutes ces choses devrait faire partie de nos préoccupations. Je mesure donc, chaque jour, le bonheur de pouvoir opérer le vide en moi, de pouvoir laisser libre cours à mes pensées. Cette marche offre une véritable symbiose entre le corps et l'esprit et cela me plaît. Ici tous nos sens sont en éveil, ce qui favorise la réflexion. Me promener sur les chemins d'éveil de la conscience est en quelque sorte devenu mon opium quotidien !

Pas un seul jour ne passe sans que je ne mesure combien notre monde pressé, stressé par la machine du temps et du tout à l'immédiat, a un très grand besoin d'arrêts. Sur le chemin, il n'y a pas de place pour la paresse intérieure et c'est très bien ainsi ! Le vertige du temps qui s'effiloche inexorablement assaille mes pensées et cela me fait un bien fou de pouvoir éprouver, sans tricher, la sensation bien réelle de la fugacité de l'existence.

L'homme, cet être devenu un loup solitaire, ne marche-t-il pas en direction d'un paradis artificiel, assistant inconscient à la déliquescence du monde ? Dès lors, je me demande si toute tentative de privilégier l'éveil de ses sentiments endormis n'est pas vouée à l'échec... Un débat à ne pas éluder !

Heureusement, et pour ceux qui en douteraient, je suis en mesure de témoigner que battre le chemin n'est pas se mettre en retrait du monde... Bien au contraire cela aide à en saisir les réalités, les subtilités... et je l'espère du fond de mon cœur, à nous faire progresser. Ce serait déjà une belle victoire en soi !

Encore obnubilé par ces réflexions philosophiques, je songe à tous ces gestes, toutes ces petites attentions qu'offre cette voie un peu mystérieuse... Tenez, pas plus tard qu'hier soir, lors de mon arrivée à Saint-Amand-Montrond, je ne parvenais pas à trouver un hébergement. Une nouvelle fois, j'ai pu compter sur le jusqu'au-boutisme d'une dame qui a réussi à résoudre mon problème de logement. C'est cela la magie de ce chemin de partage et de fraternité.

Alors que je déjeune au Centre pour Jeunes Travailleurs, mon regard observe le ciel, d'un gris sombre. Mouais, je pense que les averses auront tôt fait de venir me taquiner à nouveau ! Enfin, il suffit de se montrer un peu patient, car la météo annonce une belle amélioration à partir de samedi après-midi. Je vais pouvoir ressortir les t-shirts et m'enduire de crème solaire afin d'éviter les coups de soleil.

Le canal de Berry, c'est fini ! Dommage, je commençais à m'y habituer, appréciant sa quiétude et le passage de ses ponts, passerelles et écluses. Je quitte rapidement le centre de Saint-Amand pour rejoindre le village de Orval ! Tiens, tiens... Ce nom, aux consonances particulières, résonne en moi comme un appel à la fête. Mais, au fait, qui a copié qui ? Me vient à l'esprit l'idée de m'arrêter dans ce troquet situé sur ma gauche pour y déguster une bière, mais rapidement je renonce, reportant à plus tard cette envie de boire un bon jus de houblon.

J'apprécie ces journées, ou je peux cheminer dans de petits sentiers à la végétation très dense. C'est tellement plus agréable que les premières étapes après Vézelay, avec de longues portions d'asphalte... Une surface éreintante pour les pieds et pour les articulations. Mon tibia en sait quelque chose ! Heureusement, tout est rentré dans l'ordre à présent et je peux donc gambader sans aucune douleur.

Arrivé au Châtelet, ma destination du jour, une désagréable impression s'empare de mon esprit. Je suis vraiment bête ou à tout le moins diablement imprévoyant... Il n'y a ici qu'une seule possibilité de logement, un hôtel au bout du bourg, et, bien entendu, je n'ai pas pris la précaution de vérifier s'il pouvait m'accueillir. Je sonne et un homme au sourire franc vient m'ouvrir. Il me salue d'un : « *Bonjour pèlerin, c'est pour une chambre* ? » Sans attendre ma réponse, il rajoute : « *Vous avez de la chance, il m'en reste une !* »

37ème étape - 3 mai

Châtelet - La Châtre

30 kilomètres

Quelle belle adresse ici à Châtelet, un endroit où le pèlerin peut trouver chaleur et réconfort après une grosse journée de marche. De plus, les prix pratiqués sont nettement en-dessous de la moyenne ce qui, avouons-le, fait toujours du bien au portefeuille. Mais, je n'ai pas à me plaindre actuellement puisque je dois tourner aux alentours des trente-deux euros par jour depuis mon départ de Namur, alors que je pensais initialement approcher les cinquante euros !

J'ai également rencontré deux pèlerines hollandaises au repas du soir. Nous avons pu échanger sur nos expériences respectives et témoigner des joies et des tracas rencontrés sur le chemin. L'une d'entre elles, la plus âgée, a été victime d'un accident vasculaire cérébral et fort heureusement, elle n'en a gardé aucune séquelle. Inutile de préciser qu'elle se considère comme une privilégiée et qu'elle voit la vie d'une manière différente !

Cette même pèlerine, très diserte, a témoigné de son action en faveur des victimes de l'Holocauste et plus spécialement du poids moral assumé par les enfants d'anciens tortionnaires ou encore de pactiseurs avec l'ennemi. Ce poids est vécu parfois comme une charge émotionnelle impossible à porter. Et pourtant, ces individus ne sont pas responsables des actes commis par leurs proches. Elle m'a expliqué combien cette solitude, ces remords, cette souffrance qui meurtrissent le corps et l'esprit sont difficiles à combattre. Il s'agit d'un processus long et très complexe. Bel exemple de citoyenneté que son action en faveur de ces personnes en errance !

Avant de prendre la route, j'enlace affectueusement ces deux dames avec qui j'ai pu échanger de manière si cordiale. Il y a de l'émotion dans nos regards, sachant que l'on ne se reverra plus jamais. La furtivité de ces rencontres en fait aussi tout leur charme. Plus quelque chose touche aux profondeurs de l'homme, plus la relation humaine sera intense et passionnée. C'est ce que j'ai ressenti en présence de ces deux femmes, de belles personnes riches de cœur et d'attention pour autrui.

Je m'éloigne de Châtelet à grandes enjambées pour rejoindre un petit sentier tortueux qui s'enfonce en sous-bois. L'air est vif, il pique aux narines. Je suis joyeux, je sifflote tout en laissant traîner mon regard de-ci, de-là. C'est toujours un tel émerveillement d'observer cette nature pétillante, riche en bruissements variés. Oui, ce sont comme des petites notes de musique qui, si l'on se montre sensible à leur charme, s'assemblent devant vous pour constituer un hymne, une symphonie vibrante d'émotion.

Les dernières pluies ont rendu les chemins boueux. De gros sillons gorgés d'eau traversent la route, venant souiller les chaussures et le bas du pantalon. J'avance donc avec précaution, histoire de ne pas me transformer en bourbier géant. Il doit faire à peine quatre à cinq degrés, mais l'impression ressentie laisse plutôt penser que la température est proche du point de gel. Instinctivement, je remonte la fermeture-éclair de ma veste, préférant jouer la prudence. Il serait en effet dommage de choper un refroidissement !

Au sommet d'une côte, je rattrape un pèlerin visiblement exténué. Il vient d'entamer son parcours, il y a quelques jours du côté de Nevers, et semble à bout de forces. Je lui demande si ça va, inquiet de le voir zigzaguer ainsi au milieu de la route. Il tente de reprendre son souffle et peste sur le poids de son sac à dos. Cet homme porte dix-huit kilos sur ses épaules ! Je lui conseille de filer à la recherche d'une poste et de remballer une partie de son attirail. Il acquiesce et s'assied sur une borne kilométrique tout en me lançant un regard complice.

Il est déjà midi trente et mon ventre crie famine. Je voudrais bien m'arrêter pour manger ma baguette fourrée au camembert, mais il est impossible de m'asseoir ici, en pleine nature, car il n'y a rien pour m'abriter du vent. J'essaie de m'adosser à un arbre afin d'éviter la bise, mais rien n'y fait ! Le vent souffle à présent en rafales et je suis littéralement frigorifié. Pourvu que la météo ne se soit pas trompée et qu'elle ait vu juste en ce qui concerne l'amélioration pour les prochains jours !

Deux kilomètres plus loin, je découvre un cabanon abandonné. C'est parfait, il me servira de réfectoire improvisé. Deux oiseaux, posés au faîte du baraquement, m'observent. Peut-être se doutent-ils que cet étranger va leur donner un peu de nourriture. Je lance, à la volée, quelques mies de pain et, au bout d'une ou deux minutes, l'un des volatiles vient s'emparer de sa pitance à la vitesse de l'éclair. Après quelques minutes, ils sont une vingtaine a venir quémander leur part de festin. Amusé, je leur crie : « *Eh, vous ne pensez tout de même pas que je vais nourrir toute la nichée... J'ai besoin de calories pour avaler tous ces kilomètres !* »

Il est près de quinze heures lorsque je pénètre dans les artères de La Châtre, un gros village de plus de quatre mille habitants. Non loin de l'église, je tombe en arrêt devant un panneau explicatif. Celui-ci retrace l'histoire de la bâtisse située dans la rue des Pavillons. Cette demeure a été occupée jadis par George Sand, la célèbre écrivaine décédée en 1876. Quelques lignes complètent l'explication : « *Un jardin de quatre toises carrées, plein de roses et une terrasse assez spacieuse pour y faire dix pas en long, me servent de salon, de cabinet de travail... J'écris un nouveau roman dévolu à Lélia.* »

Un peu plus loin, à proximité d'une large avenue, trône avec fierté la statue dédiée à l'enfant du pays. Réalisée en marbre, elle honore celle qui portait ce coin de France dans son coeur. Ainsi, George Sand écrivait autrefois : « *J'ai décrit La Châtre, je l'ai sermonnée parce qu'au fond, je l'aime* ». Inspiré par cette vision poétique, je poursuis mon chemin jusqu'au presbytère, mon lieu de repos du jour.

Une femme, la cinquantaine bien engagée, m'accueille d'un simple hochement de tête. C'est étrange, son regard me semble étonnamment triste. Elle se dit désolée de ne pas être plus loquace... elle vient en effet de perdre son père. Si attendue qu'elle soit, la mort d'un proche plonge l'homme dans un soudain désespoir, venant ainsi le priver de repères dont il a tant besoin. Comment donc comprendre cet anéantissement du corps, ce tragique abandon, alors que tous, nous rêvons d'une existence soustraite à l'érosion du temps et à la douloureuse morsure de la mort ? La personne me dit soudain, d'une voix se voulant convaincante, qu'elle se sent mieux à présent. Néanmoins, je devine que la blessure béante qui la ronge de l'intérieur n'est pas suturée !

38ème étape - 4 mai
La Châtre - Le Cluis
24 kilomètres

S'il ne m'a fallu que quelques minutes, hier soir, pour m'endormir – il devait être vingt-deux heures et j'étais fourbu – la nuit fut rythmée par d'incessants épisodes de réveil. Je me suis retourné à de nombreuses reprises, pestant de gaspiller un repos pourtant bien mérité ! Tout ça, à cause de mon compagnon de chambrée, un véritable ronfleur patenté. J'avoue ne pas avoir eu la force de sortir de ce nid douillet pour attraper mes boules quiès. Par contre, me remémorant une scène demeurée célèbre dans la Grande Vadrouille, interprétée magistralement par les regrettés Louis De Funes et Bourvil, je me suis essayé à siffler de plus en plus fort. Hélas, le résultat fut loin d'être à la hauteur de mes espérances. Eh bien, me suis-je dit, quel étrange langage chez un humain, cette propension à partir dans des graves puis dans des aigus tout en laissant pantois celui amené à subir ces vocalises !

On pourrait penser que la journée du pèlerin n'est peuplée que d'épisodes somme toute assez semblables. Il n'en est rien ! Bien entendu, il y a ces moments de vide qui accompagnent le «chemineur», les sempiternelles interrogations liées à l'hébergement du soir ou encore à la présence insistante de tous les visages des proches ou des amis... Mais la route offre tellement de diversité à qui est capable d'ouvrir son cœur. À chaque pas, je peux mesurer les bienfaits de cette nature généreuse : le soleil qui réchauffe le corps et tonifie l'esprit, le vent qui bruisse en murmures, la pluie qui vient rafraîchir ou qui, à tout le moins... irrigue les sols !

Aujourd'hui, le ciel est dépourvu de nuages et la température très agréable. Alors que je marche sur un chemin bordé d'immenses champs de blé, le bruit caractéristique d'un raclement de chaussures me tire de ma torpeur. Un homme, plutôt râblé, me lance un tonitruant «Salut pèlerin». Il s'appelle Marc et doit avoir la petite soixantaine. Tout en me dévisageant amicalement, il tire de sa poche un paquet de biscuits. Chouette, ce sont des princes fourrés à la vanille, mon péché mignon.

Quand il me tend l'emballage, je ne peux résister à la tentation. Un peu plus loin se trouve un banc. Nous décidons de nous y installer.

Marc pousse un long soupir et puis se met à déclamer quelques vers de Lamartine. D'instinct, je sors mon petit calepin bleu de ma poche, celui dont je ne me sépare jamais, et note à la volée quelques mots clefs. Un passage m'interpelle particulièrement :

Triomphe immortelle nature !
À qui la main pleine de jours
prête des forces sans mesure,
des temps qui renaissent toujours !
La mort retrempe ta puissance
donne, ravis, rends l'existence
À tout ce qui la puise en toi;
insecte éclos de ton sourire,
je nais, je regarde et j'expire,
Marche et ne pense plus à moi !

Lorsque le flot de paroles se tarit, Marc, le regard perdu dans le lointain, lâche : « *Ce serait si facile, hein... naître, regarder et mourir* ». Pris d'une frénésie débordante, les mots s'enchaînent dans un tourbillon dont je ne devine pas la fin. Il m'apprend qu'il a consacré toute sa vie à son travail, sans toutefois me préciser quelle était sa profession. Il me dit regretter amèrement d'avoir été si peu présent pour sa famille. Cette mère et ce père, de braves gens, qu'il ne voyait qu'en de trop rares occasions. Sa femme qui, lassée par ses absences répétées, l'a quitté. Ses enfants avec qui les relations ont toujours été très complexes.

Cette confession, laissée entre les mains du parfait inconnu que je suis, semble lui coûter et pourtant il poursuit, espérant ainsi soulager sa conscience. Moi, je l'écoute en silence, l'encourageant à aller au bout des choses. Marc se prend la tête entre les mains et ouvre son cœur : « *Ces mots ravivent ma douleur et à la fois me procurent un effet apaisant. Je voudrais tant que maman soit encore de ce monde, qu'elle puisse me rassurer. C'était une belle personne, pleine de bon sens. Une fois mon père décédé d'une longue maladie, elle s'est laissée partir, noyée par le chagrin... ils étaient si proches, comme les doigts d'une main. Chaque jour, elle s'enfonçait un peu plus dans la souffrance et je n'étais pas là pour lui parler, pour lui témoigner mon amour ! Je porte ce poids en moi et ne pourrai jamais me pardonner mon attitude égoïste.* »

Marc semble exténué et me fait part avec beaucoup de douceur de son envie de demeurer seul. Je me lève et lui bourre le dos d'une tape amicale à laquelle il répond par une inclinaison de la tête. Moins de cinq minutes plus tard, le chemin tourne brutalement vers la droite et, Marc disparaît comme happé par les paysages.

Il est maintenant près de treize heures et le soleil est vif. Heureusement qu'une petite brise vient apporter un peu de fraîcheur. J'avale quelques gorgées d'eau tout en rajustant ma casquette vissée sur mon crâne. Au même moment, deux jeunes enfants passent à vélo, le plus chétif cherchant à rattraper l'autre, probablement le plus rapide. Ils s'engueulent à distance, plus sur le ton de la plaisanterie. Ah, l'insouciance de l'enfance, quelle merveilleuse période de la vie tout de même.

Alors que j'en ai terminé avec un long chemin herbeux, je constate avec stupeur la disparition de mon sac de couchage ! Il a dû tomber dans les hautes herbes et je n'ai pas senti sa chute. Allez, me voilà bon pour rebrousser chemin dans l'espoir de le retrouver. Au bout d'une bonne vingtaine de minutes d'une marche rapide, je l'aperçois, là, au beau milieu de la route. J'enrage d'avoir été dans l'obligation de rallonger l'étape de trois ou quatre bornes supplémentaires... comme si il n'y avait déjà pas assez de kilomètres à parcourir !

Je l'avoue sans détours, mes batteries sont mortes ! Je m'encourage, me disant que je serai bientôt à destination. Il me semble me souvenir, lors de la préparation de mon trajet, avoir prétendu, qu'une marche de trente kilomètres ne représentait rien de vraiment excessif. C'est vrai, mais c'est la succession de ces journées parfois harassantes qui finit par user le corps. En ce moment, je ne pense qu'à une seule chose : ôter mes grosses godasses toutes crottées et tremper mes pieds dans la rivière. Alors, j'avance d'un bon pas, sachant que dans moins d'une demi-heure, je pourrai goûter à ce plaisir.

39ème étape - 5 mai
Cluis - Éguzon
26 kilomètres

Le refuge pour pèlerins de Cluis était à la fois fonctionnel et très spacieux. Il est toujours agréable, après des heures de marche, de pouvoir être hébergé dans de bonnes conditions. Si je tire le bilan depuis mon départ, hormis de rares exceptions, je n'ai vraiment pas à me plaindre. À entendre certaines personnes, l'accueil laisse parfois à désirer. Peut-être suis-je plus chanceux que d'autres alors ?

Ici à Cluis, petit village retiré du monde, c'était la fête hier... un bal aux lampions, où tout le village s'était probablement rassemblé. Les gens semblaient heureux de pouvoir se rencontrer et festoyer. Je suis allé faire un petit tour avec mes deux compagnons de route... mais sans traîner outre mesure, repos du juste oblige ! Pourtant il eût certainement été agréable de s'attabler et de ripailler avec ces joyeux drilles !

Les deux pèlerins rencontrés, deux Français, se sont révélés de chouettes partenaires d'un soir. Les sujets de discussion n'ont pas manqué avec, bien entendu, les habituelles taquineries du genre «*allez, une fois...*». Tous deux cheminent également en direction de Santiago qu'ils espèrent rejoindre vers la mi juillet, ne s'étant mis aucune contrainte de temps.

Il est à peine sept heures lorsque je quitte, à tâtons, le refuge. Je ne peux résister à la tentation de descendre dans le bas du village et ce, même si la visite des ruines de l'ancien castrum nécessitera une bonne heure. Pas raisonnable tout ça, mais bon... Hier, je n'ai pas eu le temps de me rendre sur ce site qui m'a paru tellement beau. Je ne peux donc me résoudre à quitter Cluis sans m'y aventurer.

Oh, quelle merveille ! Le soleil levant inonde les remparts du castrum qui resplendit dans cette lumière matinale. Cette ancienne forteresse militaire dont les origines remontent au XIIIe siècle représentait jadis un maillon important sur la ligne frontière entre le domaine royal de France et le duché d'Aquitaine.

Je pénètre dans le domaine, ouvert au public, et rejoins les remparts. Le site de Cluis-Dessous, occupe un petit plateau dont l'extrémité était autrefois coupée pour former un triangle isolé. À l'époque, plusieurs demi-tours de flanquement étaient collées à la courtine. L'ouvrage devait avoir fière allure ! L'état de conservation est plutôt impressionnant. Ainsi, j'observe avec attention le châtelet d'entrée, le logis du seigneur, la tour maîtresse, la chapelle castrale et les multiples fortifications et moyens de défense.

Il règne ici un grand silence que seuls quelques volatiles viennent troubler. C'est le moment que je choisis pour remonter vers le haut du village où débute le parcours du jour. Celui-ci va m'emmener de Cluis à Éguzon en passant par Pommiers, le beau bourg de Gargilesse et Cuzion. Joli programme de vingt-six kilomètres en perspective ! Allez, il est temps à présent de prendre la route !

Le ciel limpide tolère seulement quelques voiles duveteux poussés par une petite brise sympathique. Les paysages magnifiques euphorisent mon esprit, charmé par ces couleurs bigarrées. Au bout d'un moment, je ressens une gêne au tibia, ancienne séquelle due à de nombreux passages sur du bitume. Le mal est supportable, mais il va tout de même falloir que je m'attaque à ce problème avec sérieux. Le remède est connu : un peu de crème miracle, quelques assouplissements et le tour sera joué. Enfin, du moins, je l'espère !

Avant d'obliquer vers un chemin herbeux dont les hautes herbes humides risquent de mouiller mes chaussures et mon pantalon, je jette un coup d'oeil à mon topo-guide. Bizarre, les explications ne correspondent pas avec les flèches indicatives fixées sur les nombreux potelets rencontrés. J'ai dû me tromper, victime une nouvelle fois de ma légendaire distraction. Bon, inutile de me prendre la tête, je vais simplement procéder, comme à l'accoutumée, de manière méthodique et tout finira bien par s'arranger.

Un peu avant Pommiers, je retrouve les flèches jaunes flanquées d'une coquille. Je suis à nouveau sur le bon chemin ! Il fait chaud... et décide donc de tomber la polaire pour poursuivre la route en t-shirt. À chaque ferme que je dépasse, je scrute avec attention la cour d'entrée. Je ne souhaite en aucun cas être à nouveau surpris par un chien à la recherche d'un jarret frais. J'ai beau me raisonner, mais la peur de l'annimal enragé est la plus forte !

Tiens, voilà déjà le splendide village de Gargillesse dont le fleurissement représente une bien agréable vision. Depuis l'entrée principale du bourg, la rue principale descend de manière vertigineuse. Les muscles et articulations en prennent un coup ! Mais je n'ai pas le choix, c'est la seule voie d'accès. De plus, de petits gravillons parsèment la ruelle, ce qui rend la marche assez périlleuse. Il ne faudrait pas que je m'étale sur le bitume avec le risque réel de me blesser !

Arrivé sur la placette centrale, mon regard happe la haute silhouette du château. Contrairement à celui de Cluis, celui-ci est en parfait état. Il doit probablement dater des XV et XVIe siècles. Manque de chance, il n'est pas ouvert au public aujourd'hui ! Et moi qui avais revêtu mes bottes de sept lieues pour me dégager un peu de temps afin de visiter ce bel ensemble... J'en suis pour mes frais ! Un peu plus loin, quelques touristes, surpris également de la fermeture du site protestent à voix haute.

Un peu déçu, je me dirige vers la terminaison du bourg pour y admirer la maison de vacances de George Sand, un endroit qu'elle a occupé jadis. Un petit écriteau en ardoise capte mon attention. C'est bien ici ! Ah, quand la malchance s'en mêle... ici aussi je trouve porte close. Je n'ai donc qu'à me satisfaire du maigre panneau signalétique apposé sur la façade de la bâtisse, à vrai dire une toute petite maison entourée d'arbustes et de massifs de fleurs. L'air embaume le parfum des lilas blancs disséminés en arbustes agréables à l'œil. Un vrai petit coin de paradis !

Sur le coup de treize heures trente, je rejoins Éguzon, ma destination du jour. Il fait calme ici, on dirait qu'il n'y a pas âme qui vive. Presque immédiatement, je repère le gîte municipal, un grand bâtiment avec un jardin avenant. Parfait pour la sieste ! Mais pas tout de suite... il me faut tout d'abord obtenir le précieux sésame et, par la suite, me rendre à l'office du tourisme pour recevoir quelques informations sur la ville et ses alentours.

40ème étape - 6 mai
Éguzon - La Souterraine
33 kilomètres

Alors que je m'apprête à quitter, sur la pointe des pieds, le gîte d'Éguzon, j'entends un tel raffut derrière moi que je me retourne, le cœur battant. L'employée de mairie qui m'a donné les clefs, hier, lors de mon arrivée est là, accompagnée par deux gendarmes... Surpris, je leur demande ce qu'il se passe...

– Ce qui se passe, c'est plutôt à vous à nous le dire !

Interloqué, je les dévisage tous les trois.

– Comment, je ne comprends pas ?

La préposée de mairie, le visage cramoisi, hausse le ton :

– Mais, c'est qu'il allait partir, sans payer, ce voleur !

Le gendarme me dévisage, le front plissé.

– C'est vrai, monsieur, vous n'avez pas payé la dame ?

– Je vous assure que j'ai réglé le montant dès mon arrivée et madame a même tamponné ma crédenciale !

– Ah, oui... Alors montre-là nous ta crédenciale !

Je fouille ma pochette et stupeur, elle n'y est pas. C'est à n'y rien comprendre ! Je me mets alors à bredouiller.

– Je vous assure que...

L'un des gendarmes, m'attrape l'épaule sans ménagement...

– Venez, suivez-nous au poste, nous allons tirer cela au clair !

Je me réveille en sursaut, trempé d'une sueur âcre. Ouf, ce n'était qu'un rêve ! Je frotte mes yeux encore gonflés de sommeil et ne peux m'empêcher de rire. Par contre, celui qui ne rigole pas, mais alors là, pas du tout, c'est mon ventre. Il est vrai qu'hier soir, tout était fermé ici à Éguzon : les restaurants, le snack, l'épicerie, les deux boulangeries, la boucherie... résultat, rien à se mettre sous la dent, à l'exception d'un minuscule reste de camembert et d'une banane, le tout accompagné d'un verre d'eau du robinet. Super repas !

Eguzon est encore endormie lorsque je traverse la place, les bras chargés de victuailles. J'ai acheté un peu de tout à la boulangerie : une baguette, du pâté, une boîte de sardines sauce moutarde, deux pains au chocolat, un croissant, deux yaourts, un mini pot de confiture à la cerise, une bouteille d'eau et une cannette de soda. Eh, oui, il faut bien que je récupère les carences de la veille !

Je décide de fourrer la nourriture dans mon sac à dos et de rejoindre Crozant pour y déjeuner en paix. Il est vrai qu'il n'est que six heures quarante et que je peux encore bien attendre une heure et demie pour soulager mon ventre. Et puis, ce village composé de riches vallées, de promontoires rocheux, d'espaces naturels d'une grande beauté, selon les dépliants que j'ai pu consulter, me permettra de joindre l'utile à l'agréable. Allons, le moteur est chaud, je peux donc démarrer.

Oh, il est temps que je réduise l'allure, sinon mon tibia va me jouer un sale tour ! Je décide donc de poursuivre encore quelques centaines de mètres, jusqu'au banc que j'aperçois au loin. La responsable de l'office de tourisme d'Éguzon n'a pas menti en affirmant que Crozant est une véritable petite merveille qui se plaît à rappeler l'histoire de la nature et des hommes. J'avoue que le paysage est idyllique avec, face à moi, les vestiges de la citadelle médiévale surplombant la confluence de la Sédelle et de la Creuse.

Il règne ici une ambiance particulière, tout en douceur et en harmonie. Ce qui m'impressionne le plus, c'est cette luminosité vraiment exceptionnelle. Ce mélange de ciel bleu avec le vert de la nature et les eaux du lac sont un régal pour les yeux. Je comprends mieux à présent pourquoi tant de peintres et d'artistes sont venus dans la région pour s'inspirer de ce spectacle féerique.

Rassasié, je poursuis ma route en direction de la vallée, où j'ai rendez-vous avec cette rivière tumultueuse qu'est la Creuse. Son bruit caractéristique sonne comme une aimable mélodie. Malgré les hauts arbres, les rayons du soleil viennent, par endroits, strier le sol de timides arabesques rendant à ce lieu une ambiance pleine de sérénité et propice au ressourcement.

Alors que j'avance d'un pas léger, de nombreux potelets plantés à quelques mètres de distance attirent mon attention. Je découvre des copies de tableaux peints par les grands artistes que sont Claude Monet, Maurice Rollinat, Armand Guillaumin... il s'agit ici d'une excellente manière de comparer à chaque fois l'œil de l'artiste avec le paysage qu'il a peint. Et le résultat est bien entendu bluffant. On remarque combien ces peintres ont été en mesure de saisir les subtilités de ce site et de rendre une copie parfaite pour les amateurs d'impressionnisme.

Hypnotisé par la beauté des lieux, je ne résiste pas à la tentation de m'asseoir sur un énorme rocher en bordure de la Creuse. Le bouillonnement de l'eau a quelque chose d'ensorcelant... Oui, c'est cela, comme une attraction, invitant le visiteur de passage à venir discuter avec elle. Je laisse glisser ma main dans la rivière et profite de ces moments de pur bonheur.

Perdu dans mes pensées, je n'ai même pas remarqué le groupe d'enfants venu s'installer à proximité de la rivière. Il s'agit d'une quinzaine de jeunes adolescents, handicapés mentaux, accompagnés par trois adultes. Je salue le groupe poliment et me lève pour reprendre le chemin. Alors que je sangle mon sac à dos sur mes épaules, je sens quelqu'un venir m'effleurer la main. Il s'agit d'une jeune fille trisomique... elle doit avoir quatorze ou quinze ans.

Je la regarde tandis qu'elle agrippe ma main pour m'emmener près du panneau signalétique. Du doigt, elle m'indique une peinture d'Armand Guillaumin. « *C'est beau,* me dit-elle... *Tu as vu toutes ces couleurs, du jaune, du bleu, du vert, du rouge... C'est mon tableau préféré.* » Elle me serre très fort la main et me donne un bisou sur la joue. « *Toi aussi tu es beau,* poursuit-elle, *et je t'aime bien...* »

Son sourire merveilleux m'émeut tellement que des larmes roulent sur mon visage. C'est le moment qu'elle choisit pour rejoindre ses petits compagnons. L'accompagnatrice, qui n'a rien perdu de la scène, vient me saluer. Elle me dit : « *Ils sont merveilleux d'amour et de sincérité. Merci à vous pour votre gentillesse. Ce n'est pas toujours le cas. Souvent, les gens sont gênés et détournent la tête. Et je sais que cela leur fait mal... Merci, monsieur !* »

41ème étape - 7 mai
La Souterraine - Bénévent-l'Abbaye
21 kilomètres

Je pense que cette journée sera toute entière placée sous le signe de la grisaille tant le ciel est plombé. Mais là n'est pas l'essentiel ! Bien entendu, il est plus agréable de cheminer sous un franc soleil, je n'irai pas jusqu'à nier cette évidence. D'un autre côté, avec une météo assez extraordinaire sur le parcours depuis mon départ, je connais une bonne dose de réussite.

C'est vraiment dans les petits bonheurs quotidiens, qui peuvent s'assimiler à autant de moments de grâce, que je puise mon énergie. Un agriculteur qui me salue, une automobiliste qui s'arrête pour voir si je n'ai besoin de rien, quelqu'un qui livre une tranche de vie personnelle, la rencontre avec les enfants handicapés, hier à Crozant, qui a représenté pour moi un moment de vive émotion... Voilà de vrais instants d'une indicible douceur qui me font avancer vers Compostelle, le coeur rempli d'une joie profonde.

Je ne sais pourquoi, mais en ce moment, je songe à mon retour me demandant comment, après une si longue période, j'affronterai le quotidien de notre société. N'y aura-t-il pas une grande incompréhension entre ceux qui sont restés et moi qui ai pris le chemin ? Au fond, aurai-je changé ? Est-il possible que cette longue route puisse transformer un individu durablement ? Je l'espère de tout mon coeur !

Mes jambes sont lourdes, semblables à deux piquets en béton ! Eh oui, la fin d'étape hier m'a en effet causé quelques soucis. Distrait comme à l'accoutumée, j'ai négligé le fléchage et me suis perdu dans les bois. Après un détour important, j'ai rattrapé la départementale pour rejoindre La Souterraine. Presque à mon insu, une petite voix intérieure a désormais pris le relais lorsque la fatigue s'installe. Elle m'encourage et me redonne le tonus nécessaire afin de poursuivre la route...

Pas évident de trouver un hébergement à La Souterraine. Avec l'aide d'un gentil monsieur, je suis tout de même parvenu à dénicher une chambre d'hôtes tenue par un couple d'anglophones. Des gens bien sympathiques avec qui j'ai eu l'occasion de discuter de sujets intéressants, notamment leur intégration au village, loin d'être aisée, pour des gens qui ne maîtrisent pas la langue française. Le repas fut d'excellente qualité avec un vin du sud-ouest de très bonne facture. Il est vraiment important de se faire plaisir de temps à autre !

Je suis satisfait ! Suite à quelques étirements, mon mal de jambes a complètement disparu. Je marche donc d'un pas tranquille, sachant que l'étape de ce jour est plutôt courte. C'est parfait, cela me permettra de me reposer un peu, et surtout d'être plus attentif au fléchage ! Mais, comment donc s'y prenaient les premiers pèlerins pour trouver leur chemin, alors que moi, même muni d'un bon topo-guide, j'éprouve encore des difficultés à ne pas me tromper.

Oui, bien entendu, il existait ce que l'on appelait à l'époque le « *Livre V du Codex Calixtinus* », un ouvrage, rédigé au XIIe siècle par le moine Aymeri Picaud, et qui représentait un peu le guide idéal de l'époque destiné au pèlerin souhaitant se rendre à Saint-Jacques. Cet incroyable récit, conservé dans les archives de la cathédrale de Saint-Jacques-de-Compostelle, décrivait avec une certaine précision les itinéraires «compostelliens». La qualité de l'ouvrage valut à l'auteur de voir son livre reconnu et recommandé par le pape Innocent II.

Aymeri Picaud, outre le côté utilitaire de ce guide, donne également moult détails sur les mœurs de l'époque et sur ses contemporains. Ceci fait de ce récit un important vivier d'informations voué à ceux qui s'intéressent au pèlerinage de Compostelle au fil de l'histoire. C'est qu'il avait parfois une plume acerbe, notre moine. En témoigne ce petit extrait : « *En Galice, il y a des forêts, des fleuves, des prés, des vergers, des fontaines d'eau pure et de bons fruits... Mais peu de cités, de villes et de hameaux. Les Galiciens, plus que tous les autres peuples incultes d'Espagne, sont ceux qui s'approchent le plus de notre nation française, mais ils sont coléreux et chicaneurs.* »

Mon regard capte les dernières traces de la Creuse que je vais peu à peu quitter. Au loin, dans la brume duveteuse qui recouvre les berges, je distingue de belles fougères hérissées par le vent. Ces paysages sont d'une telle pureté, comme mus par l'inextinguible prodigalité de la nature. Et puis, ces bois que je traverse, dont le sol est couvert de frêles corolles de fleurs qui s'épanouissent en nombre... Quelles merveilles ! Ce vagabondage matinal me saisit d'une soudaine inspiration. Je m'assieds sur un talus, m'empare de mon carnet et écris ces quelques lignes : « *Sous le charme de cette oasis de verdure en perpétuel mouvement, je me sens libre. Ces haltes contemplatives que je m'offre chaque jour, me procurent une indéfinissable sensation de bien-être, vigie que je suis de ces espaces qu'il faut chérir et protéger. Dans ce décor attirant que la nature a visiblement tenu à fignoler, l'esprit marche avec le corps dans une symbiose parfaite. Ici, l'âme en recherche de sensations, a trouvé le paradis ! Elle semble exulter, car elle acquiert la certitude d'avoir quitté ses cauchemars teintés de fatigues hallucinées pour pouvoir jouir de plaisirs simples et apaisants.* »

Pourquoi désespérer ? Voilà que le soleil perce les nuages et signe son grand retour. Il me donne une belle énergie à poursuivre ma route en toute sérénité. Voilà déjà la silhouette de Bénévent-l'Abbaye, ou plutôt, le clocher de l'Abbatiale. Comme à chaque fois, le village semble désert. Où sont donc passés les habitants, les écoliers, les travailleurs... ? Peut-être est-ce moi qui les effraie avec mon dos bossu et mon bâton noir à la pointe effilée... Oui, cela doit être ça !

Oh, mon logement ! Je l'ai trouvé du premier coup, sans avoir à chercher. Une plaque, apposée sur la porte, renseigne : « *Adodane, refuge pour pèlerins* ». Nul doute, cette appellation me parle. Je porte en moi la nette impression de pouvoir trouver ici beaucoup de chaleur et d'écoute. La porte s'ouvre, laissant apparaître un monsieur très empathique. Yves me renseigne sur les conditions en vigueur et nous nous mettons à échanger de manière spontanée, à la manière de deux amis qui ne se sont plus vus depuis belle lurette.

Une fois toutes les informations enregistrées et mon installation terminée, je décide de partir à la découverte de ce petit bourg bien tranquille, où les rues et ruelles sont quasi désertes. Je suis content de pouvoir bénéficier d'une après-midi libre... Il est à peine treize heures. J'ai donc tout le temps devant moi pour flâner et, n'ayons pas peur des mots, pour quelque peu paresser.

42ème étape - 8 mai

Bénévent l'Abbaye - Les Billanges

28 kilomètres

Si le chemin m'a appris à m'ouvrir davantage aux autres, sa vibrante lumière m'a également appris à dire merci. Oui, je remercie du fond du cœur la Providence de m'avoir permis de vivre une incroyable expérience avec un pèlerin allemand dont je ne connais ni le nom, ni le prénom ni la ville d'origine ! Il a tenu à demeurer le plus discret possible et vous comprendrez pourquoi en lisant son témoignage. Je me pose toujours la question : pourquoi donc, cet homme a-t-il décidé de livrer cette histoire de famille à l'inconnu que je suis ? Peut-être cette route permet-elle d'unifier les cœurs et de lâcher prise ?

J'ai rencontré Hans - je lui ai choisi ce prénom pour les besoins de la narration - peu après Arrènes, dans un chemin de terre. Il était là, assis sur un talus quand je suis arrivé. Il avait les yeux rougis, comme s'il venait de pleurer. Je me suis arrêté, inquiet, et lui ai demandé s'il avait un problème. Il a secoué la tête, d'un air sévère et m'a demandé si je comprenais l'allemand. Je lui ai répondu que lorsqu'il s'agissait d'une conversation normale, énoncée lentement je ne m'en sortais pas trop mal. Il a souri, mais son visage a de suite retrouvé son aspect fermé. Puis, de fil en aiguille, discutant d'abord d'une série de banalités, il en est arrivé à évoquer cette histoire effrayante l'empêchant de trouver le sommeil depuis tant d'années. J'ai essayé, ci-après, de reproduire le plus fidèlement possible, et dans les limites imposées par la barrière de la langue, le récit poignant de cet homme qui, à mon grand étonnement, a accepté que je le consigne dans ce livre. Je lui cède donc la parole :

« Ma famille a toujours été fière de son pays... de vrais patriotes ! Mon grand-père était un homme aimable, chez qui j'aimais beaucoup me rendre lors des vacances scolaires. Il m'apprenait beaucoup de choses sur la nature qui était sa grande passion. Nous pouvions passer des heures à contempler le ciel et à fixer l'horizon. Quand il est mort, j'ai éprouvé une vive peine... inconsolable est le terme le plus approprié ! »

« J'étais présent à la clinique, lors de son dernier soupir. Mon père, avant qu'il ne quitte ce monde, lui a dit que le Tout-Puissant prendrait soin de lui et que nous nous retrouverions un jour, que cela ne faisait aucun doute. Dans un dernier râle, il a répondu que Dieu ne voudrait pas de lui. Ce n'est que bien des années plus tard, lors du décès de mon père, que me sont revenues en mémoire les paroles surprenantes, prononcées par un homme profondément croyant et respectueux des cultes. »

« En faisant le tri dans les affaires de mon père, j'ai trouvé au grenier, au fond d'une vieille malle trouée, un petit coffret métallique. Celui-ci contenait de vieux papiers, quelques articles de journaux et un carnet en cuir brun d'une certaine épaisseur ayant appartenu à mon grand-père. Ce que j'y ai découvert m'a profondément bouleversé, meurtri à jamais... »

Hans est livide. Un instant, je pense qu'il va défaillir. Il me rassure toutefois d'un brutal *« Alles in ordnung... Ich bin nur ein bisschen krank »*, ce qui pourrait se traduire par : « *Tout va bien, je suis juste un peu malade.* » Il a alors massé le haut de son crâne, légèrement dégarni, avec vigueur et a, peu à peu, semblé reprendre ses esprits.

« Ah, si j'avais pu me douter du contenu de ce maudit carnet, jamais je ne l'aurais ouvert. Ce que j'y ai lu, m'a totalement broyé, anéanti... Ce grand-père, adorable, prévenant... devenait subitement un véritable monstre, un personnage abject ! Nein, das ist nicht möglich (non, ce n'est pas possible). Et pourtant, c'était bel et bien son écriture, cela ne souffrait d'aucune contestation ! »

« Mon grand-père a participé à la Seconde Guerre Mondiale, mais il ne s'est pas battu pour son pays avec un fusil sur un quelconque champ de bataille, dans les tranchées... non, il a séjourné dans un camp de concentration, mieux dit, un camp d'extermination. Ce carnet retrace toute cette période de sa vie, depuis son arrivée à Mauthausen, jusqu'à sa fuite à la libération du camp, où bénéficiant d'une chance insolente et, très certainement de complicités, il a pu échapper au jugement des hommes... ce qui ne sera certainement pas le cas pour celui de Dieu ! »

« J'ai lu et relu ces pages des dizaines de fois, à chaque reprise avec le secret espoir de ne plus y trouver trace de ces horreurs. Hélas, les faits étaient là et on ne pouvait rien y changer. Les mots employés étaient crus, froids et précis. Tout sentiment d'humanité semblait avoir déserté cet homme ! Souvent, j'ai pleuré comme un gamin me demandant comment un individu pouvait agir de la sorte envers ses semblables avec aussi peu de considération pour autrui. Cela reste pour moi, une véritable énigme. »

« Mon grand-père a participé à de nombreuses exactions, séances de torture, meurtres... il écrivait dans son carnet que les Juifs étaient des «untermensch», ce qui signifie littéralement des sous-hommes. Les scènes décrites étaient pour la plupart insoutenables... Tout sentiment semblait avoir disparu pour laisser la place à une barbarie sans nom. Ces femmes, ces enfants, ces vieillards... Quelle folie ! Le plus difficile à accepter était sans aucun doute les tortures commises envers les enfants... tous ces petits bouts, autant d'innocents, sacrifiés sur l'autel de je ne sais quel idéal. Dieu, quel drame ! »

« Souvent, je me réveille la nuit, traumatisé par ces actes ignobles. Je vis avec ce double sentiment : celui de cet être que je chérissais et l'autre de ce monstre, cette bête humaine, ayant participé à toutes ces saloperies. Il fallait absolument que je puisse réparer à ma manière ces préjudices pour expurger de mon corps ce sentiment de culpabilité. Mais comment y arriver me suis-je demandé pendant de longues années, jusqu'au jour où j'ai trouvé la force en moi de prendre la route. »

« C'est pour cette raison que j'ai décidé de rejoindre Compostelle... Implorer le pardon pour cette faute familiale et laisser mon cœur se vider de toute la tristesse qui s'y est engouffrée depuis tant d'années. Ensuite, je me rendrai au Cabo de Fisterra pour brûler ce carnet de malheur et j'espère que grâce à ce geste, je connaîtrai enfin le repos. Il y a une petite voix en moi qui me pousse à le faire et je suis convaincu que cette attitude me sera salutaire. Ah, si je pouvais revoir mon grand-père, j'aurais mille questions à lui poser. Serais-je capable de parler sans éprouver de la haine envers cet homme, à l'origine de tant de mal ? À dire vrai, il m'est impossible de répondre à cette lancinante interrogation ! »

43ème étape - 9 mai
Les Billanges - Saint-Léonard-de-Noblat
20 kilomètres

Ce matin, je traîne encore un peu au lit, le bras replié derrière la nuque. Je ne peux m'empêcher de penser à celui que j'ai prénommé Hans. Quel témoignage exceptionnel tout en pudeur et en émotion. Je ne sais toujours pas pourquoi il s'est livré ainsi à moi, un inconnu. Peut-être étais-je là au moment opportun et, surtout, cela faisait-il partie de sa thérapie.

J'ai rarement vu quelqu'un porter en lui une telle souffrance. J'imagine combien l'image d'un homme attentionné envers ses petits-enfants et qui soudain prend l'aspect d'un personnage monstrueux doit être difficile à vivre. J'espère que ce cheminement revêtira pour lui ce caractère rédempteur qu'il implore de tout son être. Puisse ce bûcher salvateur lui apporter la paix intérieure.

Une pluie fine tombe sans discontinuer depuis la veille. Je crains un peu la sortie d'aujourd'hui, car sans protection pour mon sac à dos, mes affaires risquent de prendre l'eau. J'ai beau réfléchir, j'ignore toujours où j'ai pu perdre mon protège-sac. Après-demain, à Limoges, je pourrai faire mes petites emplettes et cela me rassure un peu.

Quelle soirée étonnante passée aux Billanges ! Il n'y a pas à dire, ici l'hébergé est complètement dépaysé. Il y avait là un chouette groupe constitué d'artistes, de randonneurs et de pèlerins. Dans une ambiance complètement surréaliste, le repas s'est déroulé au rythme des chansons paillardes et de l'accordéon. C'est certain, chez Françoise, on ne s'ennuie pas une seule seconde !

Je déjeune en compagnie de quatre dames qui participent ici, Aux Billanges, à un stage de peinture sur porcelaine. Toutes possèdent déjà une solide technique et espèrent se perfectionner davantage auprès de leur professeur, un véritable surdoué. Hier, j'ai eu l'occasion de jeter un œil sur son book et je dois avouer que les pièces réalisées sont saisissantes de réalisme. De plus, l'artiste ne se cantonne pas à un seul thème, ce qui rend son œuvre plus magistrale encore.

Ça y est, le sac à dos est solidement vissé sur mes épaules. Je peux donc me lancer à l'assaut de ma quarante-troisième étape. Rapidement, je gagne la forêt et ses sentiers rendus boueux suite aux dernières pluies. J'essaie d'éviter au maximum de crotter mon pantalon, mais c'est tout bonnement impossible. Quelle impression de calme ici au beau milieu des arbres. Ce silence enchante mon esprit et aiguise mes sens.

Tiens, qu'est-ce donc que cette étrange réalisation perdue au beau milieu de la clairière ? Il s'agit d'un tronc décoré d'une foultitude d'objets en liens étroits avec Compostelle. Je m'amuse à lire toutes les petites pancartes disséminées à proximité de cette improbable sculpture sortie de l'esprit de quelqu'un de plutôt... créatif. Incroyable, il y a même une petite caisse avec du matériel pour tamponner ma crédenciale ainsi qu'un livre d'or pour immortaliser ma venue en ces terres ! Je ne résiste pas à la tentation d'y griffonner quelques lignes et de lire les messages laissés par mes prédécesseurs.

Voilà que la route s'élève à nouveau, ce qui m'oblige à relancer la machine. Ah, il n'y a pas à dire, Compostelle, constitue aussi un sacré défi physique ! Je peux remercier mes bonnes aptitudes à l'effort. Le chemin est fortement empierré - il s'agit d'une ancienne voie romaine - il convient donc de se montrer vigilant... ce serait trop bête en effet de devoir arrêter l'aventure à cause d'une vilaine entorse.

Un vieux monsieur, occupé à bêcher son petit lopin de terre, me salue amicalement. Il m'explique sa joie de pouvoir ainsi communier, chaque matin, avec la nature. Son petit bonheur à lui, c'est de se lever aux aurores et d'arpenter son jardin. Il me dit : « *Savez-vous quel âge j'ai...* et sans me donner le temps de répondre, il poursuit son dialogue... *à la fin du mois de juin, je fêterai mes quatre-vingt-treize ans.* » Je le regarde interdit. Et moi qui lui donnais à peine quatre-vingts ans !

Vers midi, je décide de casser la croûte en plein milieu d'un bois. J'ai trouvé là une belle souche fraîchement coupée. Voyons, qu'y a-t-il au menu ? Il me reste une demi-baguette, un reliquat de Camembert, un peu de saucisson à l'ail, une pomme et du jus d'orange. Ma foi, cela représente à mes yeux une bonne base pour apaiser mon appétit vorace. Allez, à l'attaque, pèlerin !

Rassasié, je me redresse d'un bond et décide de reprendre la route. Au sortir de la forêt, un immense troupeau de moutons paît dans un pré bordé d'un côté par une haie épaisse et de l'autre par un sentier herbeux. Il y a là des dizaines de petits... qu'ils sont mignons ! Je m'approche d'eux avec discrétion et les observe tranquillement. Au bout d'un moment, pris d'une soudaine panique, ils détalent loin de la clôture en bêlant à tue-tête.

À présent, il ne bruine plus ! Mieux même, le ciel se dégage progressivement laissant apparaître de belles trouées d'un bleu prononcé. Si le vent qui souffle en rafales voulait bien se calmer un peu, ce serait vraiment parfait. J'avance d'un bon pas, tout en demeurant attentif au marquage, un peu trop discret à mon goût. C'est là ma plus grande hantise... me perdre dans ces chemins où l'on ne rencontre personne. Enfin, ce ne serait pas la première fois !

Depuis quelques kilomètres déjà, mon pied droit me fait souffrir. Je crois que ces mille premiers kilomètres auront eu raison d'une partie de mon dessous de chaussure, légèrement trouée à plusieurs endroits. Il est plus que temps de disposer d'une semelle afin d'augmenter mon confort de marche. Les pierres et le bitume sont très abrasifs et n'épargnent guère les bottines !

Treize heures trente et je débouche à Saint-Léonard-de-Noblat, très paisible en ce moment. Rapidement, je trouve mon lieu d'hébergement distant d'à peine une trentaine de mètres de la collégiale romane. Je pousse la porte de mon logement, y installe mes affaires et décide de me reposer un peu. Soudain, des souvenirs d'enfance viennent hanter mon esprit. Éprouverais-je une quelconque nostalgie de cette tendre époque ? Peut-être bien, pour être tout à fait honnête. Et puis, j'ai en moi la nette impression que l'homme s'entretient de cette joie primitive, si difficile à retrouver une fois devenu adulte. Impossible de nier les évidents bienfaits de ces flash-back successifs.

44ème étape – 10 mai
Saint-Léonard-de-Noblat - Limoges
23 kilomètres

Hier soir, j'ai retrouvé un pèlerin avec lequel j'avais cheminé en début de semaine. Originaire de Nevers, il entreprend le pèlerinage complet vers Saint-Jacques-de-Compostelle. N'étant soumis à aucune contrainte temporelle, il marche à son rythme, à l'écoute de son corps et de ses envies. Ne serait-ce pas la voie idéale à suivre afin de descendre au mieux en soi-même ?

Une nouvelle fois, notre hébergeante s'est montrée d'une grande générosité. Le magasin d'alimentation étant fermé, je n'avais rien à me mettre sous la dent. Évelyne, c'est son prénom, nous a apporté des pâtes, du jambon, du taboulé, un peu de pain et un demi-litre de vin rosé. Lorsque je lui ai demandé combien je lui devais, elle a levé les bras au ciel et s'en est retournée chez elle.

Saint-Léonard-de-Noblat est une très belle ville, posée sur une élévation surplombant les vallées du Tard et de la Vienne. Le caractère moyenâgeux de la petite cité est encore très présent avec de nombreux témoignages d'un bâti de grande qualité. Et comment ne pas s'extasier devant la collégiale, édifice inscrit au Patrimoine Mondial de l'UNESCO, ou encore l'hôpital médiéval qui a su conserver ses trésors, dont deux portes des XIIIe et XIVe siècles.

Après avoir griffonné quelques lignes dans le livre d'or du refuge pèlerins, soulignant la grande générosité de sa responsable, je tire la porte derrière moi et me dirige vers la collégiale, n'ayant pas eu le temps de la visiter la veille. Hélas, les portes sont closes. Ne me reste alors plus qu'à prendre la route sans tarder.

Le début de parcours est magique avec le passage sur le vieux pont, posé à proximité de belles demeures à pans de bois. Je regrette seulement que le soleil ne montre pas le bout de son nez... Ce serait plus joli, pour mes prises de vues. Enfin, bien que le ciel soit désespérément gris, il ne pleut pas. C'est déjà une réelle satisfaction, car sans protection pour mon sac à dos, le pire est à craindre, l'humidité étant l'ennemie du pèlerin !

Soudain, la route bitumée oblique brutalement vers la droite et se transforme en un petit sentier empierré dont la pente vertigineuse paraît infranchissable. Je me rassure en me disant que si les flèches jaunes indiquent cette direction, c'est que ce passage n'est pas impossible à dompter. Mes chaussures s'enfoncent dans le sol spongieux, rendu boueux à certains endroits suite aux fortes pluies de cette nuit.

Après une heure d'un effort soutenu, la forêt cède la place à un terrain moins accidenté. Il fait à nouveau frisquet avec ce vent du Nord qui vient de se lever. Je décide donc d'enfiler ma veste par-dessus ma polaire afin d'éviter un refroidissement. Une dame âgée, qui a aperçu la scène derrière son rideau, ouvre la porte et me fait signe d'approcher. « *Venez* dit-elle, *je vous offre un café... ma parole vous devez être frigorifié !* »

Ravi, je la remercie pour sa sollicitude et pénètre dans cette belle bâtisse, adossée à une paroi rocheuse. Nous prenons place dans une verrière de style victorien, située sur le côté latéral droit de la maison. Cet endroit est un vrai régal pour les yeux. La petite rivière bouillonnante capte immédiatement l'attention. Et que dire de la végétation luxuriante et de tous ces arbustes en fleurs !

Si je n'échappe pas aux traditionnelles questions relatives au pélerinage, la conversation prend rapidement un tour plus personnel. La dame m'explique que peu après avoir fait l'acquisition de ce havre de paix, le malheur est venu frapper à la porte. D'une voix empreinte de beaucoup d'émotion, elle m'explique que son mari a été victime d'un accident dont il n'a pu réchapper. Deux grosses larmes roulent sur son visage et viennent témoigner de son intense chagrin.

Je pose ma main sur son avant-bras pour lui apporter mon soutien. Ce geste parvient à lui arracher un timide sourire, mais on sent au fond de son cœur une telle détresse. Elle me regarde et lance : « *Il faut toujours vivre intensément les moments passés avec ceux que l'on aime, car on ne sait jamais de quoi l'avenir sera fait. Nous étions si heureux, trop peut-être pour que cela puisse perdurer. L'achèvement d'une vie met notre courage à rude épreuve !* »

J'avale par petites gorgées le chaud breuvage dont le goût est vraiment excellent. Petit à petit, je retrouve en moi cette sensation de chaleur. Pour accompagner le café, je reçois un gros morceau de brioche, tout droit sorti de ses fourneaux... un délice ! La dame me propose de m'en resservir un second, cependant je décline l'invitation. Il ne faut pas exagérer surtout que le déjeuner était très copieux.

Après une franche accolade et des remerciements appuyés, je quitte cette dame si prévenante. Je lève la main en guise d'au revoir et disparais de sa vue au détour d'un tournant en épingle à cheveux. Je ne peux m'empêcher de songer à la tristesse de cette personne. Quelle drôle de vie tout de même avec ces incessants épisodes d'euphorie et de périodes douloureuses. Quel sens convient-il de donner à tout cela ? La réponse m'échappe !

Je crois que ce n'est pas encore aujourd'hui que je verrai le ciel se déchirer et venir me gratifier d'une belle lumière dorée. Quel changement de temps depuis Vézelay... néanmoins avec deux demi-jours de pluie sur l'ensemble du périple, je suis conscient de battre tous les records. C'est là probablement le propre de l'être humain : ne jamais être rassasié et toujours en vouloir plus !

Ça y est, je distingue au loin Limoges qui se déroule devant mes yeux tel un serpent. Quelle transition avec les précédentes journées et ces dizaines de petits villages, hameaux et bourgs traversés en coup de vent. Bah, au moins, cela me permettra de découvrir cette ville riche de vingt siècles d'histoire.

Avant de pénétrer dans les artères animées de Limoges, je m'autorise un arrêt le long de la Vienne. Je m'assois sur un banc et déballe mon pique-nique. Plutôt sympathique de pouvoir se poser en pareil endroit et de profiter du mouvement placide de l'eau. Une nouvelle fois, je mesure pleinement la chance que j'ai d'avoir pu entreprendre ce long périple et de pouvoir ressentir toutes ces belles et riches émotions. Au loin, les cloches de la cathédrale Saint-Étienne sonnent à toute volée. Un mariage peut-être ou alors, un enterrement... Enfin, peu importe, ce sont là les choses de la vie.

45ème étape – 11 mai
Limoges - Flavignac
27 kilomètres

Hier, lors de mon arrivée dans le centre de Limoges, j'ai cru entendre une petite voix susurrer à mon oreille : « *Prends garde, l'ami, plus de deux mille ans d'histoire te regardent* ». Cette pensée m'a absorbé tout entier. J'imaginais ceux qui nous ont précédés déambuler sur les grosses caillasses moussues et mener leur attelage en haut de la côte. En filigrane de cette réflexion, toujours les mêmes questions : quel sens donner à notre vie ? Où irons-nous une fois venu le temps du dernier soupir ?

C'est indéniable, mon imaginaire s'enrichit lorsqu'il se nourrit du souffle de ces merveilleux artistes, ces artisans, ces créateurs... dont je peux admirer, là sous mes yeux, le travail époustouflant. Ah, que penser de cette ambivalence chez l'homme. Parfois génie, capable du meilleur et souvent monstre d'indifférence, de lâcheté, assassin... Si aujourd'hui, je marche sur la route, c'est pour m'interroger sur le sens des choses et pour apprendre à ne plus fermer mon esprit ou du moins à me rapprocher d'un idéal.

Témoin de cette propension à créer, la cathédrale Saint-Étienne et son étonnante crypte romane tapissée de peintures du XIIe siècle. L'ouvrage dans son ensemble est imposant, avec un grand nombre de chapelles dédiées à une panoplie de saints, des gisants, de beaux vitraux... Toutes ces réalisations éveillent en moi de vives émotions, un peu comme si la lumière intérieure, dont ces artistes ont tiré profit pour réaliser leurs œuvres, s'apparentait à une sorte de signe.

Je me suis également promené dans le jardin de l'évêché, un espace composé de six terrasses agrémentées d'un foisonnement de plantes, fleurs, arbustes, arbres, pièces d'eau, bustes... En pareil endroit, je trouve la faculté d'oublier le temps. Ce poumon vert, en plein centre-ville, est étonnant de vitalité.

Comment également ne pas évoquer le travail de la porcelaine qui, depuis le XVIIIe siècle, participe à l'essor économique de Limoges. Encore aujourd'hui, ce sont plus de vingt manufactures qui assurent la production d'une grande diversité d'objets, de l'art de la table aux objets décoratifs en passant par du mobilier urbain. Pris par le temps, je n'ai malheureusement pas eu l'occasion de pouvoir visiter un atelier de fabrication.

J'ai été très heureux d'avoir trouvé à m'héberger chez les Soeurs Franciscaines, un lieu à la fois proche du centre-ville et aussi très calme. La congrégation offre des couchages pour un maximum de dix pèlerins et ce, dans un confort très fonctionnel. Je n'ai qu'un seul regret : celui de n'avoir pu rencontrer l'une d'entre elles pour discuter de la vie ici, au sein de la communauté. Ce n'est pas qu'elles cherchent à se cacher ou encore à éviter le plus possible la civilisation moderne... non, je pense qu'en définitive, elles ont un agenda très chargé.

Hasard de la vie, alors que je m'apprête à quitter le réfectoire où je viens de prendre le petit déjeuner une religieuse entre en silence dans la vaste pièce. Elle me salue amicalement et prend place en face de moi. Elle me regarde, le visage irradié par un magnifique sourire et me demande si j'ai passé une bonne nuit. Je la remercie pour cet accueil offert à celui qui chemine et lui explique combien il est important pour le pèlerin de pouvoir compter sur cette chaîne de solidarité.

Je lui demande poliment si je peux lui poser quelques questions pour nourrir ma réflexion : comment a-t-elle décidé un jour de rentrer dans les ordres, quel regard porte-t-elle sur la société actuelle, y a-t-il des moments de doutes liés à sa croyance en Dieu, en quoi consiste, en dehors des heures consacrées à la prière, son travail au quotidien... Avec une infinie douceur, elle répond à mes interrogations tandis que je prends – lui ayant préalablement demandé son autorisation – quelques notes à la volée.

« À l'âge de quinze ans, j'ai senti que Dieu m'appelait et suis entrée dans cette communauté trois années plus tard. C'était un acte mûrement réfléchi, avec toutes les conséquences qui en découlent : ne pas fonder une famille, vivre à l'écart de la société, sans toutefois être recluse, taire mes propres aspirations et désirs en orientant mon existence vers les autres... »

« Vivre pour les autres, c'est toucher au bonheur suprême. Notre congrégation a mis en route, voici de nombreuses années déjà, un programme de réinsertion en faveur de personnes ayant un parcours de vie compliqué... Beaucoup de gens en errance qui sont à la recherche d'une main tendue, d'un peu d'attention... Ce travail d'écoute et d'attention occupe une bonne partie de nos journées. Donner représente pour nous un immense cadeau et ce cadeau, nous le vivons au quotidien. »

« Notre société s'enfonce, petit à petit, dans un individualisme effréné et cela m'inquiète. L'homme a peut-être tendance à croire que le bonheur, c'est d'avoir. Il se trompe, car le véritable sens à donner à notre vie est celui d'être. Mais, nous demeurons - je pense pouvoir m'exprimer au nom de mes consoeurs - toutes positives. Tenez, par exemple ce pèlerinage que vous entreprenez, vous êtes de plus en plus nombreux chaque année à prendre la route. Le retour vers plus de normalité, plus de sens à donner à nos vies, une envie de partager dans la simplicité... sont des signes précurseurs d'un changement de cap, même si les réticences à quitter nos apparences sont encore fortes. »

« Vous m'avez posé la question du doute. Je vous répondrai avec franchise en vous confirmant qu'il nous arrive également de nous interroger sur notre foi... celle-ci étant parfois mise à rude épreuve. Le doute est humain, mais il est rapidement balayé par la conviction profonde que tout homme est une histoire sacrée, qu'il est à l'image de Dieu. Sous ses mains nos peurs s'apaisent, nos cœurs aiment... Nous nous sentons donc plus forts pour accomplir nos gestes quotidiens. »

L'entretien a duré un peu plus d'une demi-heure et j'aurais aimé qu'il se poursuive. Hélas, mon interlocutrice ne peut différer le temps qu'elle doit consacrer à la prière et aux autres tâches liées à la vie monastique. Elle se lève, me souhaite un bon chemin et quitte la pièce, le visage empreint d'une grande sérénité. Elle porte en elle une telle joie de vivre que cela m'interpelle profondément.

46ème étape – 12 mai
Flavignac - La Coquille
28 kilomètres

Emporté par ma fougue narratrice pour rendre compte de ma rencontre avec la religieuse de Limoges, je n'ai pu coucher sur papier mes impressions relatives à l'étape précédente, celle de Limoges à Flavignac. Ah, toutes ces consonances en «ac», je sais que j'arrive en Périgord, une région de France déjà visitée à maintes reprises et pour laquelle j'éprouve beaucoup de sympathie, ne fût-ce que pour les bonnes choses de la table et en premier lieu, le divin foie gras !

Résumer l'étape d'hier ne présente aucune difficulté. Je noterai donc : un parcours relativement plat, sans grandes curiosités apparentes, hormis la longue sortie de Limoges et ses beaux bâtiments, agréables au regard. Pour le reste, je dirais : que du vent, que du vent ! De solides bourrasques tout au long de cette étape, jusqu'à en devenir réellement agacé ! Une forte averse également à laquelle j'ai pu échapper, étant occupé à déguster un excellent café du côté d'Aix-sur-Vienne.

Ce matin, je traînaille au lit, comme si mon corps me suppliait de l'épargner. Par contre, mes pieds, eux, semblent satisfaits, trop heureux de pouvoir compter sur le soutien efficace de deux nouvelles semelles nappées d'un gel protecteur. Le vendeur m'a dit : « *Avec ceci, vos pieds ne seront plus meurtris par les pierrailles et autres racines* ». J'espère qu'il a raison ! Il était temps pour moi de compenser l'usure naturelle de mes bottines par ces soquettes au risque d'enflammer la voûte plantaire.

Roger, le pèlerin qui m'accompagne depuis plusieurs jours a, quant à lui, déjà quitté le refuge. C'est son propre rituel… partir de bonne heure, généralement entre six heures trente et sept heures, afin de pouvoir gérer l'étape à son rythme. De mon côté, je préfère démarrer la marche vers huit heures, sachant qu'avec une moyenne supérieure à six km/h, j'aurai largement les moyens de boucler le trajet du jour en début d'après-midi, ce qui me laisse alors tout le loisir de visiter l'endroit où je me trouve et également d'assurer mes tâches quotidiennes.

Je me sens bien ce matin, en pleine possession de mes moyens physiques. Mon problème de tibia n'est plus qu'un souvenir évanescent... il a disparu comme il est arrivé... un peu par surprise ! Sur la route, à quelques dizaines de mètres, juste en-dessous d'un soleil plutôt timide, se découpent de grandes flaques, reliquats d'une nuit pluvieuse et agitée. Vivement que le temps s'améliore un peu car le froid est vif.

Soudain, mon regard est attiré par deux rapaces tournoyant haut dans le ciel blafard. Seraient-ce des aigles, des buses ou peut-être des milans noirs avec leurs ailes coudées ? Je les observe avec attention, mais je ne peux livrer de réponse avec certitude, étant trop éloigné de leur élégant ballet. Leur chorégraphie rythmée me subjugue. Je dois reconnaître que le spectacle offert est de toute beauté.

En ce moment, je porte en moi ce sentiment très fort que chaque journée, chaque expérience nouvelle, passée en dehors de mes standards quotidiens, m'apporte un réel enrichissement. Nul doute, je garderai, pour toujours, enfoui au plus profond de moi, un souvenir ému de toutes ces merveilles proposées par cette irrésistible nature. Comment pourrait-il en être autrement ?

Voilà que la route oblique vers la gauche, m'entraînant vers la forêt. J'avance, le pas assuré, dans cet environnement silencieux. L'humus pique les narines, proposant une odeur de feuilles en décomposition. C'est indéniable, marcher en forêt me procure un grand sentiment de liberté doublé d'un véritable bien-être. Sans oublier cette petite angoisse de perdre sa route... ce qui m'oblige à demeurer attentif !

Je décide de m'asseoir quelques instants sur une souche pour m'imprégner de cet endroit rassérénant. Soudain, l'aboiement rauque d'un chevreuil capte mon attention. Où est-il ? Il doit très certainement se cacher, pelotonné derrière un rideau d'arbres, dans l'attente de voir cet «étranger» quitter son territoire. Je demeure encore une dizaine de minutes immobile, hélas, l'animal reste invisible. Ce n'est pas encore aujourd'hui que je pourrai me saisir de mon appareil photo pour immortaliser cette merveille de la nature !

Alors que mon esprit, un peu dolent, semble chercher un nouveau souffle, j'aperçois la ville de Châlus. D'ici, je peux distinguer les ruines d'un vieux château. Je jette un coup d'œil à mon topo-guide qui ne dit mot sur ce monument en perdition. Arrivé face à l'imposante tour, un panneau m'informe qu'il s'agit du château de Châlus-Chabrol. Ici même, en 1199, Richard Cœur de Lion fut blessé et y mourut le 6 avril. Ainsi, leur principal adversaire passé de vie à trépas, les Capétiens débutèrent la constitution d'un royaume qui, un jour, se dénommera la France. Ah, les couloirs de l'histoire et leurs lots d'événements, ainsi offerts au public, sont toujours surprenants.

C'est le moment que choisit la pluie pour s'inviter, sans marquer la moindre discrétion. Ce ne sont pas de fines gouttelettes, mais au contraire une vigoureuse averse accompagnée d'un solide coup de vent. Je cours jusqu'à l'abribus, distant d'une trentaine de mètres et m'y réfugie, les cheveux tout hérissés. Encore une fois, le soleil a perdu la bataille et les nuages sombres dominent le ciel !

En dépit de ce temps relativement maussade, je conserve tout mon entrain. Ce ne sont en effet pas ces maudites averses qui viendront gâcher cette belle journée de marche ! Comme par magie, il s'arrête de pleuvoir tandis qu'un coin de ciel bleu apparaît au loin. Eh bien voilà, il suffisait de le demander avec une relative conviction ! Je souris, à voir la vieille dame, postée derrière sa fenêtre, se disant qu'ils sont fous ces pèlerins de se balader ainsi sur les routes... Au fond, n'a-t-elle pas un peu raison... Mais non, je plaisante !

Après cinq heures de marche, j'arrive à La Coquille, une bourgade située au pied des contreforts des monts du Limousin. C'est ici, en ce lieu qui, pour le pèlerin, prend une consonance particulière, que se termine l'étape d'aujourd'hui. J'interpelle le cafetier d'un mouvement de la main qui, sans attendre ma question répond à mon appel, le sourire aux lèvres : « *Le refuge est à trois cents mètres d'ici... Vous ne pouvez pas vous tromper, c'est tout droit !* » Je suis heureux, satisfait d'apprendre que je n'aurai pas à parcourir deux ou trois kilomètres supplémentaires pour trouver mon lieu d'hébergement.

47ème étape – 13 mai
La Coquille - Thiviers
21 kilomètres

Étonnant destin que celui de l'hospitalière affectée au refuge de La Coquille. Cette femme, une Hollandaise, la cinquantaine bien affirmée, a tout plaqué, suite à son pèlerinage en 2012 : son boulot, ses amis, ses habitudes... pour changer de vie. Kinésithérapeute pendant trente ans, elle a pris l'option de mener une existence différente, tournée vers les autres.

Quitter un certain confort de vie pour privilégier une approche plus solidaire, mais également plus incertaine est un acte courageux pour lequel j'éprouve beaucoup d'admiration. Combien d'individus seraient capables de prendre pareille décision quand ils sont mus par une envie pressante de changement ? Très peu, à n'en pas douter ! Cette volonté de s'affranchir des standards de la société pour vivre son rêve est une excellente réponse à ceux qui craignent de s'engager.

La richesse, l'émotion des témoignages recueillis auprès des pèlerins sont devenus l'aiguillon de son existence. C'est une belle personne, vive, spontanée, qui aime partager et donner de son temps. Ses gestes, sa façon de vous regarder, son rire communicatif, son attention de chaque instant... la rendent éminemment attachante. Vraiment, j'ai passé ici un très beau moment en sa compagnie !

Après une accolade appuyée pour me souhaiter un buen camino, Jennie me prend la main, l'ouvre délicatement et y glisse un billet de dix euros. Surpris, je la regarde tandis qu'un magnifique sourire irradie son visage. « *C'est pour votre action,* me dit-elle*, ce n'est pas grand chose, mais si cela peut aider les enfants...* » Je ne sais que répondre, le cœur serré par l'émotion. J'ai été hébergé, nourri, dorloté... pour une somme modique et voilà que cette dame décide en plus de soutenir cette action caritative. Ce geste me réconforte sur la nature humaine. Non, l'indifférence ne s'est pas érigée en maître tout-puissant !

Rapidement, je rejoins un sentier herbeux parsemé de grosses caillasses. Inutile de préciser que l'attention doit être permanente. Il serait en effet malvenu de se tordre le pied ou de s'occasionner une vilaine entorse ! Alors que la route bifurque vers les sous-bois, je prends la pause, subjugué par les paysages, d'importantes élévations montagneuses, entourées d'une brume soyeuse. De grand matin, la nature m'ensorcelle, captivant mes sens à l'affût de ce type de spectacle, chaque jour renouvelé.

L'étape de ce jour, outre le fait d'être assez courte, ne présente aucune difficulté majeure. Le rythme est donc soutenu, ce qui me permettra de rejoindre Thiviers aux alentours de midi. Tout en marchant, je sifflote à l'apparition d'un franc soleil. Les prévisionnistes ne se sont pas trompés : les conditions météorologiques vont s'améliorer au fil des jours avec une hausse sensible des températures. Après le froid de ces trois dernières journées, nul doute que l'organisme appréciera !

Au fil de la route, je traverse de nombreux lieux-dits dont je note les noms dans mon carnet : la Valade, le Petit Clos, le Chêne Blanc, Chapeau Rouge, les Champs, le Moulin, la Tuillère, Orage... De temps à autre, les habitants rencontrés au détour des ruelles lèvent la main pour me saluer. Cette empathie, ainsi témoignée, est réellement étonnante... à cent mille lieues des regards rencontrés dans nos villes surpeuplées et si désespérément vides de chaleur humaine.

Conformément à mes prévisions, j'atteins les contreforts de Thiviers peu avant midi. Cette petite ville, autrefois fortifiée, compte près de trois mille cinq cents habitants. Hélas, les fortifications ont disparu du paysage. L'accessibilité au lieu d'hébergement, le camping municipal, n'étant autorisée qu'à partir de quatorze heures, je bénéficie donc d'un bon créneau pour flâner dans les artères du centre-ville.

Au fil de mes pérégrinations, je découvre successivement un univers riche en découvertes : une splendide demeure à colombages bâtie vers le milieu du XIVᵉ siècle, la Porte de la Tour, l'église Notre-Dame de Thiviers en forme de croix latine, le château de Vaucocourt, le château de la Bastardie et son imposant blason à trois têtes de cerfs, le vieil hôpital Sainte-Marie, une ancienne léproserie... nombreux points d'attrait pour un territoire aussi modeste !

Thiviers présente aussi la particularité d'avoir pu compter sur la présence, en ses murs, du célèbre écrivain français, Jean-Paul Sartre.

Pendant que j'observe la maison où celui-ci a résidé, me reviennent en mémoire quelques-uns de ses livres : la Nausée, Huit clos, les Mains sales... lectures, je l'avoue bien volontiers, indigestes à l'époque.

Et pourtant, Sartre n'est-il pas un monstre sacré de la littérature, apôtre de l'existentialisme ? L'intellectuel pour lui est quelqu'un qui doit s'engager, qui doit se situer dans l'action, cette philosophie se retrouve dans ses écrits qui, aujourd'hui, prennent pour moi un tout autre sens. Je songe à l'instant : c'est ici que cet écrivain bourré de talent a passé son enfance dans cette demeure située au fond de cette place avec sa façade terne et ses petits volets blancs. Étrange tout de même que d'être et d'avoir été !

Le carillon de Notre-Dame sonne bruyamment. Déjà quatorze heures ! Il est temps de filer au camping afin d'y réceptionner les clefs de mon bungalow. Une nouvelle expérience pour moi de loger ici, au beau milieu de la nature. La route qui y mène, parsemée de fins graviers, présente une longue déclivité. Je veille donc à bien mesurer mes pas afin de ne pas déraper et me glisse dans l'ombre complice des hauts arbres... autant de parasols naturels au service du pèlerin.

Le camping, niché en pleine nature, a fière allure. Lorsque j'arrive à la réception, le préposé me signale que le bungalow est prêt tout en me précisant qu'un pèlerin s'y trouve déjà. Je sais qu'il s'agit de Roger, celui-là même qui chemine avec moi depuis quelques jours maintenant. Un chouette gars, très sympathique et très débrouillard. Nous formons un bon binôme ! Très organisé, il me fait profiter de ses trucs et ficelles... autant de bons plans à même de faciliter mon cheminement.

C'est la première fois de ma vie que je passe la nuit dans un camping. Il règne ici un grand silence, car il n'y a personne en cet endroit, hormis deux pèlerins en errance sur les routes de Compostelle. Au moment de rejoindre mon couchage, une citation célèbre de Jean-Paul Sartre me revient à l'esprit : « *Il faut faire en sorte que l'homme puisse, en toute circonstance, choisir sa vie.* » N'avait-il pas diablement raison sur ce point ?

48ème étape – 14 mai
Thiviers - Sorges
18 kilomètres

«*Monsieur, monsieur... vous venez de prendre la mauvaise direction, Sorges, c'est sur votre droite...*». Je lève la tête et aperçois, au sommet d'une petite butte, un homme, une bêche à la main. Il reprend d'une voix posée : « *Vous suivez l'ancien balisage... le piquet avec le nouveau fléchage a été arraché la semaine dernière. Je l'ai signalé, mais bon...* »

L'homme me fait signe d'approcher. Je remonte l'allée, le pas léger, et lui serre la main. Mon regard dérive vers le jardin entretenu avec un soin tout particulier. D'ici, la vue sur la vallée et ses collines arrondies est sublime. Si j'étais peintre, je serais heureux de pouvoir m'imprégner de cet endroit pour laisser libre cours à ma fougue créatrice. Hélas, je ne bénéficie d'aucune disposition en la matière. Croquer un arbre et quelques feuilles représente déjà pour moi une épreuve insurmontable !

La conversation dérive rapidement sur le travail de la terre, une passion dévorante qui semble habiter cet aimable monsieur. « *Je vais avoir nonante ans le mois prochain, un âge où la plupart de mes congénères moins chanceux, végètent dans un fauteuil à observer la rue par la fenêtre. Jardiner est mon petit bonheur. Je passe ici, chaque jour, deux ou trois heures à m'occuper de mon lopin de terre. Le début de printemps a été beau et l'hiver très clément. Si le ciel nous préserve des gelées, les arbres fruitiers nous préparent une exceptionnelle récolte.* »

Tout en désignant les sillons fraîchement creusés, l'homme poursuit sa conversation : « *Vous avez vu le hameau que vous venez de traverser ? Il est désert et le nombre de maisons à vendre ne peut se compter sur les doigts de mes deux mains. Vous verrez, une fois que les vieux, comme moi auront rejoint le cimetière, le village sera inhabité. Si ce n'est pas triste, un si bel endroit ! Enfin, c'est comme ça et tous les gémissements du monde ne pourront bloquer la marche du temps ! Décidément, le monde a bien changé...* »

Je suis sidéré de voir combien cet homme est débordant de vitalité. Entretenir son lopin de terre comme il le dit – celui-ci doit bien faire dans les dix ares – représente un travail vraiment considérable. Et tout y est ordonné à l'extrême : la terre est fine et soyeuse, les sillons bien parallèles, les plantations d'une taille semblable, les outils nettoyés... Face à cette impression de perfection, je le félicite de manière appuyée. Il sourit, éprouvant, à n'en pas douter, une légitime fierté.

Tout en rajustant sa casquette, il poursuit son monologue : « *Cela fait partie de notre éducation à nous, les vieux ! L'amour du travail bien fait, c'est ce que nous ont enseigné nos parents. Il secoue ostensiblement la tête. De nos jours, ce n'est plus pareil, les valeurs d'autrefois : l'ardeur au travail, l'entraide, l'intérêt porté au savoir de nos aïeux... beaucoup de choses ont disparu ! Enfin, vivons avec notre temps et arrêtons de nous plaindre.* »

Lorsque vient le moment de prendre congé de cet hôte si prévenant, je lui serre la main avec fermeté. Il me regarde avec tendresse me remerciant de l'avoir écouté pendant ces quelques minutes. Le vieux monsieur s'empresse de me souhaiter bonne chance pour mon cheminement et me bourre l'épaule d'un geste amical. Alors que je m'éloigne pour rejoindre la route, l'homme me lance un au revoir appuyé, et reprend ses activités avec entrain.

Encore une belle rencontre. Elles ont été nombreuses depuis mon départ, je peux donc me considérer comme particulièrement chanceux. Celles-ci représentent pour moi autant d'opportunités de partager un bout de vie de ces personnes, de rentrer dans leur intimité. Jamais, je n'aurais pu croire que ces moments allaient m'apporter autant de satisfactions, une forme de bonheur étranger à ce jour !

Aujourd'hui, les sentiers empierrés se succèdent à un rythme soutenu, ne laissant au bitume aucune possibilité de triompher. Tous ces cailloux pointus n'épargnent pas mes chaussures dont l'usure marquée commence à m'inquiéter. La godasse droite est légèrement éventrée près du coup de pied et la gauche semble décidée à ne rien lâcher à sa jumelle. Quelle poisse, des bottines à cent nonante euros ! Et dire que je n'ai pas encore atteint la moitié de mon périple...

Salut les amis ! Deux adorables ânes broutent l'herbe tendre d'un pré moucheté de fleurs aux couleurs vives. Le bruit de mes pas attire leur attention et il ne leur en faut pas plus pour qu'ils décident de se rapprocher du sentier, au plus près de la clôture. Le premier avance ses naseaux, à la recherche d'une caresse. Oh, tout doux, mon brave... Tu sais que tu es beau toi ? L'autre, un peu jaloux, pousse son copain et vient à son tour quémander une main chaleureuse. Ah ce pèlerinage, un vrai réservoir à émotions !

Je reconnais que la magie des noms me transporte, surtout lorsque je devine ce qui se cache derrière le rideau. L'art d'effeuiller, un à un, les trésors de chacune de ces villes, villages ou encore hameaux traversés me procure de délicieuses sensations. Et ce soir encore, l'étape de Sorges ne déroge pas à la règle.

L'entrée de ville évoque en moi un flot de senteurs avec son immense panneau sur lequel on peut lire : « *Les meilleures truffes du monde sont de Sorges.* » C'est qu'elle est sublime, rare, parfumée la «Tuber Melanosporum», une vraie championne. Ce diamant noir, roi de l'invisible, se mérite. Mille mercis aux chiens truffiers ou aux porcs, habiles à débusquer ce trésor. Dommage que ce drôle de champignon affole notre portefeuille. En effet, ne dit-on pas que son prix avoisine celui de l'or !

Arrivé au refuge, situé face à l'église fortifiée, d'inspiration romane, avec sa nef principale des XIe-XIIe siècles, je trouve porte close. Un papier, apposé sur la vitre invite le pèlerin à se présenter à partir de seize heures et il est à peine midi ! Ceci n'est toutefois pas dérangeant... je pourrai sillonner, à l'aise, les ruelles du bourg.

Au bout de deux heures de déambulation, la fatigue se fait sentir. Là, à une trentaine de mètres, je remarque un petit coin avec une herbe fraîchement tondue. L'endroit est désert et abrité du vent, vif en ce moment. Ni une, ni deux, je prends la direction de ce jardin providentiel et m'y allonge, la tête posée sur mon sac à dos. Un court instant, j'observe les fins nuages dériver dans le ciel, puis sombre dans un doux sommeil réparateur.

49ème étape – 15 mai
Sorges - Périgueux
23 kilomètres

Bercé par les belles images de la soirée d'hier, je me réjouis de constater que l'amitié sincère, dénuée d'arrière-pensées n'est pas qu'un simple mirage. J'ai passé ici, à Sorges, de bons moments en compagnie de Roger, le pèlerin français qui est toujours dans la course, de Jack, un randonneur hollandais et des hébergeants, Thérèse et Gérard, deux adorables pensionnés dont le principal souci est de veiller au bien-être de leurs invités d'un soir. Entraînés par un élan communicatif empreint de beaucoup de chaleur, tous nous avons raconté des récits et anecdotes du chemin, tout en partageant le verre de l'amitié...

J'aime ces échanges, autant d'instantanés pris sur le vif. Chacun, nous voulons comprendre d'où nous venons, même si nous savons tous que les certitudes qui expliquent le monde n'existent pas. De certitude, il en est par contre question quand il s'agit d'évoquer ce chemin qui permet à l'individu de rencontrer la vie, de la réveiller... plutôt que de la «voir venir» en spectateur passif. Le vrai plaisir sur la route est de se laisser porter par l'intensité des rencontres.

Toute la journée, je déambule dans la forêt domaniale de Lanmary, avec ses milliers d'hectares de bois. Classée zone d'intérêt biologique, cette forêt revêt un intérêt indéniable au sein d'une mosaïque de peuplements mélangés et diversifiés. Ici, c'est le paradis des chevreuils, sangliers, écureuils, renards, lièvres, rapaces... Les allées sont larges et lumineuses... à mille lieues des sapinières sombres et inquiétantes traversées au gré de mes premières étapes.

Dans le foisonnement de ce dédale végétal, mes sens s'organisent lentement, préférant à l'empressement une analyse fouillée de cet environnement d'un calme apaisant. Soudain, une interrogation naît dans mon esprit : comment arriver à capter ces instants de bonheur fugitifs afin de les retenir à jamais prisonniers dans les tréfonds de la mémoire ?

D'une bouffée, je remplis mes poumons de cet air si pur, de ces fragrances pimentées qui ne demandent qu'à exhaler leurs subtils parfums. Harmonie, passion, émerveillements… dirais-je et ce ne sont là que des mots qui ne pourront jamais suffire à décrire avec précision ce que j'éprouve en ce moment.

Décidément, ma légendaire distraction vient encore de me jouer des tours. Je ne vois plus aucun fléchage… je suis donc, à nouveau, sur le mauvais chemin ! Après deux kilomètres à marcher sur une départementale fort fréquentée, je croise un joggeur et lui lance : « *Périgueux, c'est par là ?* » Il me répond en poursuivant sa course : « *De l'autre côté, tout droit en ignorant toutes les intersections.* » Me voilà bon pour rebrousser chemin. Encore quatre kilomètres pour rien…

Vers treize heures, je pénètre dans les faubourgs animés de Périgueux avec en ligne de mire la silhouette de l'impressionnante cathédrale Saint-Front. Il fait chaud et je transpire à grosses gouttes. Vivement que je puisse rejoindre le gîte et me doucher car cette sueur poisseuse me colle à la peau. Je souris, me moquant de moi-même. Jamais content, voilà que maintenant il fait trop chaud !

Périgueux, l'exemple type de la ville d'art et d'histoire dans toute sa splendeur. Ici, c'est comme un livre d'histoire que l'on feuillette, découvrant, au fil des ruelles, des vestiges de toutes les époques. La belle, nichée au creux du Périgord Blanc, propose en effet une panoplie de trésors depuis la préhistoire jusqu'à nos jours. J'adore me retrouver ainsi seul, un plan à la main, et partir à l'assaut de tous ces témoignages du passé.

Surprenante, l'ancienne ville romaine, l'antique cité Vesunna qui vient me parler avec son temple majestueux. J'ai toujours été passionné par l'époque gallo-romaine et ses nombreuses richesses. En cet instant, je songe à la puissance de cet empire, qui un jour mourut de sa belle mort. Eh oui, l'appétit des hommes ne peut être éternel et toutes les choses ont une fin ! Puissions-nous un jour le comprendre et ainsi nous recentrer sur l'essentiel !

Fierté des Périgourdins, la vaste cathédrale Saint-Front est un point de passage obligé pour les pèlerins que nous sommes. En effet, n'a-t-elle pas été bâtie sur les chemins de Saint-Jacques-de-Compostelle ? Il n'y a pas de doute, la cathédrale est un peu particulière avec un mélange des genres dont je cherche à saisir le sens : une partie de l'édifice forme une croix grecque tandis qu'une autre est d'inspiration byzantine !

Plus loin, à proximité immédiate de l'office du tourisme, je découvre une tour robuste qui dresse sa haute silhouette au-dessus des habitations. Cet ouvrage circulaire aux dimensions imposantes est le dernier témoin de la ville, autrefois fortifiée. Au Moyen-Âge, celle-ci faisait partie d'une série de tours dont le nombre total approchait la trentaine. Je ne peux m'empêcher de songer à l'impression de puissance qu'une telle oeuvre devait susciter, jadis.

Mais Périgueux et sa région offrent aussi la particularité d'avoir été une véritable pépinière d'écrivains de grand talent. Songeons tout d'abord à Montaigne, ce philosophe, moraliste et homme politique de la Renaissance. Connu pour ses «Essais», il fut témoin des massacres tristement célèbres de la Saint-Barthélemy. À l'époque il dit de lui-même : « *l'histoire est dure à écrire. D'ailleurs, en fait d'ouvrage, j'ai l'haleine courte, et une narration étendue ne fait pas mon fait.* »

Mais Montaigne n'occupe pas seul l'estrade des honneurs. Il y a également le réputé François de Solignac, dit Fénelon, connu notamment pour son roman «les aventures de Télémaque», une truculente satire de la politique du roi Louis XIV. Enfin, il serait injuste de ne pas mentionner le grand ami de Montaigne, l'écrivain Étienne de la Boétie, humaniste et poète de talent.

J'aurais aimé traîner davantage au sein de ces magnifiques espaces pour en apprécier toute la saveur, mais il est près de dix-huit heures trente et je dois rejoindre le gîte afin de me préparer pour le repas du soir. En effet, je ne voudrais pas manquer ce rendez-vous avec la gastronomie locale et ses explosions de saveurs. Ça va me changer des pâtes et des... pâtes ! Roger et moi avons en effet repéré un petit restaurant proche de notre refuge et qui nous a semblé correspondre à ce que nous recherchons en termes d'authenticité.

50ème étape – 16 mai
Périgueux - Saint-Astier
27 kilomètres

Ce matin, je ne sais pourquoi, je porte en moi un sentiment étrange, un peu comme si je ne parvenais plus à me souvenir de quelque chose de particulier. Peut-être est-ce dû au délicieux repas de la veille, un mélange de saveurs du pays périgourdin dont de fabuleuses saucisses au vin blanc et à la sauce moutarde ! Non, je suis convaincu que ce sentiment est le fait d'autre chose.

Mais oui, suis-je bête ! Aujourd'hui, c'est mon cinquantième jour de marche... je me situe donc à la moitié de ma pérégrination vers Santiago de Compostela. Incroyable de voir comment le temps passe vite, alors que je vis intensément chaque journée de ce parcours étonnant de sens et de beauté. Ce chiffre symbolique m'interpelle et m'enjoint à replonger au cœur du premier acte qui m'a apporté tant de satisfactions.

Je me revois comme si c'était hier, attraper mon sac à dos et fermer la porte de mon domicile avec une certaine fébrilité. Puis, ce départ pour la gare d'Enghien et cette étrange impression d'abandonner les miens. La peur également d'un inconnu, cette route sur laquelle j'allais être amené à cheminer pendant cent jours, à la recherche de moi-même et des autres. Oui, partir demande du courage et une bonne dose d'abnégation !

J'ai, face à moi, une carte géante qui matérialise tous les chemins de Compostelle en Europe. Je laisse glisser mon doigt depuis le petit point indiquant Namur jusqu'à Saint-Astier. Bigre, cela en fait des kilomètres parcourus, plus de mille deux cents, pour être précis ! Il m'en reste donc encore près de mille trois cents à parcourir...

À la question de savoir si je suis chanceux, je répondrai, sans la moindre hésitation par l'affirmative. Prenons les conditions climatiques qui peuvent, sans conteste être qualifiées d'exceptionnelles. Seulement deux ou trois après-midi de mauvais temps, soit une journée et demie à patauger sous une pluie drue et glacée. Je pense très sincèrement que je dois là, battre tous les records !

Et que dire de toutes ces magnifiques régions traversées. Des Ardennes, la Marne et l'Aube en passant par la Côte d'Or, l'Yonne, la Dordogne, le Périgord... J'ai éprouvé tellement de plaisir, outre les centaines de petits villages, bourgs, hameaux... à découvrir les belles villes que sont Reims, Vitry-Le-François, Auxerre, Limoges, Périgueux... Quel patrimoine tout de même que possède la France !

La magie du chemin peut saisir le pèlerin à chaque moment de la journée et ce, sous des formes les plus diverses : un automobiliste qui prend la peine de s'arrêter pour demander si tout va bien, un habitant prêt à remplir votre gourde d'une eau bien fraîche, un salut matinal échangé avec beaucoup de chaleur, une nature aux mille ravissements...

J'ai été favorisé également par toutes ces rencontres offertes par le chemin. Certaines volubiles, généreuses, hilares... d'autres émotionnelles, tristes, tragiques. Comment ne pas revenir sur le témoignage de ce pèlerin allemand que j'ai prénommé Hans, n'étant pas au courant de son identité, tenue cachée. Quelle incroyable histoire que celle de cet homme au physique impressionnant broyé par son fardeau familial et l'image d'un grand-père tortionnaire. Me reviennent en mémoire aussi les enfants trisomiques de Crozant, la magnifique soirée passée en compagnie de mamy Faniel, cette pétillante octogénaire, la rencontre avec ce retraité, familier de Lamartine... Je me demande ce que me réservera la suite de mes pérégrinations.

Les journées sont longues, sans toutefois être monotones. Il convient juste de bien gérer son temps pour accomplir toutes les tâches affichées à mon programme : marcher, trouver un logement, préparer mes parcours, alimenter mon blog et ma page Facebook, rédiger mon agenda quotidien en vue d'écrire mon bouquin, entretenir l'action caritative, rencontrer des gens, visiter un tant soit peu... Oui, je n'ai nullement le temps de chômer !

Souvent, les gens rencontrés au fil de la route écarquillent les yeux en entendant évoquer cette marche au long cours de près de deux mille cinq cents kilomètres. La plupart des personnes considèrent cela comme un impossible défi physique. Il n'en est rien, car le corps s'habitue rapidement à ce régime drastique qui lui est imposé. Maintenant, vous ne m'entendrez pas dire qu'il suffit de paraître en sifflotant les mains dans les poches. Il faut demeurer très humble par rapport à ce périple, connaître ses limites et avant tout, témoigner d'une grande motivation ! La maxime suivante illustrant à merveille l'état d'esprit dont doit faire preuve le pèlerin : « *À force de volonté l'escargot atteignit l'Arche de Noé.*»

Autre sujet de discussion, l'absence de ses proches. Inutile de le nier, c'est peut-être la partie la plus délicate à gérer. On vit un peu dans sa bulle, une merveilleuse bulle mais, le soir venu, on ne peut s'empêcher de songer à ceux qui nous sont chers et qui sont loin. Et puis, si ce périple n'est pas toujours évident pour celui qui chemine, il ne l'est certainement pas pour ceux qui sont restés au pays. Il faut gérer en solo et cela n'est ni évident, ni parfois agréable.

Et mes impressions générales dans tout cela ? Je dirais tout simplement que chaque jour, je me découvre un peu plus et arrive à m'étonner moi-même. Lorsque la pensée, au rythme de la marche, se met en route, il est difficile de l'arrêter. Ici, on se libère du paraître, des standards imposés par une société de l'immédiat. Que restera-t-il de ce décor choisi comme aiguillon de ce parcours après le retour aux «affaires courantes» ? L'avenir me l'apprendra !

J'éprouve la nette sensation qu'une porte s'ouvre sur ma vie et que les certitudes d'autrefois ne sont plus les mêmes aujourd'hui. Ainsi, je prends beaucoup de recul par rapport à mon ancrage et me recentre sur les vraies valeurs avec humilité, habité que je suis par une grande joie. Je porte également en moi la conviction que si chaque jour, on vit le chemin, les événements qui le jalonnent acquièrent un sens rétrospectivement !

Je suis en mesure d'affirmer, sans tricher, que je suis prêt pour la seconde moitié de ce périple qui va, lors de sa conclusion, m'emmener successivement à Santiago et ensuite au Cabo de Fisterra. J'espère que ce copieux prolongement sera aussi intense et riche en découvertes. C'est là le vœu le plus cher que je puisse formuler.

51ème étape – 17 mai
Saint-Astier - Mussidan
24 kilomètres

Ce matin, je n'ai pas besoin de la sonnerie de mon GSM pour me réveiller. Le soleil déjà besogneux dès potron-minet, inonde de ses rais incandescents le mobil-home que j'occupe en compagnie de Roger, le pèlerin français avec qui je chemine depuis maintenant plus de deux semaines. Nous formons un bon binôme : chacun pérégrine à son propre rythme en cours de journée et nous nous retrouvons le soir, au gîte, pour évoquer notre parcours respectif avec ses bons et moins bons côtés.

Le vent qui a soufflé en rafales violentes tout au long de l'étape d'hier, s'est calmé. Tant mieux, car cela tanguait vraiment fort en forêt... et j'avoue que je n'étais pas vraiment rassuré d'observer tous ces morceaux de bois morts tomber sur le sol tels des fruits trop mûrs. À un moment donné, une grosse branche, elle devait bien mesurer cinq à six mètres de longueur et une bonne dizaine de centimètres de diamètre, s'est écrasée à moins de deux mètres. Pour peu, avec un brin de malchance, j'y passais !

Ah, quelle belle organisation... lorsque je me lève, le café a été préparé. Je n'ai plus qu'à me mettre à table tandis que mon congénère termine quant à lui de boucler son sac à dos. C'est son rituel à lui, partir très tôt le matin pour être en mesure de mieux gérer son temps de marche. Moi, de mon côté, je préfère prendre mon temps et lorsque l'étape du jour n'est pas trop longue, partir aux alentours de huit heures.

Attiré par les chauds rayons du soleil et leur belle luminosité, je ne résiste pas à la tentation de déjeuner dehors à proximité du mobil-home. J'étends au sol une vieille bâche qui traîne sur la terrasse et m'assois dessus, l'esprit serein. Tout en observant le ballet matinal des oiseaux, je trempe goulûment ma baguette dans mon bol de café fumant. C'est la seconde fois que je passe la nuit au camping et j'avoue qu'en définitive, ce n'est pas mal du tout.

Il n'y a pas un seul nuage dans le ciel. Celui-ci, d'un bleu profond, tranche magnifiquement avec les hauts arbres qui ceinturent le camping.

Oh, juste en face de moi, deux écureuils grimpent à toute vitesse dans le gros hêtre touffu. Je sors mon appareil photo, espérant les voir réapparaître. Hélas, la chance semble me bouder. Ils doivent m'observer, cachés tout là-haut, à l'abri des regards indiscrets.

L'étape de ce jour est relativement courte, elle compte moins de vingt-cinq kilomètres, et doit m'emmener à Mussidan, l'une des dernières haltes en Dordogne avant de rejoindre la Gironde. Si je calcule bien, il ne me reste plus que treize journées de marche pour arriver à Saint-Jean-Pied-de-Port, passage obligé – il paraît que cette petite ville est vraiment superbe – vers la longue traversée du Camino Francès. Que le temps passe vite !

Plein d'enthousiasme, je quitte Saint-Astier en traversant l'immense pont enjambant l'Isle aux reflets d'émeraude, effets obtenus grâce aux longs filaments d'algues vertes ondulant au gré des remous. Une fois sur le chemin, l'horizon se bouche soudainement, caché par une bordée d'arbustes couronnés de fleurs aux couleurs vives. Voilà bien un surprenant mélange odorant à même d'aiguiser mon goût pour cette nature flamboyante.

Un petit bout, il doit avoir à peine trois ans, marche devant moi, tenant fermement la main de sa mère. Attiré par le raclement de mes pas, il se retourne et avec un sourire timide me fixe avec attention. Je le dépasse et passe ma main dans ses cheveux blonds. Sa maman, qui a suivi la scène, parle à son enfant en lui disant : *Regarde, le monsieur il va probablement jusqu'à Saint-Jacques... tu as vu la coquille sur son sac ?* »

Zut, mais où suis-je donc ? En fait, j'ai perdu les traces du marquage et me voilà perdu au beau milieu des bois. Moi qui croyais me retrouver le long de l'Isle, à profiter du clapotis discret de l'eau, j'en suis pour mes frais ! J'essaie de demeurer calme mais, à bien y regarder, quelqu'un décèlerait rapidement une mauvaise humeur patente cachée sous ce vernis courtois. Perplexe, je décide de suivre le sentier de droite, celui qui plonge dans la vallée, et où émergent les toits de plusieurs habitations.

Ouf, mon intuition était la bonne, je me retrouve dans un hameau, cité dans mon roadbook. Pas évident tout de même de s'y retrouver entre le parcours officiel, les circuits locaux, le GR, le topo-guide... un assemblage de flèches et de signes qui, parfois, ont de quoi donner le tournis ! Enfin, plus de peur que de mal, j'emprunte la bonne direction, et c'est bien là l'essentiel.

Lorsque j'atteins le hameau, je n'ai qu'une seule idée à l'esprit : trouver une taverne et me commander une bière bien fraîche, car j'ai le gosier en feu ! Emporté par ma fougue, mon pied dérape sur un caillou. Je retiens un cri de douleur... je viens de me tordre le genou ! Je m'assieds immédiatement au sol et frotte le membre douloureux. L'espace d'un instant le spectre de la blessure vient me hanter. Non, ce serait vraiment trop bête de devoir mettre un terme à mon périple à cause de cette chute.

«*Monsieur, ça va* ?» Je me retourne et aperçois une dame qui s'approche, le regard inquiet. Je la rassure en lui disant que ce n'est pas bien grave. Elle me propose de venir me reposer chez elle, ce que j'accepte sur-le-champ. Une fois arrivé à destination – il n'y a en fait qu'une trentaine de mètres à parcourir – son mari m'avance une chaise sur laquelle je m'affale en grimaçant.

Guère décidé à m'apitoyer sur mon sort, je me redresse et attrape mon sac à dos pour prendre un tube de gel indiqué en cas de foulures ou de membres enflammés. Avec précaution, en faisant de petits mouvements circulaires, je masse mon genou endolori. Effet placebo ou pas, je sens, après quelques minutes une nette amélioration. Je pense que je suis SAUVÉ !

La dame, d'une extrême gentillesse, s'en revient de sa cuisine avec un morceau de tarte au citron. « *C'est fait maison* » me dit-elle. Je mords à pleines dents dans cette délicieuse pâtisserie, remerciant ce couple plein d'attentions. Allez, la journée a bien mal débuté, mais fort heureusement, celle-ci connaît une conclusion heureuse : la douleur a disparu et mon estomac est repu !

52ème étape – 18 mai
Mussidan - Port-Sainte-Foy
31 kilomètres

Aujourd'hui, c'est la dernière journée passée en Périgord, région façonnée patiemment par l'eau et le vent. Ses incroyables richesses patrimoniales, comme une grande fenêtre ouverte sur l'histoire, en font un lieu visité par une pléthore de touristes avides de retrouver un calme et une volupté originelle. Oui, le Périgord a tout de ce paradis retrouvé où il est possible de se ressourcer, l'esprit libre de toute contrainte.

Les prévisions météo sont au beau fixe. Ce dimanche, le thermomètre devrait allègrement dépasser les vingt-cinq degrés. J'ai donc pris la décision de me lever aux aurores et d'avancer mon départ d'une heure par rapport à mon programme habituel. Il est sept heures du matin et je chemine, le pas léger sur la route qui doit m'emmener jusqu'à Port-Sainte-Foy. Dieu, que je me sens bien !

Après une bonne heure de marche, je pénètre dans un minuscule hameau qui donne l'impression d'être désert. Je me trompe, car j'entends quelqu'un taper le fer. L'espace de quelques instants mon esprit divague, plongeant dans cette vie rurale, vivant jadis au rythme des saisons. C'était l'époque des vieux métiers, une époque rude, mais dénuée d'artifices. Je songe aux meuniers, couteliers, bergers, forgerons... de véritables artisans, fiers de leur travail et de leur village.

Un peu plus loin, perdu au milieu d'une vallée profonde qu'inonde le soleil et où bourdonnent des myriades d'insectes, où tournoient des centaines d'oiseaux, où s'étendent à perte de vue cultures, fleurs, prés, arbres... j'éprouve un délicieux sentiment de paix. J'aimerais décrire avec précision cet infini bonheur, mais je ne dispose que de mots pour y parvenir. Hélas, j'ai beau chercher, je ne trouve pas un vocable susceptible de refléter la profondeur et la force de mes émotions.

Souvent, en caressant l'horizon de la main, en le dévorant des yeux, je songe à l'immuabilité de ces paysages. Connaîtront-ils un jour la mort, le déclin... sûrement, lorsque la terre ne sera plus qu'une poubelle à ciel ouvert, où tout sera détruit, où régneront le chaos et le néant. Et nous y arrivons tout doucement en abusant, de manière hautaine, des ressources naturelles de la terre, en polluant à tout va, en bafouant la nature... Puissions-nous un jour subir l'électrochoc qui viendra modifier nos comportements assassins avant qu'il ne soit trop tard !

Oh, je ne souhaite pas tenir ici un discours moralisateur, car je suis également acteur de ce déclin programmé. Non, la marche me fait seulement prendre conscience de la générosité de cette nature prête à partager pour autant qu'on la respecte. Pour la fréquenter depuis plus de cinquante jours maintenant, je sais qu'elle ne triche pas ! À nous d'en faire autant !

Vers onze heures, alors que la chaleur est déjà bien présente, je décide de m'octroyer une pause. Je suis à Fraise, un adorable petit hameau niché au sommet d'un plateau. Dommage qu'aujourd'hui ce n'est pas jour de marché, car je n'aurais pas hésité à m'acheter une petite barquette de cinq cents grammes de ce fruit, apprécié par beaucoup d'entre nous. Ici, il n'y a personne, les habitants doivent très certainement traîner au lit ou déguster leurs croissants ou autres viennoiseries.

Sur la route qui mène à Montfaucon, un gros chien débouche de nulle part. Surpris, je recule et place mon bâton devant moi. L'animal, un énorme bouvier, m'observe d'un œil distrait. Il n'a pas l'air d'être agressif, mais je préfère me montrer prudent. Soudain un puissant sifflement retentit, ce qui provoque le départ de l'animal. Il s'encourt en direction des sous-bois, sans plus m'accorder la moindre attention. Me voilà rassuré !

Arrivé sur la place de Montfaucon, je déniche rapidement un endroit ombragé et dépose mon sac à dos sur un banc tout neuf. Je sors alors mon pique-nique préparé ce matin avec soin : une baguette fourrée au pâté de canard, un morceau d'emmenthal, une banane et une crème aux pistaches... le tout arrosé d'une brique de jus d'ananas. Après les rudes efforts déployés ce matin, j'avoue qu'il est plaisant de pouvoir ainsi recharger ses batteries.

Sur le bout de route asphaltée que j'emprunte à l'instant, mon ombre se dessine devant moi. Elle s'étend là, à deux mètres, découpant ma silhouette et mon bâton de pèlerin. Pris d'un véritable fou rire, j'accélère le pas, tentant de la devancer. C'est dingue ce que ça court vite une ombre, impossible de la rattraper ! Il n'y a personne en vue, alors, je fais le pitre me laissant aller à de bruyantes vocalises. Silence pèlerin, un peu de sérieux tout de même !

Je pense que le topo-guide a été bien gentil en annonçant une étape de vingt-neuf kilomètres. Si je me fie aux panneaux signalétiques piquetés de-ci de-là et surtout à mon corps fatigué, il faudra ce soir, lors du décompte final, rajouter cinq à six bornes ! Pas très sympathique tout cela, car le soleil est bien décidé à ne rien lâcher en ce beau dimanche. À vrai dire, il fait vraiment étouffant et pourtant je supporte assez bien la chaleur ! Imprudent, j'ai négligé de me badigeonner de crème solaire et je sens que mon visage pique.

Après avoir grimpé pendant une bonne demi-heure le sentier parsemé de grosses caillasses, je débouche sur un plateau embrassant la vallée. Quelle vue magnifique ! Encerclés par la forêt, de petits étangs décorent les paysages tandis que les champs de vignes s'étendent à perte de vue. Une pancarte décorée avec une coquille teinte en bleu attire mon regard. Celle-ci accueille une citation d'André Malraux : « *Le monde aurait pu être simple comme le ciel et la terre* ». Ici, dans cet endroit enchanteur, cette phrase prend tout son sens. Jouissant de cette quiétude, j'en profite pour m'asseoir quelques minutes à l'écoute des sons et bruissements divers.

J'arrive à Port-Sainte-Foy fourbu. Il s'agit certainement de l'une des étapes les plus exigeantes de mon pèlerinage avec celles de Tonnerre et de La Souterraine où je m'étais perdu. Lorsque je pousse la porte du gîte paroissial, une gentille dame m'accueille avec le sourire. De suite, elle me verse un grand verre d'eau qu'elle accompagne de sirop d'orgeat. Cette oasis de fraîcheur me procure une incroyable sensation de bien-être. D'un seul coup la fatigue disparaît... me voilà fin prêt pour sillonner le village à la recherche de victuailles pour le repas du soir.

53ème étape – 19 mai
Port-Sainte-Foy - Sainte-Ferme
29 kilomètres

C'est indiscutable, dans ma personnalité, il existe une sorte de sédimentation dont l'origine est héréditaire. Aller vers l'autre pour moi, ne constitue pas une démarche naturelle. Ici, les choses sont différentes et le contact humain s'établit de manière spontanée. Ces gens, rencontrés au fil de ma pérégrination m'inspirent, ils m'ouvrent de nouveaux chemins de pensée. A l'intérieur de tous ces dialogues gît du sens et j'y trouve une énergie presque reposante.

Hier soir, j'ai rencontré trois pèlerines, en route pour Bazas. L'une d'elle, l'œil pétillant et la voix affable affichait près de septante-six printemps. Quel courage de cheminer à cet âge, surtout que la route est exigeante. Celle-ci demande en effet opiniâtreté et santé physique. Cette pèlerine m'a dit quelque chose de très vrai : « *Si le chemin ne change pas nécessairement l'individu, il le force à réfléchir sur sa condition humaine et cela représente déjà une belle victoire en soi.* » Percevoir ou redécouvrir certaines valeurs morales fait donc partie de ce processus.

Cette nuit, j'ai eu un peu de mal à trouver le sommeil, peut-être à cause de la chaleur. Alors, j'en ai profité pour laisser libre cours à mes pensées. C'est quoi la vie ? Est-il possible, sans se mettre en marge de la société, de vivre pleinement les notions de partage et de dialogues sincères avec l'autre ? Ici, j'acquiers la certitude que défendre ces valeurs ne fait pas de moi quelqu'un qui rame à contre-courant d'un monde où une existence réussie ne rime souvent qu'avec aisance matérielle et statut social.

Le soleil matinal inonde le sentier, laissant augurer une agréable journée. Goûter ce bonheur inexplicable de me retrouver en face à face avec cette nature prodigue me procure une énergie décuplée. Je me suis assis sur une roche et contemple le joli pré moucheté de fleurs sauvages. Sur ma gauche, quelques moutons dont une bonne dizaine de nouveau-nés broutent tranquillement une herbe soyeuse. Ils sont mignons, mais un peu craintifs ! Dommage, j'aurais bien voulu m'en approcher et les caresser.

Instinctivement, je sors une carte de France enfouie au fond de ma poche. Mon doigt glisse sur le papier froissé pour s'immobiliser sur la destination du jour : le village de Sainte-Ferme. À y regarder de plus près, nous ne sommes ici qu'à un peu plus de quatre-vingts kilomètres de Bordeaux. Si je disposais de plus de temps, je n'hésiterais pas une seule seconde, à effectuer un petit détour vers cette ville que je n'ai jamais eu l'occasion de visiter. Hélas, mon programme est serré et je ne peux y déroger.

Comme lors de la précédente étape, le marquage est constitué de coquilles bleues surmontées d'une citation. De suite, je m'empare de mon carnet de notes et y inscris les deux réflexions suivantes. La première est de Paulo Cuelo : « *L'extraordinaire se trouve sur les chemins des gens ordinaires*». La seconde est de saint Augustin « *Il vaut mieux suivre le bon chemin en boitant que le mauvais d'un pas ferme* ». Quelle bonne idée d'avoir agrémenté la route de ces brillantes réflexions.

Au fur et à mesure de ma progression, le paysage se pare d'immenses champs de vignes. Ici, je me trouve sur les terres du vignoble Bergeracois, partagé entre les deux rives de la Dordogne. Immédiatement mon esprit se met à vagabonder, songeant à ces vins succulents que sont les Bergerac, Montbazillac, Pécharmant ou encore Montravel... cela me donne des idées pour le repas du soir !

Un vigneron, occupé à tondre l'herbe entre les rangées rectilignes de ses vignes, me fait un signe de la main. Tandis que je lui réponds d'un geste appuyé, deux chiens surgissent devant moi. Je recule d'un pas, surpris par leur arrivée soudaine. De suite, le vigneron qui n'a rien perdu de la scène, siffle ses animaux et coupe le moteur de son tracteur. Il s'approche et me précise : « *Ils ne sont pas méchants, mais je comprends qu'ils ont de quoi impressionner !* »

L'homme, un colosse, le visage mangé par une grosse barbe, engage la conversation. « *Le temps est à l'orage* » me dit-il. « *Demain, vous allez avoir du mauvais temps.* » Je lui signale qu'il serait malvenu pour moi de me montrer mauvais joueur au vu des conditions exceptionnelles vécues depuis mon départ. L'homme a alors un sifflement admiratif tout en rajoutant d'un ton enthousiaste : « *Cinquante-trois jours sur les routes, quel courage !* » Il me bourre l'épaule d'une tape amicale, appelle ses chiens et remonte sur son tracteur, le pas pressé. Assurément, il a hâte de terminer son travail avant que l'orage n'éclate.

À trois kilomètres de Pellegrue, je double les trois pèlerines rencontrées la veille. Ici, dans cette pente au dénivelé impressionnant, elles peinent à avancer. Je les dépasse tout en les encourageant à poursuivre leur effort. Pour elles, l'étape se termine au prochain village. Heureusement, car elles ont l'air complètement à l'agonie. Je leur tire néanmoins mon chapeau, parce que prendre la route, à leur âge, exige beaucoup de courage.

À Pellegrue, mon ventre crie famine. Je décide donc de trouver un petit coin sympathique afin de pouvoir y casser la croûte. Oh, ici, ce mignon jardin situé face à l'église représente un endroit de choix. Je m'affale sur le banc en pierre et déballe mon pique-nique. Tandis que je mords avec envie dans ma baguette fourrée au saucisson, mon regard se perd dans la végétation qui m'entoure. Quelle profusion d'arbustes et de fleurs. Il y a là des dizaines de variétés de roses, des décors en buis, des arbres taillés en boules, des lilas odorants : un vrai régal pour les yeux et le nez !

Vers quatorze heures, alors que je m'apprête à quitter les sous-bois, une grosse pomme de pin s'écrase à moins d'un mètre de mon visage. Je viens là de l'échapper belle, car si je l'avais reçue sur le crâne... Amusé, je la ramasse et l'envoie valser vers ce maudit pin, le tout accompagné d'une bordée d'injures que n'aurait pas renié notre bon vieux capitaine Haddock. Je rigole tel un dément... Je crois que je deviens fada à cause de ce vent qui souffle à nouveau en rafales.

Ah, voilà... enfin Sainte-Ferme ! Il était temps, n'ayant plus d'essence dans le moteur ! À l'entrée du hameau, qui doit compter une vingtaine de bâtisses, un vieil homme taille les roses de son jardin. Je ne peux m'empêcher de le féliciter pour ce merveilleux assemblage de couleurs. Il me remercie, ému par ma remarque. J'en profite pour lui demander où se trouve le gîte pour pèlerins. « *Là-bas,* me fait-il, *à deux cents mètres sur votre gauche.* »

54ème étape – 20 mai
Sainte-Ferme - La Réole
20 kilomètres

Plus profondément, ce que la rencontre révèle, ce sont les parcours, souvent heurtés, d'autres personnes qui vivent le cycle de la vie avec plus ou moins de bonheur. Là où certains individus vont se laisser submerger, engloutir par leurs souffrances, d'autres, au contraire, trouveront la force, au départ d'une profonde introspection, de s'en sortir, de se transcender...

Et de transcendance, il en a été question lors de mon passage, ici, à Sainte-Ferme. Hébergé au refuge pèlerins de ce hameau grand comme un mouchoir de poche, j'ai été conquis par la pétillance de l'hébergeante, une dame au dynamisme communicatif. Pourtant, son parcours de vie n'est-il pas entaché de drames qui auraient pu avoir raison de sa foi en l'existence ? Assurément quelqu'un qui a réussi à dépasser ses peines et à trouver un sens à ce monde souvent cruel !

Andrée n'a pas été gâtée par la vie. Elle a été mariée à deux reprises et s'est, à chaque fois, retrouvée veuve. Avec trois enfants, elle a dû faire front en dépit d'une tristesse omniprésente. Un jour, elle a décidé, mue par une force, un appel venu des profondeurs de son être, de partir sur les chemins de Compostelle pour faire le point, désorientée par ce funeste destin. Et c'est là, au milieu de cette bienveillante solitude, qu'elle a su renaître.

D'une voix posée elle m'a expliqué les bienfaits du chemin, une véritable révélation selon elle : « *Tout au long de mon périple, je me suis sentie accompagnée. J'ai eu la certitude que mon second époux, qui venait de décéder, me tenait la main, m'épaulant sur ce parcours exigeant. Il est mort serein, sans aucune appréhension... J'ai donc puisé dans ce courage la force nécessaire pour rallier Santiago, faisant fi des difficultés mentales et physiques. Grâce à cette formidable expérience, à cet esprit du chemin, je suis revenue de très loin. En une fois, mon cœur s'est libéré d'un poids énorme. Je peux dire que j'ai été pénétrée d'une émotion profonde que je n'avais jamais ressentie auparavant.* »

De retour de Santiago, Andrée a décidé de consacrer du temps aux autres en devenant hospitalière. Ainsi, depuis une dizaine d'années maintenant, elle pérégrine en différents lieux de France, posant sa valise, l'espace de quinze jours pour accueillir des pèlerins venus des quatre coins du monde. Sacré défi de composer au quotidien avec ces caractères différents, de porter avec ces personnes un fardeau parfois insoutenable... Je n'oublierai jamais son regard quand elle m'a dit « *Tu sais, tout change, quand on prend le temps d'aller vers les autres... Cela donne du sens à la vie* ».

L'image déprimante d'une humanité triste et vagabonde n'est pas pour elle. Je trouve cela formidable de témoigner d'autant de volonté. On sent l'amour qu'elle porte aux autres dans tous ses actes : sa cuisine savoureuse, sa manière de communiquer, son envie de crier que la vie est belle malgré des obstacles souvent difficiles à franchir... Incontestablement une rencontre qui marquera mon chemin !

Grâce à Andrée - encore l'une de ses délicieuses attentions - j'ai eu l'occasion de découvrir l'église de Sainte-Ferme à la lueur de la torche. Nous disposions, Roger, mon ami pèlerin, et moi-même, d'un guide personnel, amoureux de ce beau patrimoine. Sous cette lumière particulière, les pierres me sont apparues belles et mystérieuses. Et que dire de cette grande statue figurant Jeanne d'Arc, doigt tendu vers le ciel. Heureuse vision qui met en appétit de connaissances. Dans le silence de l'édifice, le mirage d'un plaisir qui nous est défendu heurte ma pensée : celui de disposer de la faculté de remonter le temps. Ah, Jeanne, si je me trouvais, à l'instant, en face de toi, que pourrais-je te dire ? Daignerais-tu m'adresser la parole ?

Au moment de reprendre la route, je jette un regard dubitatif au ciel parsemé de gros nuages porteurs d'averses. Celui-ci ne me dit rien qui vaille et pourtant il est temps à présent de démarrer, car j'ai un peu traînaillé ce matin. Un rapide passage à la boulangerie du coin pour préparer mon casse-croûte de midi et puis je quitte le hameau désert en cette heure du jour.

Après moins d'une heure de marche, de grosses gouttes s'écrasent au sol, auxquelles succèdent de véritables trombes d'eau. Je cours me réfugier sous un arbre tout en rabattant la capuche de ma parka. Un craquement effrayant perce le silence... manquait plus que l'orage, maintenant ! Ni une ni deux, je quitte cette cache trop inconfortable et, par chance, déniche à moins de deux cents mètres, un vieux cabanon abandonné. Enfermé dans son égarement, mon esprit bouillonne. Lui aussi attend que cesse ce déluge !

À proximité d'un minuscule village, un pèlerin, visiblement éreinté, m'adresse la parole. Apparemment, il n'a plus rien à boire. Comme j'ai de l'eau en suffisance, je lui remplis sa gourde à moitié. Il me serre la main pour me remercier et se présente. Il s'appelle Thomas et se rend à Bazas, où il mettra un terme à son périple faute de disposer de suffisamment de temps pour poursuivre l'aventure. C'est là le lot de beaucoup de personnes, dans l'impossibilité de se libérer pendant deux, voire plus de trois mois. Sacré veinard que je suis !

Deux kilomètres avant d'arriver à La Réole, ma destination du jour, de nouvelles averses éclatent. La chance vient à mon secours. À quelques mètres sur ma gauche se trouve une vieille grange abritant des ballots de paille. Je me précipite à l'intérieur et décide que le moment est venu de m'alimenter. Tout en dégustant mon repas du midi, j'observe la pluie tomber. Et dire que certains pèlerins malchanceux ont à affronter de telles conditions des semaines durant !

Je retrouve Roger sagement assis sur les marches de l'église Saint-Pierre, occupé à analyser son journal de bord. Dans l'attente de pouvoir disposer de notre logement – ce ne sera pas avant seize heures – nous décidons d'aller nous promener en centre-ville et puis de rejoindre tranquillement une taverne afin d'y déguster un bon café. Cela me fait un bien fou, car je suis littéralement frigorifié !

Le patron, un homme à l'imposante carrure, plaisante : « *Faut-il en avoir du courage pour battre le chemin dans de telles conditions. Vous devez avoir mangé du lion pour disposer d'une aussi grande ténacité.* » Lorsqu'il apprend que j'ai quitté Namur il y a plus de cinquante jours et que je viens à peine de dépasser la moitié du parcours, il a un sifflement d'admiration. Un client attablé près du bar se retourne également et incline la tête comme s'il voulait, par ce geste, marquer son profond respect.

55ème étape - 21 mai
La Réole - Bazas
24 kilomètres

Épisode peu banal ce matin, avec cette interview réalisée par un journaliste français, intéressé par la dynamique du cheminement et la visée caritative sous-jacente. Cette rencontre, je la dois à Bernadette et à son époux Serge, des gens formidables chez qui j'ai passé la nuit. À n'en pas douter, l'ouverture vers les autres est une dominante de ce chemin truffé de rencontres émotionnelles.

Pas de chance, mes chaussures de marche sont encore humides et ce malgré les papiers journaux fourrés à l'intérieur avant d'aller me coucher. Le ciel est toujours aussi grincheux avec une fine bruine désagréable qui agace plus qu'elle ne mouille. Il faudra prendre son mal en patience et attendre la journée de demain avec une amélioration annoncée par les météorologistes. Tant mieux, car traverser les Landes sous la pluie doit être particulièrement pénible.

Une fois La Réole et son imposante église derrière moi, j'allonge la foulée, mû par un désir pressant de rejoindre Bazas, ma destination du jour, dans les meilleurs délais. Il est en effet inutile de musarder en chemin sous les nuages et les averses. Dans un carrefour, un automobiliste s'arrête et me propose de m'emmener un peu plus loin jusqu'à Savignac où il réside. Je refuse poliment, car ce n'est pas dans l'esprit du chemin de voyager en voiture.

À Auros, le paysage change pour faire place à la forêt landaise. Un prélude à ce qui m'attend les quatre prochaines journées... de longues lignes droites entre les rangées de pins, hautes sentinelles ballottées par le vent. Je souris, car en ce moment, me revient en mémoire l'épisode de la pomme de pin venant s'écraser tout près de mon crâne lors d'une précédente étape. Va falloir me montrer prudent afin de sortir indemne de cet univers fantasmagorique...

Profitant d'une agréable éclaircie, le désir de souffler quelques minutes gagne mon esprit. Je déballe avec envie les œufs durs préparés par Bernadette ainsi que mon sandwich fourré au pâté. Le vent souffle par saccades, faisant ployer les branches des arbres. Une odeur particulière me titille les narines. Ce doit être la senteur des pins qui donne cet air un peu pimenté.

Je ne sais dire pourquoi, mais j'éprouve l'étrange sensation d'être observé. Mon regard balaie la clairière de manière circulaire, mais il n'y a rien. Puis, alors que je porte ma baguette à la bouche, une petite voix me parvient aux oreilles :

– He, pèlerin.

J'ai beau regarder, je ne vois personne.

– Je suis ici... sur ta gauche.

Oh, c'est l'oiseau !

– Tu as un fameux appétit à ce que je constate.

– C'est que... cheminer nécessite de nourrir son corps.

– Tu as raison et je loue tes efforts quotidiens.

L'oiseau quitte la branche de pin et vient se poser sur un arbuste fleuri.

– Dis donc, tu avances à pas de géant, pèlerin. Bientôt, tu vas atteindre le cap symbolique des mille cinq cents kilomètres !

– Oh, tout doux, il me faudra encore quelques jours pour y arriver. Mais, tu as raison, les étapes s'enchaînent les unes aux autres et je ne vois pas le temps passer !

– Tu as l'air si serein...

Je souris, amusé par sa remarque. Je dois bien avouer qu'il n'a pas tort, cette sérénité doit sauter aux yeux !

– À dire vrai, je me sens bien... tellement bien !

– Tu te transformes, pèlerin...

– Tu penses ?

– C'est indiscutable !

– Ah, bon.

L'oiseau entonne un chant, une sorte de petite sérénade dont la musicalité douce et légère transporte l'esprit. Quand il s'arrête, la forêt demeure étrangement silencieuse, comme si elle souhaitait qu'il poursuive cet air entraînant.

– Te reconnais-tu toi-même ? Tu dois sentir cette lente mutation qui s'opère en toi. Celle-ci te porte à aller vers les autres et tu y trouves tant de satisfactions. Je me trompe ?

– Non, ton analyse est pertinente. Il est vrai que j'ai toujours été tenté de demeurer dans mon coin, privilégiant le soliloque à la discussion de groupe. Et ici, les choses se font de manière naturelle, sans m'oppresser.

– Je l'ai fortement ressenti ce matin, lors de ton entretien avec le journaliste.

Je le regarde étonné.

– Tu étais là ?

– Mais oui, bien entendu !

– Ne pourrais-tu m'expliquer qui...

– Non... non...

Je me gratte la tête d'un air perplexe. L'oiseau ne pipe mot, comme s'il souhaitait m'accorder un temps de réflexion. Mais qui est-il donc ? Et puis, un oiseau, ça ne parle pas !

– Pèlerin, je dois te quitter à présent. À l'évidence, tu dois encore mûrir un peu... Tu verras, d'ici une vingtaine de jours, tu auras deviné qui je suis et pourquoi je suis venu te voir à plusieurs reprises...

Brusquement il prend son envol, tournoie par deux fois au-dessus de moi et disparaît. Qu'est-ce que cela peut bien vouloir signifier ?

Encore perturbé par ce dialogue mystérieux, je reprends ma marche en avant pour rejoindre la route bitumée. Tandis que je jette un rapide coup d'œil au ciel, je constate que celui-ci a pris une teinte violacée. Me reviennent en mémoire les intempéries de la veille et les craquements sourds de la foudre. Il faut que j'accélère le pas afin d'éviter de me laisser piéger !

Je ne marche plus, je cours ! Mes muscles me font mal, mais je ne m'en soucie guère. Enfin, après avoir avalé les sept derniers kilomètres en moins d'une heure, j'arrive à Bazas. Juste à temps, car la pluie se met à tomber et en cinq minutes, c'est un véritable déluge qui s'abat sur la ville.

56ème étape - 22 mai
Bazas - Captieux
20 kilomètres

Soudain, un juron vient rompre le silence profond de ce matin ensoleillé. Alors que la joie d'apercevoir l'astre de feu et sa belle luminosité devrait prédominer c'est, au contraire, une voix chevrotante qui s'élève. Ah, les traîtresses... vous me laissez tomber ! Qu'est-ce donc que cet étrange sabir prononcé avec colère?

Est-ce grave docteur ? Y a-t-il un quelconque problème physique à l'origine de ce mouvement d'humeur ? Non, il s'agit tout simplement d'un souci d'équipement. Mes chaussures de marche, en qui j'avais placé toute ma confiance, viennent de me trahir ! Les voilà usées jusqu'à la corde, alors qu'il me reste un peu plus de deux cinquième du parcours à accomplir, soit la bagatelle de mille cent cinquante kilomètres.

Mes pieds, le gauche et le droit, se font entendre. Ils maugréent : « *On ne peut plus continuer de la sorte, nous allons mourir !* » Je dois reconnaître qu'ils ont raison et mesure donc pleinement leur mécontentement. Ces misérables godasses présentent une semelle quasi lisse, tandis que des trous et fissures apparaissent sur les talons et les côtés. Quelle misère... des chaussures de près de deux cents euros !

C'est donc décidé, une fois arrivé à Saint-Jean-Pied-de-Port, j'achèterai une nouvelle paire de chaussures en espérant, cette fois, être en mesure de rallier Santiago sans ne plus avoir à me soucier de ce problème. En effet, le pied doit s'adapter aux bottines et pour cela, il faut les rôder ! Pas facile, lorsque l'on doit parcourir trente-cinq kilomètres, de dire stop pour aujourd'hui, car mes «shoes» sont en rodage !

Ceci dit, mon esprit parvient à évacuer rapidement ce petit tracas matinal, songeant aux découvertes et rencontres passionnantes qui s'annoncent avec, en point d'orgue, la découverte du fameux « botafumeiro », ce gigantesque encensoir qui balaye la nef de la cathédrale dédiée à saint Jacques, pour le plus grand plaisir des pèlerins, subjugués par ce mouvement d'une grande pureté. Enfin, ne nous avançons pas trop vite, car, paraît-il que le divin objet est plutôt du genre paresseux ! Certains prétendent même qu'il fait à présent monnayer ses apparitions...

Tout en bouclant mon sac, je songe à ce territoire de l'Entre-deux-Mers, traversé ces derniers jours. Quelle beauté, tous ces paysages parsemés de vignes qui s'étendent à l'infini et au milieu desquelles émergent hameaux, bourgs et villages ! Un jour, c'est certain, lorsque je disposerai de plus de temps, je reviendrai ici pour parcourir la route des vins de Bordeaux, regroupant une centaine de propriétés viticoles.

Je me sens plein d'énergie, prêt à entamer cette nouvelle journée de marche, la cinquante-sixième pour être précis. Je suis étonné de découvrir à quel point il est possible d'éprouver cette étrange sensation d'un bonheur total dans une telle simplicité. Et pourtant, ne sommes-nous pas gavés par une certaine voie de la réussite imposée par la société ? Tous les jours, elle nous dit : il faut être beau, riche, intelligent, performant... et nous sommes jugés à l'aune de ces critères !

Pour certains – mais peut-être est-ce là une vision masochiste – une existence qui n'a pas côtoyé la souffrance, le deuil ou l'échec, n'est que peu au fait de la réalité humaine. Lorsque la belle harmonie vient à se rompre, lorsque les événements viennent à se montrer contraires... l'homme prend alors conscience de la fragilité de la vie et de toutes ces illusions véhiculées par une société qui tourne de plus en plus carré !

Bazas resplendit sous le soleil. La cathédrale, classée au patrimoine mondial de l'Unesco, offre, dans une lumière vive, son fabuleux tympan figurant avec une incroyable richesse le Jour du Jugement Dernier et la vie de Jean-Baptiste. Je demeure quelques secondes en arrêt devant ce magnifique édifice, mesurant pleinement le travail des artisans auteurs de ce chef-d'œuvre. En avaient-ils de l'or dans les mains pour concevoir ces ouvrages d'une extrême méticulosité.

Après avoir marché pendant deux kilomètres sur une départementale très fréquentée, j'oblique vers la droite et, pour mon plus grand bonheur, me retrouve dans un sentier herbeux, entouré par une végétation sauvage. Soudain, après un tournant serré, je remarque une biche à une centaine de mètres. Elle broute tranquillement de l'herbe, ignorante de ma présence.

J'ai de la chance, car le vent souffle dans la bonne direction... le gracieux animal ne peut donc me sentir. À pas feutrés, profitant de l'herbe rase, je me rapproche. Je suis à présent à moins de dix mètres d'elle. Hélas, mon pied heurte une pierre, ce qui provoque un chuintement suffisant pour l'alerter. D'un mouvement vif, la belle se retourne et, l'espace d'une seconde, me dévisage apeurée. Puis, en deux bonds, elle quitte le sentier sans que je n'aie le temps de la prendre en photo.

Subjugué par cet instant plein de douceur, je poursuis ma route, songeant combien cette nature nous offre de moments propices à l'extase. Encore sous le charme de cette rencontre fortuite, je ne peux éviter la chute d'un petit branchage sur mon crâne. Plus de peur que de mal, je n'ai rien ! Amusé, je m'empare du bout de bois et l'envoie valser dans le fossé. Le vent qui vient de se lever malmène les arbres dont la haute silhouette se courbe de manière inquiétante.

Au fur et à mesure que je progresse dans la forêt, le vent gagne en intensité. Oh, que je n'aime pas ça ! De plus, je suis dans l'impossibilité d'élever le rythme, mon tendon me faisant trop souffrir. Il s'agit, sans conteste, d'un reliquat de la veille, lorsque j'ai voulu accélérer la cadence de manière inconsidérée afin d'éviter l'orage. Un peu bête de ma part en sachant les conséquences que ce type d'attitude peut engendrer ! Il serait en effet stupide de se voir arrêter dans son élan par une tendinite... ou autres douleurs articulaires.

Au sortir de la forêt, je retrouve la départementale pour aboutir, dans la foulée, à Captieux. Chouette, juste à temps pour passer à la mairie récupérer les clefs du refuge pèlerins. Celui-ci, inauguré l'année dernière, est très fonctionnel et situé en plein centre-ville. C'est parfait, il n'est encore que quatorze heures... J'ai donc toute l'après-midi devant moi pour me reposer un peu et recharger mes batteries.

57ème étape - 23 mai
Captieux - Roquefort-de-Marsan
29 kilomètres

Plusieurs personnes rencontrées au fil du chemin m'ont interrogé sur l'acte d'écrire. Le questionnement est toujours identique : n'est-ce pas trop lourd de rédiger... cela ne coupe-t-il pas l'individu du monde et donc des autres, ce qui serait un comble pour celui qui chemine sur les routes de Compostelle ? Rien de tout cela ! L'écriture représente pour moi le compagnon idéal, même si je dois bien l'avouer, cet exercice nécessite méthode et persévérance, surtout lorsqu'il s'agit de retracer le vécu de chaque étape.

Je trouve que la vision cathartique de l'écriture prend, dans ce cadre quotidien, pleinement son sens. Elle me permet de m'ancrer davantage dans ma réflexion, de l'aiguiser au fur et à mesure de ma progression. J'ai également l'impression vivace que coucher les mots sur le papier rend mon pèlerinage plus intense... celui-ci acquiert plus de légitimité et l'émotion ressentie s'en trouve donc amplifiée.

Je souris, songeant à la ligne directrice de ce livre, instaurée de commun accord avec mon éditeur, avant mon départ. La thématique principale, outre le fait de retracer le décor de chaque journée sous la forme d'un carnet de route, est la transformation de l'individu au fil du chemin. N'était-il pas un peu présomptueux de ma part de partir de ce postulat ? Et si rien ne s'était passé, outre la rencontre avec les magnifiques paysages et les bons moments offerts par la route ? Oui, il est incontestable que j'aurais eu là un problème insoluble à résoudre !

Heureusement, ce cheminement est si dense qu'il me permet de me révéler chaque jour un peu plus. Il me force à m'interroger et à trouver du sens à nos vies encombrées. Ce processus change donc l'individu, de manière imperceptible au début et puis s'intensifie au fil des jours. Demeure encore la question de la pérennité de cette transformation... à cela je ne pourrai répondre que plus tard !

J'ai passé une excellente nuit à Captieux, dans ce refuge généreusement mis à disposition par la mairie. Le principe est simple et porte le nom de donativo. Le pèlerin, muni de sa sacro-sainte crédenciale, peut y passer la nuit et donne ce qu'il veut en fonction de ses moyens ou de ses envies. Pour que le système puisse fonctionner et être pérenne il convient, toutefois, que chacun accepte de jouer le jeu et contribue de manière honnête. Il existe en effet une série de frais dont la mairie doit assumer la charge : l'entretien du bâtiment, le coût des consommables...

On sent au pays des Landes, une certaine fierté des habitants lorsque ceux-ci évoquent cette belle contrée, un assemblage de sable, de marais et d'imposantes forêts investies par les chasseurs, les randonneurs et les bergers qui, depuis des temps immémoriaux, pratiquent la transhumance. Tous gardent cependant en mémoire la transformation notable des paysages suite au passage des dernières tempêtes dont le terrifiant ouragan «Klaus» qui, en 2009, a ravagé une bonne partie de cet incroyable patrimoine forestier.

Arrivé au beau milieu d'une clairière, mon regard plonge dans le jeu de nuages blancs, transpercés, en une flèche précise, par un vol d'oies sauvages. Divine sensation que de pouvoir admirer, au plus près, cet énigmatique ballet au sein duquel le chef d'escadrille emmène sa troupe vers une colline gazonnée ou encore quelque endroit paisible. Quel délicieux spectacle !

Sous le charme de l'endroit, je fouille la nature plongée dans une incroyable lumière pour mieux l'interroger. Oui, sans conteste, ce flamboiement est à la mesure de son œuvre ! Qu'il est plaisant de s'enivrer de ces ambiances parfumées, d'écouter le murmure des arbres gémissant sous l'effet du vent ou encore d'explorer la forêt mystérieuse. Cette prédisposition à l'émotion – mais où était-elle donc cachée ? – est désormais bien présente à moi et ce grâce au chemin !

Après avoir quitté la forêt, je débouche dans un village. La boulangère, une jeune dame fort causante, me met en garde : « *Attention, car vous risquez de connaître de mauvaises conditions climatiques. Malheureusement, ce temps mitigé devrait se poursuivre pendant encore quelques jours.* » De fait, une fois sur la route principale, le vent tourbillonnant apporte beaucoup de fraîcheur. Je remonte le col de ma polaire et enfile ma veste de pluie. Le ciel, d'un gris profond augure de solides averses, ce qui n'est pas spécialement réjouissant. Lorsque j'aperçois les grands panneaux « Attention au feu », je ne peux m'empêcher de sourire, me disant que la forêt ne doit pas risquer grand chose avec toute cette humidité !

De gros camions chargés d'arbres défilent à un rythme soutenu. Vu l'odeur qui vient titiller mes narines, il s'agit incontestablement de pins. Á intervalles réguliers, je rencontre également des amoncellements de bois, ainsi que l'une ou l'autre scierie. La forêt semble représenter, dans les Landes, un poumon économique pourvoyeur d'emplois. Il est vrai que cette étendue verte est la plus grande de France !

Après quatre heures de marche, alors qu'il doit rester cinq à six kilomètres à parcourir, je décide de m'arrêter sous un appentis pour manger ma pitance du jour. Heureuse initiative d'avoir placé en cet endroit, au beau milieu de nulle part, cet abri précaire, car le ciel est toujours aussi grincheux. Les immenses pins ballottent au-dessus de moi et j'avoue être très heureux de pouvoir disposer de cette protection. Il serait en effet malvenu de se prendre une branche sur le crâne !

À bien y penser, je songe à la précarité de ce cheminement. Tellement d'événements peuvent se passer et ainsi empêcher le pèlerin d'aller au bout de son voyage : un bête accident, une entorse, la fatigue physique, une mauvaise nouvelle en provenance de son pays ou... tout simplement le décès de celui qui pérégrine. Enfin, mieux vaut ne pas penser à ce genre de choses et demeurer concentré sur l'objectif.

Lorsque j'arrive à Roquefort, je suis vanné. Quelle plaie, cette marche sur asphalte, abrasive à souhait. Enfin, cette étape est derrière moi et je ne suis pas mécontent. Me reste encore à trouver le bar de la paix – quel chouette nom – pour aller chercher les clefs du refuge. En ce moment, je n'ai qu'une idée en tête... prendre une douche bien chaude pour revigorer mon corps fatigué.

58ème étape - 24 mai
Roquefort-de-Marsan - Mont-de-Marsan
28 kilomètres

Hier, en fin d'après-midi, une fois mes jambes reposées, l'envie de folâtrer dans Roquefort-de-Marsan s'est imposée à moi avec une certaine insistance. Autrefois cité fortifiée, comme en témoignent les vestiges de ses anciens remparts, Roquefort révèle ses charmes à qui veut bien s'en laisser imprégner. Hélas, la visite fut de courte durée à cause des mauvaises conditions climatiques... de fortes averses accompagnées d'un vent à décorner les bœufs.

Événement particulier au gîte avec la présence de quatre pèlerins et de deux hospitalières. Un peu bruyant, mais pas mal de convivialité entre nous, chacun apportant sa petite touche personnelle et son propre vécu. Cerise sur le gâteau, un repas copieux et plein de saveurs. Jugez plutôt : de la garbure, du chevreuil, du confit de canard, une salade mixte, du fromage, du vin de pays ainsi qu'un excellent dessert... Que demander de plus ! Voilà assurément un lot de calories utile pour réparer les bobos du chemin.

Annette, l'une des hospitalières, a autrefois, c'était en 1999, effectué le pèlerinage vers Santiago. Elle en conserve des images plein la tête et en parle avec beaucoup d'émotion. Elle nous a raconté comment elle a fait la connaissance d'un couple de Français, dont le mari, opéré d'une tumeur au cerveau, suscitait son admiration : « *Devenu aveugle suite à l'opération, il a décidé de rallier Compostelle, heureux d'être toujours vivant. Quel courage cet homme a dû témoigner pour réussir ce défi insensé ! Quand je vois la difficulté pour un valide de mener à bien sa barque dans un environnement ingrat, je lui tire mon chapeau !* »

Alors que je boucle mon sac à dos avec une infinie précaution, toujours à l'affût de ne rien oublier, Bernadette me fourre dans les mains une boîte contenant les restes de chevreuil et de canard de la veille, ainsi que deux œufs durs. « *Tiens, c'est pour la route* » me dit-elle, l'œil complice. Je ne sais que dire face à tant de générosité. On lit sur le visage de ces deux dames à quel point tous ces gestes leur apportent un vrai bonheur. Comme le disait Mamy Faniel à Saint-Amand-sur-Fion : « *Donner m'apporte tellement plus que recevoir.* »

Ça y est, mon attirail est prêt. À n'en pas douter, l'envie de reprendre la route est bien présente. Mais c'est sans compter sur la poigne d'Annette et de Bernadette, attentives à préserver les traditions. « *Maintenant, nous allons chanter, tous ensemble, l'hymne du pèlerin* » assènent-elles, le regard déterminé. Inutile de préciser qu'un refus nous exposerait à une volée de bois vert. C'est donc bien volontiers que nous nous regroupons, main dans la main, à proximité de la porte du refuge. Ça y est, le moment d'entonner la chanson de ralliement de ceux qui cheminent est arrivé. Cela donne plus ou moins ceci :

Tous les matins nous prenons le chemin,
Tous les matins nous allons plus loin.
Jour après jour, la route nous appelle,
C'est la voix de Compostelle.
Ultreïa ! Ultreïa ! E sus eia Deus adjuva nos !

Comme lors de l'étape précédente, les occasions de profiter de petits sentiers en pleine nature sont plutôt rares, ou alors les détours sont tellement importants que le nombre de kilomètres grimpe en flèche. Je prends donc la sage décision, surtout en prévision de la longue sortie de demain, d'emprunter la départementale.

Avant l'entrée de Mont-de-Marsan, je salue un homme occupé à planter des légumes. Il se redresse et vient s'accouder à la clôture, le regard attiré par la coquille fixée à mon sac à dos. Nous devisons quelques minutes sur des sujets divers dont celui de cette immense forêt plantée de pins à l'odeur piquante. Le monsieur, qui se prénomme René, m'explique que ce vaste ensemble végétal a bien évolué depuis quelques dizaines d'années et particulièrement après le passage de la terrible tempête de la fin décembre 1999. Le visage sévère, il explique : « *Des dizaines de milliers d'hectares d'arbres couchés au sol par des vents d'une force titanesque... beaucoup de propriétaires ont tout perdu voyant ainsi en quelques heures à peine toute une vie de dur labeur réduite à néant.* »

Chouette, voilà déjà Mont-de-Marsan qui se profile à l'horizon. Rapidement, je longe les larges avenues qui conduisent au centre-ville très animé en cette heure du jour. Je me fraie un passage dans la foule et rejoins le refuge mis à disposition par la Société landaise des Amis de Saint-Jacques. Il est très grand et bien équipé. Charmante attention également que ce frigo garni de lait, de beurre, de confiture et d'un peu de charcuterie.

Une fois rassasié, et après un passage obligé chez le coiffeur, je décide de partir à la découverte des principales curiosités de cette ville, autrefois fortifiée autour de son château. Muni d'un plan détaillé reçu à l'office de tourisme, je visite successivement le lavoir de la Cale de l'abreuvoir et son étonnante forme circulaire, la place Marguerite de Navarre et son donjon, la rue Victor Hugo et ses hôtels particuliers, les nombreuses maisons bourgeoises du XIXe siècle, la statuaire disséminée sur les places et enfin le parc Jean Rameau avec son beau jardin japonais.

À proximité du pont Saint-Louis qui enjambe la Midouze, une artiste peint un paysage coloré duquel émergent cinq ou six enfants occupés à s'amuser. L'expressivité du tableau presque terminé, est saisissante. Je ne résiste pas à la tentation de la complimenter pour ce travail d'une redoutable précision. La dame, qui approche la cinquantaine, me remercie et me dit : « *La peinture est pour moi un vrai mode de vie. Quand je peins, rien d'autre n'existe ! L'œil de l'artiste capable de saisir les subtilités de la nature ne suffit pas... Non, il faut avant tout être capable de percevoir avec l'âme, ce qui nécessite un important travail sur soi.* » Je trouve cela joliment dit.

En soirée, avant d'aller dîner en ville, nous recevons la visite de l'hospitalier, un homme affable et souriant. Il a une lueur dans les yeux qui le rend sympathique au premier regard. Lui aussi signale que l'on ne sort jamais indemne de ce trajet, confirmant ainsi notre sentiment premier. Demain, nous serons à nouveau deux à nous retrouver en fin d'étape car les deux autres pèlerins ont décidé de ralentir le rythme et de s'arrêter à Saint-Sever tandis que Roger et moi poursuivrons, comme prévu initialement, jusqu'à Hagetmau.

59ème étape - 25 mai

Mont-de-Marsan - Hagetmau

34 kilomètres

Ce n'est pas la grande forme ce matin. Je marche depuis moins d'une heure maintenant et ma jambe gauche me fait souffrir. Une sorte de lancement dans le bas du dos qui vient mourir dans le haut du mollet. Cette impression, outre le fait d'être particulièrement désagréable, provoque en moi une vive inquiétude. Seraient-ce mes chaussures usées qui sont à l'origine de ce pépin physique ou alors une résurgence d'un problème de dos. J'espère qu'il ne s'agit pas de cette foutue lombaire n°5 qui m'a causé tant de soucis avant mon départ, car ici pas de kinésithérapeute ou d'ostéopathe pour venir adoucir mes maux !

Pour ajouter à la confusion de mon esprit, une pluie battante accompagne chacun de mes pas. La route détrempée est parsemée de grandes flaques boueuses. Il faut vraiment prendre garde et choisir le bon côté du chemin. Allons, je ne vais pas me laisser abattre pour si peu, même si je rêve d'un beau ciel bleu et de températures avenantes. Il me semble donc important de me recentrer sur des sujets plus positifs... voilà une réaction appropriée. En avant et en silence s'il vous plaît !

Posés sur le sommet d'une petite butte, entourés de quelques buissons aux couleurs vives, des amoncellements de pierres attirent mon attention. Au milieu de cet ensemble hétéroclite, se dresse une vieille cabane au toit éventré. Sous un auvent de fortune qui, soit dit en passant, doit tenir par miracle, se trouve un homme adossé à la paroi. C'est étrange, son regard plonge dans le mien, un peu comme si cette personne m'invitait ainsi à la rejoindre. Alors, je décide de me rapprocher.

Quelque chose me trouble en lui. Peut-être sont-ce ses yeux d'un bleu profond ? Il me tend la main avec chaleur tout en observant le ciel d'un air dépité. «*Foutu temps... les vannes célestes ont décidé de nous faire payer le beau soleil de la semaine dernière*» me dit-il, le sourire complice. Amusé par le côté poétique de son discours, je lui souris amicalement et décide de m'asseoir à ses côtés, là sur le plancher. Quelle chance, il est sec !

André, c'est son prénom, soupire à plusieurs reprises, comme secoué par une vive mélancolie. Tout en portant son regard vers l'horizon, il se met à débiter son histoire, d'une voix cassée par l'émotion : « *Longtemps, je me suis persuadé que la perte d'un être cher est une étape somme toute naturelle dans la vie. À la tristesse succède une phase de reconstruction, synonyme de nouveaux bonheurs à venir. Hélas, j'ai bien essayé de reprendre progressivement pied. Mais, je n'y arrive pas, un peu comme si une part de moi demeurait inconsolable.* »

Voyant qu'il m'observe, guettant probablement ma réaction, je l'encourage à poursuivre. Il reprend d'une voix monocorde : « *Toute mon énergie se focalise désormais dans le travail, mais il est loin de représenter l'exutoire espéré ! En conséquence, j'ai décidé de ne plus attendre et de cheminer. Je ne sais dire pourquoi, mais un jour, Compostelle s'est imposé à moi avec une telle force. Peut-être, cette route va-t-elle m'apporter un éclairage nouveau sur les soubresauts de la vie ? Le début de mon périple me semble prometteur. Cependant, j'avoue avoir encore beaucoup de mal à lâcher prise. Pourtant, je sais que ceci m'est indispensable afin de profiter au mieux de cette descente en moi-même. J'en éprouve un tel besoin !* »

La pluie continue à tambouriner sur le toit de la cabane provoquant un chuintement monotone. Je devine André plein de tristesse et tente de lui remonter le moral. Il a perdu sa femme dans un accident de voiture, il y a maintenant près de deux ans et ne parvient pas à se remettre de cette tragédie. Visiblement, le travail de deuil n'a pas encore véritablement débuté et cet homme souffre. Je souhaiterais tellement pouvoir trouver les mots pour le réconforter mais, hélas, j'en suis incapable.

Nous décidons de cheminer ensemble pendant une bonne heure, le temps d'arriver au prochain village, lieu de destination d'André. Lorsque je le quitte, il me serre la main avec cordialité et me remercie de l'avoir écouté, me disant combien cela lui avait fait du bien. Au fur et à mesure que je m'éloigne, sa silhouette disparaît. Ça y est, il vient d'être définitivement happé par un horizon chargé de brume.

Je ne sais pas comment je m'y suis pris, mais je viens à nouveau de me tromper de route. Au lieu de la belle petite pente goudronnée qui est censée m'emmener dans le centre de Saint-Sever, je me retrouve sur une route à voie rapide. La circulation y est très dense et les voitures frôlent les bas-côtés. Ni une ni deux, je décide d'enjamber le rail de protection en piteux état et de marcher dans le large caniveau. Manque de chance, celui-ci est rempli d'eau et de boue, ce qui a pour conséquence de me tremper les pieds. Enfin, mieux vaut subir ces petits désagréments que de risquer l'accident !

Après avoir passé trois quarts d'heure au sein de cet environnement plutôt hostile, je rejoins enfin Saint-Sever et me rends de suite à l'abbatiale datant du XIe siècle. Lorsque je pousse la porte de l'église, je suis surpris d'entendre un récital d'orgues. Je m'assieds alors sur l'un des bancs et écoute, avec beaucoup d'émotion ces airs joués avec une réelle virtuosité. C'est magique ! Une dame, installée à quelques mètres, se retourne et me chuchote : « *C'est ma sœur qui joue, elle est très douée.* » Je lui réponds que je viens là de passer un moment très particulier baigné d'une réelle douceur.

Quelle chance, la pluie vient enfin de s'arrêter ! Je suis trempé de la tête aux pieds et j'avoue être parcouru de frissons. Et dire que demain, les météorologistes annoncent les mêmes conditions climatiques. En ce moment, j'ai à l'esprit la montée du col de Roncevaux prévue dans quelques jours. J'espère que le temps sera de la partie, car si je dois affronter cette météo épouvantable, ce ne sera pas une partie de plaisir.

Quand se dessinent les contours de Hagetmau, le soulagement est manifeste. J'en ai assez et ne souhaite qu'une seule chose : ôter ces habits trempés et surtout me reposer. Je crois qu'aujourd'hui, avec cette erreur de parcours, je dois bien avoir marché plus de quarante kilomètres. Cerise sur le gâteau, je dois encore aller chercher les clefs à l'autre bout de la ville pour ensuite revenir sur mes pas au centre de la cité. Décidément, une journée à oublier au plus vite !

60ème étape - 26 mai

Hagetmau - Orthez

30 kilomètres

Serait-ce le bruit d'un train ? Non ! Celui d'un animal peut-être ? Non, plus ! Alors qu'un grognement, plus puissant que les autres, m'a arraché un cri d'effroi, l'explication, toute simple, s'est imposée à moi. Il s'agissait de ronflements... semblables à une forge en fusion. Quelle bonne décision d'avoir pris avec moi les deux soeurs jumelles... les deux «saintes quiès». Celles-ci m'auront permis de terminer la nuit dans de bonnes conditions !

C'est la première fois que j'ai eu à dormir dans un refuge avec autant de pèlerins. Nous étions sept et étions tous vannés suite à cette étape longue et difficile. Le gîte n'étant pas spécialement grand, il a fallu composer avec les desiderata des uns et des autres, ce qui n'est pas toujours évident ! L'un veut le lit près de la porte, l'autre veut prendre sa douche en premier, un autre enfin vide le frigo de ses aliments sans se soucier des autres pèlerins. Une vraie école de vie...

Dites soixante, monsieur. C'est grave docteur ? Mais, non, il s'agit tout simplement du nombre total de jours de marche. Je suis donc tout pile à trois cinquièmes de mon périple, ce qui représente ni plus ni moins que mille cinq cent six kilomètres avalés depuis mon départ de Namur le vendredi 28 mars. Le temps passe à une vitesse folle et rien ne peut contrer sa marche en avant. Il faut donc profiter au maximum de chaque moment passé sur la route.

Avant de quitter le refuge, un massage du genou s'impose ! Je me suis en effet cogné hier à une attache remorque en voulant slalomer entre deux voitures. Cela m'apprendra à faire preuve d'un peu plus de prudence. Et ce n'est pas tout, cette nuit, en voulant me rendre aux toilettes, j'ai dérapé dans l'escalier, me tordant le pied... décidément !

Une fois le nez dehors, le moral est en berne, agacé par toute cette humidité. Il pleut tandis que de grosses flaques stagnent au beau milieu de la cour. Peu engageant tout ça, surtout que la veille, la pluie est tombée drue en plus d'être froide. Décidément, ces derniers jours auront été bien grincheux ! Mais, l'important ne réside pas là... il est sur le chemin.

Parvenu à un gigantesque rond-point, je quitte Roger, le pèlerin français, en lui souhaitant bonne route. Malgré mes bobos de la veille, le rythme est étonnamment soutenu. J'essaie de longer les arbres afin d'échapper aux averses, sans obtenir un résultat réellement probant. Un âne, planté le long d'une clôture me regarde, paisible. Il doit très certainement se demander qui est cet étrange bonhomme avec une grosse bosse sur le dos. J'essaie de m'approcher de lui, tout en lui parlant... Rien n'y fait, il s'encourt apeuré !

Après deux heures trente d'efforts, je débouche sur la place de Sault-de-Navailles. Trouver un endroit pour m'asseoir est mon premier objectif. Hélas, tout est détrempé... sauf une petite gloriette située à une bonne centaine de mètres de l'église. Je ne pense pas qu'il s'agisse d'un endroit accessible au public. Toutefois, l'important est que je puisse reprendre quelques forces. Une banane, deux ou trois biscuits et un restant de jus d'orange devraient suffire, du moins je l'espère.

Les dix derniers kilomètres sont plutôt pénibles et dangereux avec ces longues portions le long de la nationale. Les camions filent à toute vitesse et, avec le déplacement d'air, m'aspergent abondamment. C'est probablement, si je devais émettre une remarque négative, la chose la plus dérangeante : ces portions d'asphalte interminables dénuées du moindre intérêt. Cependant, elles constituent un passage obligé, au risque de rallonger les kilomètres à parcourir de manière très sensible.

Il est à peine onze heures vingt, lorsque j'aperçois la plaque «Orthez». Ancienne capitale du Béarn pendant deux siècles, celle-ci recèle quelques trésors tels que la Tour Moncade, édifiée au XIIIe siècle, la Maison Jeanne d'Albret, le Pont Vieux, l'église Saint-Pierre... Comme habité d'un étrange pressentiment, mon rythme s'accélère jusqu'à l'entrée en centre-ville, où le fracas des cloches cisaille l'air.

Après avoir retiré les clefs du refuge à l'office du tourisme, je rejoins la rue de l'Horloge à grandes enjambées, le désir de me poser étant le plus fort. L'hospitalier a pensé à tout : il y a du potage, de l'eau fraîche, des biscuits, du pain d'épice, du yaourt, du café... bref, de quoi requinquer le marcheur assidu. Je prends mon temps pour profiter de toutes ces bonnes choses, songeant aux autres pèlerins en passe de terminer cette longue étape pluvieuse.

Lorsque l'hospitalier débarque – un homme affable au regard profond – il me signale que je suis le cinq millième pèlerin à poser mon sac à dos dans ce refuge ouvert depuis 2004. Étonné, je ne peux m'empêcher de reprendre à voix haute : le cinq millième pèlerin ! Quelle surprise de voir débarquer, sur le coup de seize heures trente, les membres de l'association jacquaire, accompagnés de deux journalistes, pour célébrer cet événement.

Les dames, aux petits soins, ont préparé des plats divers et les hommes ont apporté du vin et du sirop de cassis. Nous prenons le verre de l'amitié tous ensemble dans une belle communion marquée par le sceau de la fraternité. Ces gens dégagent quelque chose de particulier. Ils ont tous, voici quelques années, vécu le chemin vers Compostelle... « *Une grande et riche histoire* » susurrent-ils. Je les trouve tous rayonnants, aux antipodes de gens froids et distants uniquement centrés sur eux-mêmes. Une nouvelle fois, lorsque je les remercie pour tous ces gestes de fraternité, je reçois cette même explication : « *Oh, vous savez, c'est un tel bonheur pour nous de recevoir tellement en retour de tous les pèlerins que nous fréquentons au quotidien. Et puis, votre parcours, cette volonté de vous engager pour une œuvre caritative, nous a séduits, nous trouvons cela épatant !* »

« *Le chemin change l'individu, le transforme... Nous ne sommes pas sortis indemnes de cette expérience...* », voilà ce que tous ces gens me disent. Et je veux bien les croire sur parole, car il se dégage une telle sincérité, une telle chaleur de leur personnalité. Je ne sais pas si je serai un jour pareil à eux, si je pourrai me mettre d'une telle manière au service des autres, mais je trouve leur mentalité et leurs manières d'être vraiment remarquables.

Avant de quitter le refuge, quelque peu en désordre suite à cette petite fête, le président vient me saluer avec effusion, le visage radieux. Il me signale qu'il m'enverra les articles consacrés à cet événement. Je lui serre la main en guise d'amitié et lui signale que jamais, je n'oublierai le formidable accueil qui m'a été réservé.

61ème étape - 27 mai
Orthez - Osserain
24 kilomètres

Les épaisses forêts des Landes, environnement un peu monotone surtout sous la pluie, sont désormais derrière moi. Depuis hier, j'ai rejoint les Pyrénées Atlantiques et plus particulièrement le Béarn des Gaves, un véritable concentré d'histoire. On sent ici toute la ferveur des gens pétris de traditions qui font la fierté de ce vaste territoire. Se plonger dans ce flot de sensations, à mesure qu'il surgit, euphorise l'esprit, charmé qu'il est par cette ambiance particulière.

Le Pays basque, c'est également la patrie de la tauromachie, avec la présence de plusieurs arènes. La corrida représente une véritable institution défendue avec beaucoup de conviction. Les Béarnais viennent assister en famille à ce qu'ils qualifient de spectacle... un saisissant face à face entre l'homme et l'animal, le taureau et sa puissance.

Penser corrida, c'est s'imaginer le torero seul dans l'arène, décrivant de multiples arabesques pour fatiguer le taureau. Il tient dans l'une de ses mains la muleta, ce petit morceau de tissu rouge, et de l'autre son épée effilée avec laquelle il achèvera l'animal, à bout de force. Oui, j'imagine combien de personnes, dont moi-même, pourront trouver cette «tradition» sanguinaire. Néanmoins, avons-nous le droit de juger ? Comme dans toute chose, chacun défendra ardemment ses positions. Qui a tort, qui a raison ? Vaste débat !

Encore cette surprenante dualité entre vie et mort qui ressurgit dans nos esprits. Le torero se préparant, seul dans son coin, cherchant la concentration indispensable pour minimiser les risques, car ils sont bien réels ! De l'autre côté, le taureau, nerveux, qui doit probablement sentir le danger. Lui aussi, le moment venu, fera tout ce qu'il peut pour sauver sa vie ou du moins retarder l'échéance.

Dernier geste avant de quitter le refuge : signer le livre d'or tenu précieusement à disposition des pèlerins par l'association jacquaire. En une demi-page – j'ai décidé d'être volubile – je remercie de manière appuyée le comité pour cette belle surprise de la veille. Ces gens ont mis tout leur cœur dans cette cérémonie et cela m'a profondément ému. Être le cinq millième pèlerin à passer la nuit dans ce refuge, ce n'est tout de même pas rien !

Je m'éloigne d'Orthez, la séduisante, en empruntant le splendide pont qui, autrefois, permettait aux chemineurs se rendant à Compostelle de franchir le Gave de Pau. Mon regard s'arrête quelques secondes sur ses nombreuses arches ainsi que sur sa tour centrale. Cet ouvrage, dont la construction remonte au XIIIe siècle, mérite assurément le titre de chef-d'œuvre. Cette maîtrise dont disposaient tous ces bâtisseurs de l'époque est réellement surprenante.

Une fois en-dehors de la ville, le bitume est remplacé par du sous-bois. Si ce revêtement recueille ma préférence, il est, suite aux pluies de ces derniers jours, dans un triste état. Au fur et à mesure de ma progression, le terrain devient quasiment impraticable. De grandes flaques de boue barrent le passage et il est impossible de les éviter ! Il n'y a donc rien à faire, il va falloir patauger dedans pour retrouver un sol plus acceptable. Bah, ce n'est pas non plus la fin du monde !

Au bout d'un kilomètre de virages incessants, le sentier s'assèche progressivement. Je ne peux m'empêcher de rire de bon coeur à voir l'état catastrophique de mes bottines. Je pense que chaque chaussure, maculée de boue, doit bien peser dans les deux kilos. Par chance, je parviens à dénicher un ruisseau. Ni une ni deux, je retire mes godasses et les nettoie avec hardiesse. Le résultat n'est pas brillant, du moins pas à la hauteur de mes espérances !

Heureuse nouvelle, le soleil vient d'opérer son grand retour. Le ciel, bien qu'encore un peu chargé, se morcelle petit à petit. Dieu que cela fait du bien après toute la pluie froide et le vent tempétueux des trois derniers jours. Je demeure cependant réaliste... il s'agit simplement d'un fragile intermède avant le retour du mauvais temps, programmé dès la journée de demain. Un cri de protestation s'échappe de ma gorge... J'espère que cet appel précipité incitera le ciel à plus de clémence !

Vers midi trente, donc en un peu plus de quatre heures, j'arrive en vue de Sauveterre-de-Bearn. Les hautes murailles qui ceinturent la ville sont impressionnantes. Le tableau offert est de suite immortalisé par la prise ininterrompue de photos. À quelques dizaines de mètres évoluent des kayakistes dont j'entends les voix enjouées percer le silence ambiant. Ils semblent tous si heureux de pouvoir caboter sur cette rivière aux puissants remous. Je l'avoue humblement... il en faut du cran pour se lancer ainsi à l'assaut des flots démontés suite aux dernières pluies !

Lentement, je remonte les nombreuses volées d'escaliers menant au village. Au bout d'un moment, je stoppe ma progression pour admirer la Tour Monréal, un vaste ensemble bâti au XIIIe siècle et dont la hauteur totale doit bien avoisiner les trente mètres. Je ne résiste pas à la tentation de sortir mon carnet de notes pour y inscrire le joli descriptif détaillé sur une plaquette explicative :

> Je suis de Monréal la Tour puissante et fière,
> Demain j'aurai mille ans... J'ai vécu tant de guerres...
> N'aie plus crainte, passant, seuls rôdent, à présent,
> Gémissants, dans mes murs, mes fantômes d'antan !

À n'en pas douter, Sauveterre fait partie des plus beaux villages que j'ai eu l'occasion de découvrir jusqu'à présent. Il règne ici une ambiance singulière qui stimule l'esprit. Du haut des remparts, la vue est magnifique. Au loin, les Pyrénées viennent découper l'horizon. Devant cette heureuse perspective de retrouver bientôt la montagne, quel est mon sentiment ? Un seul mot me vient à l'esprit : impatience !

Du regard, je balaie la place à la recherche de mes deux compagnons de route : Roger, le pèlerin français et Jack, le sympathique Hollandais. Soudain, je les aperçois... ils sont là-bas, attablés à la terrasse d'une taverne, une bière à la main ! Je me joins à eux et commande à mon tour une Kronenbourg pour étancher ma soif, ardente après cette marche soutenue. Je me sens en pleine forme et me laisse bercer par les chauds rayons d'un généreux soleil.

62ème étape - 28 mai

Osserain - Larceveaux

24 kilomètres

En définitive, nous n'avons pas pu passer la nuit à Sauveterre-de-Béarn car tous les hébergements affichaient complets ! Il est vrai, que nous n'avions pas songé à réserver, ce qui s'avère indispensable étant donné la proximité de Saint-Jean-Pied-de-Port, lieu de rassemblement qui draine, chaque année, aux alentours de soixante mille pèlerins. Nous avons donc été dans l'obligation de poursuivre notre route jusqu'à Osserain, un agréable petit village, perdu au milieu de la campagne béarnaise. Ici, c'est déjà le début du Pays basque, cette vaste région nichée à cheval entre la France et l'Espagne.

En définitive, le hasard a plutôt bien fait les choses... l'accueillant étant très affable et aux petits soins pour ses locataires d'un jour. En plus de nous trois, nous avons eu la compagnie de deux Allemands dont un charmant monsieur de quatre-vingt-trois ans, en passe de boucler son pèlerinage à Saint-Jean-Pied-de-Port. Quel courage a cet homme pour cheminer à un âge aussi avancé !

Pascal, l'hébergeant, nous a signalé que chaque année, l'afflux sur les routes a tendance à s'intensifier. Ceci ne va donc pas sans poser de réels soucis au niveau de la capacité d'accueil, surtout que beaucoup de personnes exercent cette activité de manière intermittente. Il a lui-même cheminé il y a quelques années et sait combien il est important de pouvoir donner à chacun la possibilité d'être hébergé dans de bonnes conditions.

Avant d'aller me coucher, j'ai eu la chance de pouvoir assister à une rencontre de pelote basque. Un jeu assez facile à comprendre ; un terrain rectangulaire, un mur vertical d'une dizaine de mètres de hauteur et plusieurs joueurs qui, la raquette en main, envoient la balle sur cet obstacle en y mettant une force incroyable. Et le public, nombreux, ne s'y trompe pas, il encourage les sportifs en donnant de la voix.

Pendant que nous déjeunons - nous sommes trois pèlerins à table - Pascal nous explique que le Pays basque est formé de sept provinces, trois en France et quatre en Espagne. Il y règne une ambiance particulière, pétrie de traditions. On sent son attachement viscéral à ce pays qui en porte le titre, mais qui ne sera jamais indépendant... « *Peut-être un jour dans l'Europe des régions.* » nous dit Pascal, le sourire aux lèvres. Cet homme est attachant et met tout en œuvre pour assurer un accueil chaleureux aux pèlerins de passage. Ici, pas de place pour les petites manières, l'accessoire est mis de côté au profit de la simplicité !

Avant de quitter la table, Pascal me remet le journal « le Sud-Ouest». Ah, voilà l'article m'ayant été consacré suite à mon passage à Othez. Un double titre barre la page : «*Orthez accueille son 5 000ème pèlerin ! Il s'agit de Christian Debruyne. Il est Belge et a 45 ans.*» On me voit pris en photo, à proximité du refuge, tandis qu'un autre visuel, présentant les bénévoles de l'association est également joint au texte. Quel heureux hasard tout de même !

J'ai passé une excellente nuit et me sens en pleine forme, prêt à débuter cette nouvelle étape qui doit m'emmener jusqu'à Larceveaux. J'agrippe mon sac à dos et, sous le regard amusé de Pascal, gratifie le chien, pelotonné sous la table, d'une tape amicale. Mon hôte m'accompagne jusqu'à l'entrée de sa propriété et me souhaite un buen camino, le regard pétillant. Je le remercie pour sa gentillesse et puis, décide de prendre mon envol.

Alors que je viens à peine de jeter un œil au ciel gris, de grosses gouttes frappent le sol. De suite, je sors ma parka, pressentant une étape d'enfer. Il est vrai que les prévisions météo ne sont guères encourageantes : de la pluie toute la journée et des températures d'à peine treize degrés ! Assurément, le temps instable a décidé de ne plus me lâcher. C'est comme dans tout... un juste retour de balancier après des dizaines de jours de temps clément.

Le parcours du jour se passe essentiellement dans de petits sentiers rocailleux qui présentent une déclivité très prononcée. On ne peut nier que les Pyrénées approchent à grands pas. Je dépasse trois ou quatre pèlerins, à bout de souffle, et poussant sur leurs bâtons de marche pour avancer. En ce moment je songe au pèlerin allemand rencontré hier, me demandant comment ce dernier réussira à dompter un terrain aussi accidenté. S'il y parvient, alors je lui tire mon chapeau.

Après la belle petite ville de Saint-Palais, j'emprunte une minuscule route boueuse qui m'emmène jusqu'à un carrefour marqué par une stèle. Ce monument, simple dans sa conception, symbolise le lieu de convergence des trois grandes voies menant à Compostelle : les voies de Vézelay, du Puy et celle de Tours. Aimery Picaud, ce moine ayant rédigé au XIIe siècle le premier guide pour pèlerins, signalait déjà ce point de passage à l'époque.

La pluie redouble d'intensité ! Cela ne m'empêche toutefois pas d'admirer les paysages montagneux entourés d'un brouillard diffus. Toutes ces formes intrigantes accaparent mon esprit et aiguisent ma réflexion sur cette incroyable nature. Que c'est beau, un vrai régal pour les yeux ! Sur ce chemin, je rencontre un troupeau de moutons, sans berger ni chien de garde. C'est à peine si les animaux me regardent lorsque je passe devant eux, trop occupés à brouter l'herbe soyeuse.

Au sommet de cette longue butte, difficile à grimper, j'aperçois la chapelle de Soyharce. Quelle chance, la porte est ouverte, je vais pouvoir me reposer un peu et surtout échapper, l'espace de quelques minutes, à cette satanée pluie ! Mais, il y a du monde à l'intérieur... un pèlerin belge, originaire de Tielt et deux Allemands. Nous discutons de ces conditions climatiques apocalyptiques, usantes pour l'organisme, tout en n'oubliant pas de rajouter dans la foulée que c'est cela aussi le chemin !

Après Ostabat, alors qu'il ne reste plus que quatre kilomètres à parcourir, je rattrape Jack, le pèlerin hollandais qui, pourtant, marche à vive allure, souhaitant très certainement mettre un terme à cette étape dans les plus brefs délais. Arrivé à sa hauteur, il secoue la tête tout en maugréant : « *Nouw, wat a rot weer, ik ben helemaal uitgeput* », ce qui pourrait se traduire par : « *Quel temps pourri, je suis complètement crevé !* » Il est vrai que la nature ne nous a pas gâtés aujourd'hui... Fougueuse, peut-être même un brin insensible à notre bien-être, elle n'a pas hésité à distiller ses violences originelles ! Bah, peut-être le ciel va-t-il se déchirer et laisser le soin aux étoiles d'animer la voûte céleste... tel un heureux présage pour l'étape de demain ?

63ème étape - 29 mai
Larceveaux - Saint-Jean-Pied-de-Port
18 kilomètres

Aujourd'hui, j'ai pris la route de bonne heure. Bien que l'étape soit courte, avec un peu moins de dix-huit kilomètres au programme, une force tranquille m'a poussé à partir tôt. Il est vrai que ce jour revêt un caractère particulier. Avec mon arrivée, tout à l'heure à Saint-Jean-Pied-de-Port, cette soixante-troisième étape marque la fin du second tronçon.

L'air embaume le pollen, l'humus et la terre fraîchement labourée. Les nuées opaques et lourdes de la veille, qui ont rendu le trajet vers Ostabat si pénible, ont à présent été remplacées par un ciel moutonné. Bon, on est loin des champs brûlés par le soleil, mais je suis cependant heureux de marcher au sec. En espérant que le temps se maintienne... allez, un petit rayon, juste avant d'apercevoir Saint-Jean, est-ce trop demander ?

Devant les discrètes protestations de mon estomac, suffisantes toutefois pour en tenir compte, je décide de m'asseoir sur un banc dont le verni écaillé fait peine à voir. Peu importe, du moment qu'il puisse remplir sa mission, cela me convient parfaitement. Sur ma gauche, une petite plaque de couleur ocre attire mon attention. Le texte dit ceci : «*Plantations d'arbres fruitiers de variétés anciennes - Pèlerins, servez-vous !*» C'est merveilleux, même ici en cet endroit isolé, des gens pensent à nous !

Je demeure un long moment à contempler ce défilé de montagnes envahi par une brume épaisse. Une petite voix, si lointaine, comme venant des profondeurs de mon être s'adresse à moi : « *Quels sentiments éprouves-tu en ce moment ? Prends conscience que ce que tu vis là est unique, que plus jamais, peut-être, tu ne pourras ressentir les choses avec autant d'acuité.*» Inutile de le nier, elle a bigrement raison ! Ici, je réussis au quotidien à accorder de l'attention à la vie, à me rendre compte que le bonheur se puise au gré des choses simples. Je voudrais que ces pensées soient éternelles !

Moi qui ai marché seul pendant de longues semaines sans voir personne dans ces petits chemins tortueux, je dois me rendre à l'évidence :

une autre partie du chemin va débuter. Le Camino Francès, trajet reliant Saint-Jean-Pied-de-Port à Santiago, n'est-il pas un peu péjorativement appelé « l'autoroute à pèlerins « ? Néanmoins, je demeure serein par rapport à ce changement de décor, car il s'accorde parfaitement avec cette variété de choses que recherche le randonneur.

Ici, tout est traduit en basque, un langage guère évident à appréhender. Malgré cette image de rudesse qui leur colle à la peau, les Basques sont très accueillants. Ils n'hésitent pas à vous aborder pour vous questionner sur votre chemin personnel. Le pèlerin semble jouir d'un statut particulier lié très certainement au fait que cette région est le point de convergence de toutes les voies historiques empruntées depuis des siècles.

Je hume à pleins poumons l'air vivifiant tout en profitant des splendides paysages magnifiés par la belle luminosité de cette matinée ensoleillée. L'allure est soutenue sans être toutefois excessive. Une multitude de petits villages aux consonances chantantes se succèdent - Uxiat, Galcétaburias, Gamarthe, Lacarre... - me rapprochant toujours un peu plus du but que je me suis fixé.

À dix heures trente précises, je pénètre dans les ruelles animées de Saint-Jean-Pied-de-Port portant également la dénomination suivante : *Donibane Garaziko Herria Ezagutzen*... excusez du peu ! Fondée au XIIe siècle, à l'initiative du roi de Navarre, St-Jean devint rapidement une ville majeure du royaume. Nichée le long de la grande voie de franchissement des Pyrénées par le col de Roncevaux, elle a toujours été très fréquentée par les pèlerins en route vers Compostelle.

Lorsque je passe sous la porte Saint-Jacques - entrée historique empruntée par des millions de voyageurs - je sens mon cœur se remplir d'une grande émotion. Que de kilomètres parcourus, mille six cents pour être précis, depuis Namur. Et me voilà aujourd'hui ici, occupé à admirer cet ouvrage classé au Patrimoine Mondial par l'Unesco en 1998. Je suis heureux et éprouve une légitime fierté d'être arrivé jusqu'à ce repère historique.

Un brouhaha ininterrompu, provenant d'un bâtiment voisin me parvient aux oreilles. Il s'agit du local d'accueil destiné aux pèlerins. Je décide de m'y rendre afin d'obtenir toutes les informations utiles à ce dernier tronçon - St-Jean-Santiago - qui se profile à l'horizon. Quelle effervescence avec ces individus originaires des quatre coins du monde. Une vraie tour de Babel ! Les bénévoles, tous à l'écoute de nos nombreuses interrogations, insistent sur les précautions à prendre lors de l'ascension du col de Roncevaux. Ils me donnent un plan indiquant les endroits de passage privilégiés. Je le range précautionneusement dans ma poche pour pouvoir l'étudier ce soir. Mieux vaut se montrer attentif aux conseils prodigués et surtout humble par rapport à la montagne peu habituée à faire des cadeaux aux gens présomptueux !

Après avoir déposé mon sac au refuge, «chez Éric», je rejoins le centre pour visiter cette charmante cité moyenâgeuse pétrie de richesses patrimoniales. Ainsi, je passe successivement en revue : l'église Notre-Dame-du-Bout-du-Pont, la porte de Navarre, la prison dite des Évêques, les longues murailles médiévales... sans oublier de me promener le long des petits sentiers longeant la Nive, dont le courant paisible attire le regard.

Aujourd'hui, nous sommes le jeudi de l'Ascension ! Suspense, le magasin d'articles de sport sera-t-il ouvert ? Tantôt, lors de mon entrée dans Saint-Jean, le volet était fermé ! Cependant, un bénévole de l'association jacquaire m'a rassuré à ce sujet. Effectivement, la boutique est à présent accessible. J'y achète, sur les conseils avisés du gérant, un monsieur très sympathique, une paire de chaussures, des tiges basses. Me voilà à présent débarrassé de mes vieilles godasses puantes et trouées. Il était temps, car mes pieds étaient en souffrance !

À propos de transformation de l'individu grâce à l'action du chemin, on peut dire qu'elle a été opérante pour Éric, mon hébergeant d'un soir. Celui-ci, après avoir cheminé en 2007, a tout abandonné à Paris, souhaitant changer de vie, autrefois centrée uniquement sur l'aspect matériel. Je retiens ses paroles : « *Avant je gagnais beaucoup d'argent et j'étais malheureux. Aujourd'hui, j'ai juste de quoi subsister, mais Dieu, qu'est-ce que je suis heureux !* »

3ème tronçon

Saint-Jean-Pied-de-port – Saint-Jacques-de-Compostelle

799 kilomètres

64ème étape - 30 mai
Saint-Jean-Pied-de-Port - Ronceveaux
27 kilomètres

Je pense pouvoir dire que j'ai dormi du sommeil du juste ! Eh, oui, j'ai été me coucher, hier soir, avec un délicieux sentiment de plénitude. Le fait d'avoir achevé ce second tronçon, avec un moral intact et sans problèmes physiques, me rend optimiste pour la suite de mon périple. Quelle aventure tout de même, surtout en ce qui concerne la dimension humaine. Jamais, avant de prendre mon envol, je n'aurais pu imaginer la richesse de ce qui n'était, il y a quelques années encore, qu'une simple marche sans aucun objectif précis !

Le réveil sonne à six heures ! Aujourd'hui, pas question de traîner, car je désire prendre la route plus tôt qu'à l'accoutumée. En effet, c'est l'étape mythique, celle qui va m'emmener vers Roncevaux. Pour arriver à Roncesvalles, je sais que j'aurai à effectuer une rude montée en direction du Col de Lepoeder culminant à près de mille cinq cents mètres. Bien que cela ne m'inquiète pas outre mesure – j'en ai vu d'autres – il ne convient pas de prendre cette ascension à la légère même si le corps semble rôdé après plus de soixantes jours de pérégrination !

Je ne sais pourquoi, mais je songe à un fait d'histoire demeuré là, dans les profondeurs de ma mémoire. C'était il y a très longtemps, plus précisément le 15 août 778, que l'arrière-garde de l'armée de Charlemagne – l'empereur revenant d'une expédition contre les musulmans – commandée par Roland, dut faire face à une attaque des Vascons ou des Basques selon certains historiens, dans un col des Pyrénées, le nom de Roncevaux fut cité. La bataille meurtrière décima les soldats francs. Tous moururent jusqu'au dernier !

Cet épisode sanglant fit l'objet d'une célèbre chanson de geste, surnommée «la chanson de Roland». Bien qu'inventée de A à Z, elle représente une mine d'informations sur les mœurs de l'époque. Elle figure notamment le chevalier Roland, l'épée à la main qui se bat contre un ennemi trop puissant. Il meurt en brave sur le champ de bataille... C'était il y a quelques siècles déjà !

Après un déjeuner assez succinct, je harnache mon sac à dos et prends la direction de la rue d'Espagne. Je l'emprunte jusqu'à sa terminaison où de nombreux pèlerins se sont regroupés. Le ciel, très nuageux ne me dit rien qui vaille ! J'espère de tout cœur qu'il ne va à nouveau pas se mettre à pleuvoir, condition indispensable afin de pouvoir profiter des paysages et d'être en mesure de prendre de belles photos !

Très rapidement, la route s'élève en zigzaguant. Elle grimpe en pente raide pendant deux bons kilomètres, juste assez pour me mettre en condition. Les pèlerins se suivent à la queue leu leu. La plupart d'entre eux jettent un regard effrayé à la montagne toute puissante. Il est vrai qu'elle paraît impressionnante avec ses à-pics vertigineux. Oh, non, brusquement les nuages descendent vers la vallée et les premières gouttes de pluie tombent au sol. Quel manque de chance !

Ce matin, je détiens plutôt la forme. J'allonge le pas et me mets à dépasser allègrement plusieurs groupes de pèlerins qui viennent de se former en fonction du rythme de chacun. Je peux entendre les réflexions de certaines personnes "*This guy is crazy" ou encore "binnen een of twee kilometer zal hij helemaal uitgeput zijn.*" Ce qui pourrait se traduire par : *« Ce type est complètement fou... dans quelques kilomètres, il sera complètement épuisé ! »*

Eh non, je ne marche pas à une allure aussi rapide pour épater la galerie ou tout simplement pour me prouver que je suis en mesure d'assurer un train d'enfer. Non, il s'agit seulement de tenir un rythme qui me convient, sans toutefois exagérer. Je laisse donc ces gens à leurs commentaires sachant que, sauf accident de parcours, je ne connaîtrai pas de creux au cours de cette ascension.

Je m'en doutais ! Voilà le brouillard qui, en l'espace de quelques minutes, vient envelopper les paysages. Il va falloir faire montre d'une grande prudence, le ravin n'étant pas spécialement un lieu recueillant mes préférences. De plus, avec mes vêtements sombres, les automobilistes, essentiellement les fermiers du coin, ne peuvent m'apercevoir aisément. Raison de plus pour témoigner d'une attention de tous les instants.

Oh, des vaches, là au milieu de la route ! Elles avancent paisiblement faisant tinter la grosse cloche qu'elles portent autour du cou. Je sors mon appareil photo et leur demande de prendre la pause. Mouais, ce n'est guère efficace, mais je m'abstiens de les engueuler car vu leurs cornes, il est préférable d'éviter l'affrontement. Je m'écarte, empruntant le bord du chemin et poursuis mon avancée, le pas cadencé. Instinctivement, je remonte la fermeture éclair de ma veste pour éviter de prendre froid. Brrr, il doit faire à peine sept à huit degrés. Je me demande donc quelle température il fera là-haut !

Au bout d'un effort quasi ininterrompu de quatre heures – juste un arrêt de cinq minutes au refuge pour m'acheter un sandwich – je rejoins le Col de Lepoeder noyé dans un brouillard tenace. Le vent qui souffle en rafales engourdit mes membres, surtout les mains ! Je n'ai pas songé à emporter des gants... Aurait-on pu imaginer pareil climat à l'approche du mois de juin ? Qu'à cela ne tienne, ce n'est pas ce temps pourri qui aura raison de mon enthousiasme.

Alors que j'ai entamé la descente veillant à éviter la forêt et ses pentes à vingt-cinq pourcents, je rejoins une dame emmitouflée dans sa veste fluo. Je la salue et lui demande si tout va bien. Elle me répond que oui, mais qu'elle veille à adopter un rythme moyen afin d'éviter les chutes... « *Car à mon âge* » dit-elle ! Elle rajoute dans la foulée : « *Je vais avoir quatre-vingt-sept ans.* Je l'observe ahuri en répétant d'une voix forte : *quatre-vingt-sept ans !* ». C'est tout bonnement prodigieux... effectuer une telle montée à cet âge, je ne puis que m'incliner devant tant de courage. Et que tous les bougons et les souffleurs professionnels rencontrés tout au long de la longue montée en prennent de la graine !

Pari tenu, il est midi trente lorsque j'arrive à Roncevaux. J'aurai, déduction faite de mon arrêt au refuge d'Orizon, passé un peu moins de cinq heures pour avaler les vingt-sept kilomètres de cette étape costaude, assurément la plus difficile et la plus technique depuis mon départ de Namur ! Je plains les moins rapides qui vont aujourd'hui passer huit ou neuf heures sur les pentes de ce col dont l'ascension est de plus rendue extrêmement difficile à cause de ces conditions atmosphériques vraiment détestables.

65ème étape - 31 mai
Roncevaux - Zubiri
22 Kilomètres

Le refuge, situé à l'entrée de Roncevaux, pourrait aisément porter le titre «d'usine à pèlerins». Cette expression ne se veut nullement péjorative, la qualité de l'infrastructure et l'accueil des hospitaliers, tous bénévoles, pouvant être qualifiés de vraiment optimaux. Non, ce qui est réellement impressionnant, c'est de voir ce grand bâtiment capable d'héberger plus de trois cents personnes ! Inutile de préciser que celui qui abhorre la vie en collectivité ne rejoindra certainement pas cet établissement, véritable ruche bourdonnante.

Dans cet univers, où l'on parle de nombreuses langues, de petits groupes se forment au gré des affinités ou tout simplement du hasard. Dans l'après-midi, installé confortablement dans la bibliothèque à rédiger mon compte-rendu du jour, je me suis amusé à écouter les conversations d'un homme avouant détester la montagne, celle-ci provoquant en lui des grosses angoisses se muant de temps à autre en vagues de panique.

Le devinant aussi fébrile, je me suis demandé si ce dernier allait reprendre la route le lendemain. Pourquoi donc se laisser ainsi dominer par ses peurs ? Friedrich Nietzsche, à juste titre, disait ceci à propos de celui qu'il nommait le « voyageur» : « *Plus de sentier ! Abîme alentour et silence de mort ! Tu l'as voulu ! Pourquoi quitterais-tu le sentier ? Hardi ! C'est le moment ! Le regard froid et clair ! Tu es perdu si tu crois au danger.* » N'avait-il pas raison en prétendant cela ?

Impossible de dormir cette nuit, avec un brouhaha continu doublé d'un concert de ronflements. Ceci sans compter les gens qui se lèvent pour se rendre aux toilettes, ceux pris d'insomnie et j'en passe. Oui, je dois me rendre à l'évidence : fini la dolce vita et la solitude reposante. Qu'y a-t-il donc de mieux à faire que de s'adapter ? Cependant, hors de question pour moi de me lever aux aurores comme certains, qui ont pris le départ vers quatre heures... Quel intérêt y a-t-il à débuter la journée de si bonne heure ? Peut-être ces personnes craignent-elles la chaleur ou alors marchent-elles vraiment lentement ?

L'albergue de Roncevaux ne servant pas de petit déjeuner, je marche, l'estomac vide, jusqu'au premier village répondant au doux nom de Burguette. Non loin de l'Église paroissiale Saint-Nicolas de Bari, je découvre le bar, repéré la veille dans mon topo-guide. Là, je retrouve des têtes aperçues à Roncevaux. Tous ont eu la même idée : venir se nourrir ici avant d'affronter les dénivelés du jour.

Je ne suis pas long à me décider. En ce qui me concerne, ce sera un café serré avec des tortillas. Il reste une petite place au fond de la salle, à côté d'une dame, la bonne cinquantaine. Celle-ci m'accueille gentiment me signalant m'avoir rencontré hier à Roncevaux. Je réfléchis... Oui, c'est exact, nous nous sommes vus à la bibliothèque du refuge, un endroit très prisé par ceux et celles en quête d'un peu de tranquillité.

Hum, les tortillas sont délicieuses. Bon choix assurément ! Je sors de l'établissement en même temps qu'Yvonne, la dame qui m'a tenu compagnie, le temps du déjeuner. Elle me demande si nous pouvons cheminer ensemble jusqu'aux premières pentes. Je préfère marcher seul, mais je me vois difficilement refuser sa requête, surtout qu'elle est vraiment gentille avec son sourire séduisant et sa voix très douce.

Après quelques centaines de mètres, je cherche à savoir si une raison particulière l'a incitée à prendre le chemin. Yvonne, me répond : « *Oui, mon époux* ». Je lui demande alors si celui-ci est malade. Les yeux d'Yvonne s'embuent de larmes. Puis, elle m'explique que son mari est décédé il y a une bonne année maintenant. Je suis confus et m'excuse de lui avoir posé cette question.

Yvonne, de manière quasi instinctive, sort de son portefeuille la photo d'un homme distingué. « *C'est Serge,* dit-elle, *un cancer foudroyant l'a emporté en un mois à peine. Nous nous aimions vraiment beaucoup et voilà que le destin a décidé de se montrer contraire. Nous avions prévu de nous rendre à Compostelle, c'était son rêve. C'est pourquoi, j'ai pris la décision d'y aller, seule. Serge me suit, je peux sentir sa présence et cela me donne le courage de poursuivre la route.* »

Avant de nous quitter – nous sommes maintenant arrivés à l'embranchement où le sentier commence à s'élever – Yvonne, sort de sa poche un papier qu'elle déplie avec précaution. Elle lit les quelques lignes suivantes que j'ai décidé de reproduire dans mon calepin, les trouvant à la fois belles et très émouvantes : « *Mourir, c'est se fondre dans le soleil. Quand tu seras arrivé en haut de la montagne, c'est alors que tu commenceras à monter. Quand la terre réclamera tes membres, c'est alors que tu commenceras à danser.* »

J'embrasse amicalement Yvonne, lui souhaitant de pouvoir trouver la paix sur le chemin. Elle me regarde avec ses grands yeux tristes. Cependant, je devine au fond d'elle une envie farouche d'avancer sans faillir à sa promesse. À la voir si décidée, je sais qu'elle y arrivera ! Tout en me retournant à plusieurs reprises afin de la saluer, je hausse le rythme, me laissant imprégner par la nature pétillante de vitalité. Une brise au souffle saccadé enveloppe la montagne encore transie par les pluies diluviennes de la veille. En ce moment, c'est la frénésie de la liberté qui coule dans mes veines. Semblable à une balade palpitante, elle me pousse vers l'avant.

Le clocher de l'église de Zubiri apparaît déjà, alors qu'il n'est encore que onze heures. Bah, c'est plutôt pas mal, car je compte me reposer un peu suite à la mauvaise nuit passée à Roncevaux. Et puis, le fait de ne pas aller à Larrasoaña aujourd'hui est aussi stratégique : tout simplement éviter le flux de pèlerins, très dense, et qui pour la plupart iront au bout de l'étape comme le prévoit le guide !

En fin d'après-midi, je me plais à déambuler dans les petites ruelles ombragées de Zubiri. L'une d'entre elles mène à un pont auprès duquel on peut se laisser charmer par les remous de la rivière. À quelques dizaines de mètres, un pêcheur, équipé de ses hautes bottes, s'est avancé à bonne distance des berges. Il fait de grands mouvements du bras, attentif à positionner sa canne avec précision. Je me demande s'il a déjà réussi à taquiner le poisson ou si au contraire, ce dernier, rusé, ne lui en a pas laissé l'occasion. À le voir tout sourire, j'imagine que sa bourriche doit être pleine à craquer.

66ème étape – 1er juin
Zubiri - Pampelune
20 kilomètres

Cette fois, j'acquiers enfin le sentiment d'être en Espagne ! Si celui-ci n'était encore qu'assez diffus à Roncevaux, trop proche de la frontière française, je puis dire à présent que je suis dans le bain. Les «hola» viennent de succéder aux habituels «bonjour» et se faire comprendre, lorsque l'on ne peut compter que sur un vocabulaire riche de trois ou quatre cents mots, n'est pas une sinécure ! L'Espagnol étant plutôt unilingue, demeure alors le langage des signes pour vaincre les difficultés de compréhension.

Le ciel est tout bleu ! Le soleil a semble-t-il revêtu ses habits du dimanche. Qu'il ne les enlève pas trop vite, car je l'aime bien comme cela ! À y repenser, quel mauvais temps nous avons connu ces derniers jours avec ce vent tempétueux, ces pluies diluviennes, ce brouillard à couper au couteau, ces températures glaciales... voilà un joli coup de balancier eu égard à mes premiers quarante-cinq jours de pèlerinage ! Enfin, inutile de converser davantage sur le sujet, il faut prendre le temps comme il vient !

Ici, tout au long de la route qui va m'emmener de Zubiri à la ville de Pampelune, je me trouve dans ce que les Espagnols appellent l'Esteribar, plus connue anciennement sous le nom de «vallée des chasseurs». Ce vaste territoire qui regroupe vingt-huit entités, abrite de nombreuses surfaces boisées que j'ai déjà eu l'occasion de traverser lors de mes deux premières journées en Espagne. Cet environnement très vert ravira certainement les amateurs de nature et de calme dont je fais incontestablement partie.

Près d'Illarraz, un minuscule hameau, je déniche un tronc d'arbre qui va me permettre de manger mon casse-croûte du matin. Oh, pas grand chose... un vieux morceau de baguette, une banane et un peu d'eau. Tête de linotte que je suis, j'ai oublié d'acheter des provisions et aujourd'hui, dimanche, tout était encore fermé lorsque j'ai entamé l'étape de bonne heure ! Peu importe, je profite de cette vue exceptionnelle sur la montagne, à la fois monstre de puissance et de... douceur !

Que d'eau, que d'eau ! Partout, on peut entendre le bruissement, voire dans certains cas le mugissement des rivières, des ruisseaux, des chutes... un vrai régal ! Bizarre, ça pique à mon pied. Je décide de m'écarter un peu du sentier et déchausse mon pied droit. Ah, oui, bien évidemment, j'ai enfilé ma chaussette à l'envers et la couture me cisaille les chairs... Quel étourdi tout de même ! En revanche, cela me permet de découvrir quelques mètres plus loin une sorte de petit embarcadère en bois. Personne dans le coin... allez, je me plonge dans l'eau jusqu'à mi-jambes. C'est froid, mais que ça fait du bien.

Pampelune ! Évoquer ce nom me renvoie plein d'images dans la tête. Notamment celles de la très célèbre San Firmin, festivités pendant lesquelles les taureaux lancés à pleine vitesse dévalent les ruelles avec, devant eux, des hurluberlus qui tentent de les éviter. On a tous en mémoire ces scènes folkloriques qui parfois virent au drame. En effet, chaque année, ces manifestations provoquent des dizaines de blessés, blessures parfois mortelles !

En suivant les instructions de mon manuel de route, je débouche le long des remparts. Il s'agit d'une construction vraiment massive qui me rappelle les ouvrages réalisés par Vauban, notamment ceux que j'ai pu observer à Rocroi ou encore la citadelle de Saint-Jean-pied-de-Port. Pampelune doit ces éléments de protection à son incorporation au royaume de Castille au tout début du XVIe siècle. À l'époque, cette vaste cité représentait un poste avancé de la couronne espagnole face aux Français.

Moins de cinq minutes plus tard, je débouche face à l'impressionnante porte d'entrée de l'albergue Jesus Di Maria. Je pose mon sac et avale quelques gorgées d'eau, juste le temps de voir arriver Roger, le pèlerin français avec lequel je chemine depuis plus de trois semaines maintenant. Il s'approche tout sourire en lâchant un tonitruant : « *Belle étape !* ». Je partage son enthousiasme, car les paysages traversés sont splendides.

Nous patientons une bonne demi-heure avant l'ouverture des portes. Dans l'intervalle, plus de trente pèlerins sont arrivés. La responsable du refuge me regarde et me désigne du doigt. D'une voix forte, elle m'interroge « *El primero peregrino - le premier pèlerin ?*». J'opine de la tête, m'empare de mon sac à dos et avance jusqu'au comptoir d'accueil. Je tends ma crédenciale d'un mouvement désormais devenu habituel. La dame, sans hésitation écrase son tampon sur le document tout en me priant d'occuper le lit n°1.

Libéré des formalités administratives, je peux à présent me rendre dans les artères animées de la ville. Certaines rues sont décorées de guirlandes roses torsadées et il y règne une surprenante ambiance. De nombreux orchestres itinérants déambulent d'un bar à l'autre pour le plus grand bonheur du public espagnol très festif. C'est l'heure du verre de vin accompagné des traditionnelles tapas. C'est certain, ce soir, je compte bien goûter à toutes ces délicieuses choses !

Un rapide détour par l'office du tourisme finit par me convaincre de l'incroyable patrimoine qu'offre Pampelune. Le préposé me cite en vrac une dizaines de curiosités à ne pas manquer dont : la place del Castillo, l'église San Nicolas, le palais Guenduláin, le palais du connétable et son musée Sarasate, le musée de Navarre, la cathédrale Santa Maria, le planétarium et le parc Yamaguchi... je pose les mains devant la bouche tout en lui faisant comprendre que je suis pèlerin et que je ne dispose que de peu de temps devant moi. Il éclate d'un rire sonore et me souligne au feutre, les incontournables à ne pas manquer.

En cet instant, il ne me paraît pas absurde de songer au repas du soir. Je ne sais pas encore où on va aller, mais une chose est certaine, je peux compter sur mon ami Roger pour nous dégotter la bonne adresse. Le sentiment qui m'anime à l'instant présent est celui d'une grande quiétude. Il n'y a en moi aucune fatigue, aucune lassitude... juste une joie réelle de me trouver ici sur le chemin.

Après être passé sous la douche, j'entends un pèlerin allemand qui chantonne bruyamment. Il me voit et me crie dans un français plus que satisfaisant « *Du beau temps pour les dix prochains jours !*». Alors qu'il s'en va tout guilleret, j'essaie, prudent, de partager son optimisme. Si ce beau soleil pouvait arrêter de nous bouder, ce serait vraiment extraordinaire.

67ème étape – 2 juin
Pampelune - Punte la Reina
25 kilomètres

Les menus proposés aux pèlerins dans les restaurants espagnols sont de bonne qualité et plutôt sympathiques au niveau du portefeuille. Pour un prix qui, généralement, varie entre huit et douze euros, on peut manger à sa faim. Jugez plutôt : une entrée, un plat, un dessert, un panier de pain avec le plus souvent une demi-bouteille de vin rouge. De quoi venir soulager nos corps en déficit de calories !

Hier soir, lors du repas, Roger et moi étions accompagnés d'un pèlerin français originaire du nord de la France. Étranges conversations échangées avec cet homme de quarante-cinq ans, kinésithérapeute et thérapeute énergétique de profession. Son métier, ou devrais-je plus logiquement évoquer son don, consiste à guérir ou, du moins soulager, à l'aide de ses mains, les personnes souffrant de maux divers, dont la plupart connaissent des problèmes psychologiques ou comportementaux...

Éric, c'est son prénom, a lui aussi connu son lot de problèmes et de drames. Il a perdu son grand frère, âgé à l'époque de seize ans, décédé d'un cancer foudroyant. À peine entré dans l'adolescence, il a conservé de ce tragique moment de l'existence une fracture difficile à résorber. Il en a parlé avec beaucoup d'émotion et expliqué combien sa famille avait souffert de la perte de cet être cher.

La conversation a alors pris un ton plus subtil, Éric évoqua son don pour la perception de manifestations, la plupart du temps étrangères à beaucoup d'entre nous. Peut-être, cette faculté de percevoir certaines choses a-t-elle été amplifiée suite au décès de son frère ? Celui-ci lui est apparu, un soir d'orage. Il lui a précisé le plus naturellement du monde que tout allait bien et que sa famille ne devait pas marquer de la tristesse suite à son décès.

Éric nous a expliqué être convaincu de la survivance de notre âme lorsqu'arrive le jour du trépas. Un peu à l'instar du bouddhisme, sans être toutefois absolument similaire, sa théorie de la vie est basée sur le cycle des réincarnations. L'individu doit passer par différents plans qui lui sont accessibles. À chaque fois, nous sommes renvoyés sur terre pour y accomplir une mission. En ce qui le concerne, il existe un «UN» à l'origine de toutes choses. Peu importe que les hommes utilisent les termes Dieu, Allah, Bouddha, Plan Divin... là ne réside pas l'essentiel.

La complexité du «vivant» ne peut selon lui s'expliquer que si un «destin intelligent» est à l'œuvre dans la nature. Face à cette affirmation, je me demande alors, sans lui en faire mention, si notre devenir biologique est inscrit en nous ? Mais alors, dans l'affirmative, qui pourrait être à l'origine de ce dessein ? Vaste débat mais non dépourvu d'intérêt, chacun développant tour à tour ses propres arguments ou affirmations.

Encore en réflexion par rapport à cette thématique intéressante, j'avance sur le sentier rocailleux l'œil rivé sur l'horizon. Que de splendeurs m'entourent : ces hautes montagnes emmaillotées d'un halo de brume, ces riantes vallées traversées par des rivières impétueuses, ces animaux et volatiles en totale liberté... Oui, le darwinisme a, sans conteste, répondu à de nombreuses interrogations mais cette heureuse alchimie des choses demeure tout de même bien présente à l'idée ! Tant de perfection, conséquence d'un simple hasard...Un peu gros non ?

La route s'élève brutalement, provoquant l'explosion du peloton de peregrinos en mouvement vers la Sierra del Perdón. Comme à l'accoutumée, j'enclenche le turbo et les dépasse un à un, toujours en maintenant le même rythme. Arrivé au sommet, je suis accueilli par une armée de sculptures qui se suivent à la queue leu leu. Forgées dans de la ferraille, il y a là des pèlerins, des lances, un chien, un âne... Quelle étonnante réalisation déposée ici au sommet de la montagne.

Cet endroit, beau à couper le souffle, est surprenant ! Comme l'évoquent si bien les Espagnols : « *Donde se cruza el camino del viento cruza con el de las estrellas* », ce qui signifie : « *Où le chemin du vent croise celui des étoiles* ». Et c'est vrai que le contraste présenté est saisissant, avec d'un côté ces silhouettes énigmatiques et en face, sur la colline, ces dizaines d'éoliennes qui tournent sans discontinuer sous l'effet d'un vent tempétueux.

Impossible d'ôter la veste pour la prise de quelques photos qui auraient immortalisé cet endroit particulier traversé lors de mon soixante-septième jour de pèlerinage, car il y fait bien trop froid. Je décide donc de poursuivre la route qui redescend vers la vallée. Je préfère ralentir l'allure sur cette route parsemée de caillasses qui se dérobent sous les pieds. Une jeune femme, devant moi, glisse et chute lourdement. Je me précipite à ses côtés et lui demande si tout va bien. Heureusement, plus de peur que de mal... juste quelques écorchures et probablement de gros bleus demain matin au réveil. Qui oserait donc prétendre, la main sur le coeur, que la vie de pèlerin est un long fleuve tranquille ?

Le ciel se morcelle un peu et laisse apparaître de temps à autres quelques rayons de soleil. Je suis seul à présent et pense avoir dépassé tous les pèlerins qui ont pris la route ce matin. Je souris en pensant – oh, bien entendu, ils font ce que bon leur semble – à tous ces gens partis du refuge dès quatre heures du matin et qui finalement arrivent à destination bien après moi. La crainte de ne pas trouver de quoi coucher le soir semble la plus forte, alors que les possibilités existantes sont largement suffisantes pour garantir à tous un hébergement !

À l'entrée de Punte la Reina se trouve une statue monumentale de saint Jacques. Il est impressionnant de constater combien les Epagnols portent le «camino» dans leur cœur. Le regard qu'ils adressent aux pèlerins ne laisse planer aucun doute sur leur sympathie à leur égard. Souvent, ils vous interpellent pour vous poser invariablement la même question : « *Va a Santiago ?* », ce qui signifie : « *Allez-vous jusqu'à Santiago* ? »

Une nouvelle fois, je bénéficie d'une bonne dose de réussite, le refuge des Pères venant d'ouvrir ses portes. Immédiatement, je pénètre dans le beau bâtiment, présente ma crédenciale et, après m'être acquitté du prix de la nuitée, dépose mon sac à dos au pied du lit. Ne manque plus que passer sous la douche pour que le bonheur soit complet ! En définitive, elle est plutôt agréable, cette vie de pèlerin... À condition bien entendu de se contenter de ce que le chemin a décidé de vous offrir. Les exigences et les goûts de luxe sont à proscrire au risque de se faire éjecter manu militari. À n'en pas douter, il y a ici un art du savoir-vivre dont il vaut mieux saisir rapidement les préceptes au risque de se voir marginaliser !

68ème étape – 3 juin
Punte la Reina - Estella
23 kilomètres

L'accumulation de mauvaises nuits passées depuis Saint-Jean-Pied-de-Port commence tout doucement à produire ses effets. Lorsque la sonnerie de mon GSM retentit à six heures, j'éprouve quelques difficultés à quitter mon sac de couchage. Et pourtant, il ne faut pas trop traîner, car le dortoir est déjà aux trois quarts vide. De véritables lapins, ces pèlerins !

Aujourd'hui, contrairement aux jours précédents, je n'irai pas déjeuner au bar du coin pour y déguster les fameuses tortillas et boire le café blanco ou encore le café con leche, car le refuge possède sa grande cuisine collective. Tout a donc été acheté la veille en prévision : du pain, des biscuits vitaminés, du jus de pommes, du yaourt, une banane et les fameux sticks pour se préparer un... bon arabica !

Rassasié, j'entame l'étape du jour le moral au zénith, surtout que le ciel limpide augure une belle journée. Une fois la rue principale dépassée, je traverse le magnifique pont roman dont la forme bombée attire le regard. C'est vrai qu'il a fière allure ce bel ouvrage aux impressionnantes proportions : cent dix mètres de longueur pour une quinzaine de mètres de hauteur en son centre. Ses grandes arches cintrées renforcent encore l'impression de robustesse. Une fois la traversée effectuée à un rythme lent, pour admirer une dernière fois Puente la Reina au petit matin, je range mon appareil photo et me mets en quête des désormais traditionnelles coquilles. Ah, les voilà... la journée débute sous les meilleurs auspices !

Au détour d'un virage serré, un paysage enchanteur s'ouvre à moi. Ici, les vignes et les champs de blé se disputent le droit de régner en maître sur cet immense territoire. Ce mélange de couleurs est prodigieux... du vert, du bleu, de l'ocre, du jaune et le rouge des coquelicots. N'est-il pas de meilleur moment pour se laisser imprégner par les effets bénéfiques du soleil, les subtiles caresses du vent ou encore le clapotis amical de la rivière ? Tout ce que je vis, ce fantastique face à face avec moi-même, je pense ne l'avoir jamais éprouvé dans ma vie de tous les jours. Ma joie est intense, réelle... à mille lieues des plaisirs artificiels offerts par la société au quotidien et sa frénésie débordante.

Dans ce tableau idyllique, une ombre tout de même ! Je reconnais la dame qui logeait au refuge de Zubiri. Elle m'émeut beaucoup, car elle fait preuve d'un grand courage, elle qui souffre d'un cancer et de sévères problèmes de mobilité. Elle m'avait raconté avoir passé seize heures pour boucler l'étape de Roncevaux et était arrivée au monastère à 23h, complètement épuisée ! Avant de reprendre ma route, je discute un peu avec elle pour lui remonter le moral. Elle atteindra son but et verra le Botafumeiro à Santiago, j'en suis convaincu !

Encore des vignes et toujours des vignes... Nous allons bientôt pénétrer dans la région du réputé Rioja, l'un de mes vins espagnols préférés. Rien qu'à y penser, j'en ai l'eau à la bouche. Profitant de larges coteaux baignés par un soleil généreux, ce vin libère toute sa puissance dans la bouche et c'est cela qui me plaît. Dommage, car si j'étais passé ici quelques mois plus tard, j'aurais pu goûter ces raisins gorgés de douceur.

Un peu avant la mi-parcours, apparaît le village de Cirauqui et sa splendide voie romaine nichée entre les escarpements rocheux. Alors que je traverse un petit pont, mon regard est attiré par deux ânes occupés à brouter l'herbe soyeuse de la vallée. Ceux-ci semblent indifférents au brouhaha continu que font ces centaines de pèlerins traversant leurs pâtures. Avec discrétion, je sors mon appareil photo et leur tire le portrait. Visiblement irrités, tous deux se mettent à braire à tue-tête. Je souris et décide de quitter leur territoire. Après tout, c'est moi l'étranger.

Là, cela commence à bien chauffer ! Adieu, veste et polaire... enfin, du moins pour le moment. Mieux vaut en effet être prudent vu les conditions climatiques très changeantes de ces derniers jours ! En tout cas, le soleil rend le moral à ceux qui ont tellement souffert lors des précédentes étapes... surtout la redoutable montée vers le col de Lepoeder, vécue sous une pluie battante doublée d'un brouillard très dense !

Ce qui me surprend également sur ce chemin des découvertes, ce sont toutes les odeurs, autant de parfums délicats à même de susciter de surprenantes émotions. Il y a les fleurs et leurs couleurs éclatantes, les arbres et arbustes, le thym sauvage... ainsi que la fragrance de végétaux plus difficiles à débusquer. Ainsi, je respire à pleins poumons cet air embaumé, à cent mille lieues des gaz d'échappement de nos villes surpeuplées !

Oh, heureux hasard du chemin, alors que je m'apprêtais à entrer dans Estella, ma destination du jour, je découvre une petite fontaine pour y remplir ma gourde. Je bois avec lenteur cette eau délicieusement fraîche qui me redonne tonus et énergie. Encore une fois, je suis le premier pèlerin du jour à me présenter au refuge. Une grande plaque signale l'ouverture des portes à midi. Ça tombe bien, il ne me reste donc qu'une demi-heure à patienter !

Je suis vraiment ébloui par ce merveilleux patrimoine offert par la ville d'Estella... autant de trésors à découvrir sur un si petit territoire. Je remarque ainsi : le palais des rois de Navarre et son chapiteau figurant un combat entre Roland et le géant musulman Ferragut, le couvent des Récollettes et sa crypte funéraire découverte il n'y a pas si longtemps, le palais du gouverneur et sa belle façade en pierre de taille, le château de Zalatambor construit aux XIe et XIIe siècles, la porte de Castille, dernier vestige de la ville médiévale...

Pour les amateurs de gastronomie locale qui, le plus souvent, fait appel aux produits du terroir, ils ne seraient pas déçus en opérant un petit détour par cette cité aux mille parfums. Ils pourront notamment y goûter : le cochon de lait grillé, les haricots rouges au lard, le fromage d'Urbasa, l'agneau au chilindròn, la morue et sa sauce aux poivrons... le tout accompagné d'un rouge ou d'un savoureux rosé de la région.

Estella, assoupie en cette après-midi torride, semble observer tous ces hommes et ces femmes arborant fièrement la coquille. Peut-être se dit-elle que toutes ces personnes empruntent un autre chemin, celui de l'intériorité. Ici, nous quittons les protocoles formatés pour créer nos propres standards de vie, ceux qui permettront à l'individu en recherche de lui-même d'intégrer de nouveaux modes de pensées et d'aboutir à un saut de conscience dont le monde a bien besoin en ces temps de repli sur soi et d'indifférence exacerbée !

69ème étape – 4 juin
Estella - Los Arcos
21 kilomètres

Deux possibilités se présentent à moi : soit prendre l'embranchement de droite, plus rapide, ou alors, bifurquer à gauche et rallier le monastère d'Irache. Ma décision est prise. Dans l'instant, je traverse la rue et rejoins le sentier empierré qui file en direction d'Irache. Si j'opte pour cette seconde option, c'est qu'il y a une bonne raison ! Pour être honnête, ce n'est pas tellement le monastère qui m'intéresse, mais plutôt sa fontaine... Une fontaine à vin ! Lorsque je me présente devant la «fuente del vino», vin généreusement offert par les bodegas du monastère, il y déjà foule ! Lorsque mon tour arrive, je place ma bouteille en-dessous du levier et laisse couler une belle lampée du précieux breuvage. Ma journée ne peut être qu'excellente !

Après quelques kilomètres de marche et, soit dit en passant, de rudes côtes à grimper, j'aperçois le petit village de Azqueta. Tiens, j'ai de la compagnie ! Un cheval, un magnifique étalon au pelage luisant, s'amuse à me suivre, accordant son rythme au mien. Je stoppe ma progression et m'approche de la clôture. Je lui caresse les naseaux avec prudence et lui parle avec douceur. C'est qu'il en impose, le bougre !

L'animal m'observe, les oreilles tendues. Je sais pour l'avoir appris d'un fervent amateur de la race équine ce que cette attitude signifie : *prends garde l'étranger, je suis attentif et j'écoute !* Oh, tout doux, mon brave, je ne vais pas te faire de mal ! Tu sais que tu es beau, toi. Sous le charme de l'animal, j'arrache une touffe d'herbe grasse et lui tends en guise de friandise. Alors que le cheval mastique sa pitance, je décide de reprendre la route, le pas cadencé.

C'est bête à dire, mais, en ce moment, je réalise que l'on ne doit pas attendre le bonheur comme le passager sur le quai, guettant l'arrivée d'un train. Non, le bonheur ne s'élude pas, il se vit au quotidien. Indépendamment de circonstances pouvant se montrer déstabilisantes, il est là, bien présent... il est dans tout ! Prenons cette nature si riche, si vivante. N'est-elle pas source de bonheur ? Toutes ces rencontres ne représentent-elles pas des moments privilégiés de l'existence ? Nous sommes tous tellement préoccupés par la fulgurance de la vie que nous avons souvent tendance à passer à côté de l'essentiel !

Une fois le village derrière moi, je traverse une petite zone boisée transpercée par les rayons du soleil dont les rais incandescents strient le sol. Là, à quelques mètres, se trouve une souche d'un arbre ayant rendu l'âme. Je décide d'y faire halte pour y déguster ma banane… c'est le rituel de début de journée. J'y tiens beaucoup car, outre les calories que m'apporte ce fruit, cela me permet de freiner ma marche en avant, menée le plus souvent à un rythme d'enfer.

Cette zone boisée me rappelle la forêt de Brocéliande, traversée lors d'un récent séjour professionnel en Bretagne. Il y a cette impression d'être observé par une nature aux aguets. Je me souviens de tous ces noms issus du domaine féerique : le Miroir des Fées, le Val sans Retour, Arthur et Morgane, l'Arbre d'Or… Mon esprit se met à fabuler. Je devine cachée dans les replis de la forêt une forme étirée. Où sont les monstres ? Où sont les créatures, lutins et autres bardes enchanteurs ? J'apprécie ces divagations de l'esprit et surtout la musicalité de cet endroit, où tous mes sens sont en éveil.

Soudain, un écureuil traverse le sentier et puis, ayant aperçu ma silhouette, grimpe dans un arbre et disparaît. Mon regard fouille avec attention les grands feuillus, hélas, sans succès ! Le petit coquin est bien caché… les chances de le débusquer sont quasi nulles. Ravi de cette rencontre impromptue et en définitive si «simple», je me redresse et décide de poursuivre ma route. Le bois sec, de petits branchages filasses, craquent sous les pieds. Cet écho se répercute dans cet univers propice à la réflexion.

Après deux bonnes heures d'une marche plaisante, la route s'élève brusquement pour aboutir à un large plateau encombré de roches. Un rapide regard sur le topo-guide m'apprend qu'il me reste un peu plus de cinq kilomètres à parcourir. Je ne sais pourquoi me vient à l'esprit cette histoire racontée par un proche voisin, un homme ayant cheminé, il y a deux ans déjà. Il me disait ceci : « *Un jour que je marchais sur le chemin, j'eus la sensation d'être perdu. Je venais de passer un embranchement à cinq voies et je n'étais plus certain de la route à emprunter. Alors que je consultais mes annotations de la veille, un homme m'interpella. Je ne sais d'où il sortait, mais sa présence eut le don de me rassurer. Il m'expliqua que je m'étais trompé et m'indiqua que je devais retourner sur mes pas. Je grattai le haut de mon crâne tout en jetant un nouveau coup d'oeil à mon topo-guide. Quand je relevai la tête afin d'interroger ce monsieur, je constatai qu'il n'était plus là. Interloqué, je me retournai vivement et pivotai à 360°. Incroyable, il avait disparu ! Et pourtant, il n'y avait que des champs à perte de vue. S'était-il volatilisé ?»* Et si moi, aussi je devais être confronté à ce type de situation, comment réagirais-je ?

Cette étape se déroule, comme celle de la veille, dans une immensité verdoyante au sein de laquelle viennent se fondre de vastes champs de blé. Haut dans le ciel à nouveau nuageux, deux aigles tournoient dans un ballet incessant. Je peux entendre leurs cris qui se répercutent sur les rochers. Soudain, l'un deux plonge vers le sol... la distance, trop importante, ne me permet pas de voir s'il a réussi à s'emparer de sa proie.

Parfois encore, j'éprouve quelques difficultés à saisir que je suis là, à pouvoir admirer toutes ces merveilles. Un sentiment de joie profonde s'empare de moi, me faisant ainsi prendre conscience de ma chance. Il y a tant de belles choses à découvrir, tant de rencontres émotionnelles à vivre, tant d'éléments qui me nourrissent... Je voudrais que ce voyage soit éternel. Alors que je laisse glisser en moi les images de mon passé, celle de ma grand-mère apparaît. Elle est là, le regard pétillant, celui-là même que je reconnaîtrais entre mille. Muette, elle m'observe, heureuse sans aucun doute du parcours que je suis en train de réaliser. Lorsque sa silhouette disparaît, je ne peux m'empêcher de ressentir une vive déception. Elle me manque tellement ! Où es-tu ? Peux-tu m'entendre et me voir ? Penser à une certaine survivance de l'âme réconforte, elle irrigue le cœur et réchauffe l'esprit !

J'avoue ressentir une certaine satisfaction d'arriver à Los Arcos. Non pas que le parcours du jour ne m'ait proposé de belles satisfactions... Non, il s'agit plutôt de mon tendon qui me pose quelques soucis. C'est entièrement de ma faute. Il faut absolument que j'arrive à lever le pied au risque de me blesser plus sérieusement !

70ème étape – 5 juin
Los Arcos - Logroño
29 kilomètres

Hier, alors que les premiers silences de la nuit et les derniers bruissements du jour s'affrontaient, je me sentais si bien à contempler la voûte céleste qui se parait lentement d'une myriade d'étoiles. Je me suis dit qu'ici, rien qui ne touche à cette merveilleuse nature ne m'est indifférent. Ce sentiment diffus dans un premier temps n'a cessé de grandir en moi au fil des jours et ce, pour mon plus grand bonheur.

Ah, l'esprit humain et ses contradictions, ses doutes, ses interrogations... pas toujours facile de maintenir une constance dans ce à quoi nous croyons ! Songer qu'un grand Ordonnateur a tout pensé, y compris le rôle de l'homme, rassure l'esprit et, en même temps, la chose devient effrayante, si au contraire, il n'y a que le néant qui nous attend.

La spiritualité, le fait de «croire», sont-ils enfants de la misère, ou vaine espérance d'esprits en détresse s'accrochant désespérément à la vie qui fuit inexorablement ? À mon sens, un homme se doit de se poser ces questions, qu'il soit croyant convaincu ou au contraire qu'il considère que notre existence n'est qu'une frivole étincelle venue du vide sidéral pour y retourner !

Il y a lieu de reconnaître que notre civilisation actuelle met particulièrement à l'épreuve l'acte de croire. Et pourtant, qu'y a-t-il de mal à cela ? Ici sur le chemin, les conversations portant sur le sujet ne suscitent aucune moquerie. Les croyants côtoient les agnostiques et les athées avec autant de bonheur. Chacun développe ses arguments en laissant à l'autre la liberté de son choix. C'est déjà une retentissante victoire, un remarquable exemple de fraternité.

Le ballet des convictions est surprenant. Un pèlerin italien, un homme dans la quarantaine, toujours souriant, se révèle très croyant. Souvent sur le chemin, je le vois quitter la route pour aller visiter une chapelle ou observer un calvaire. D'autres, par contre, ignorent tous ces symboles religieux, considérant très certainement ceux-ci comme ostentatoires. Enfin, il y a ceux qui hésitent entre le lâcher prise et le fait de laisser parler leur cœur.

Cette fois, les météorologues ne se sont pas trompés ! Dès le grand matin, le soleil occupe seul le ciel, ne tolérant la présence d'aucun nuage. Quel changement par rapport à l'étape d'hier avec ce vent glacial descendant des montagnes. Comme on n'est jamais assez prudent, je me badigeonne de produit solaire avant de quitter le refuge en ébullition, chacun souhaitant prendre la route de bonne heure afin d'éviter la chaleur.

Fidèle à mon habitude, le rythme est soutenu dés le début de la piste, une sorte de voie truffée de pierres et de racines. Je sais, je devrais me calmer afin de ne pas courir tel un poulet sans tête avec le risque réel de me blesser. En effet, je ressens toujours une gêne au tendon qui descend jusqu'au talon. Cet avertissement devrait me suffire... mais bon, quand on est buté, ce n'est pas la peine d'espérer ! D'un autre côté, je porte en moi l'idée bien ancrée que mon corps est rôdé et qu'il ne peut rien m'arriver de contraire. Tête de mule, va, pourvu que tu n'aies pas à le regretter !

À Los Arcos, hier, lors de mon arrivée, c'était l'hécatombe ! De nombreux pèlerins ont dû faire appel au kinésithérapeute pour soigner leurs bobos. Et, il y avait de tout : des foulures, des plaies, des cloques, des entorses, des tendinites... un vrai festival de problèmes physiques. Vu l'état dans lequel se trouvaient certains d'entre eux, je suis convaincu qu'ils n'ont que peu d'espoir de poursuivre l'aventure.

La plupart de ces blessures sont la résultante de cette difficile montée vers le col de Lepoeder, lors de l'étape de Roncevaux. Pour beaucoup de pèlerins, cette journée d'ascension représentait le début de leur parcours. Pleins de courage mais le corps non encore habitué à un tel effort, ils ont voulu forcer, avec comme résultat un coup d'arrêt en début de leur pèlerinage. Mieux vaut donc cheminer quelques jours avant Saint-Jean-Pied-de-Port avant d'entamer de telles grimpettes !

Aujourd'hui, la route n'est pas spécialement vallonnée, seuls quelques petites côtes sans réelle importance. Au fur et à mesure de ma progression, je suis envahi par une vraie émotion suscitée par une luminosité matinale exceptionnelle. Chaque arbre, arbuste, fleur, vigne, olivier - sans oublier le magnétisme exercé par les montagnes qui cerclent les paysages - sur lequel mon regard se pose prend une teinte particulière, proche de la perfection.

Encore une fois, je ne peux que louer l'enthousiasme et la volonté des Espagnols à aider le pèlerin engagé sur le chemin. On dirait que tout a été pensé en fonction de celui qui chemine : le marquage est parfait, les fontaines abondantes, le choix des itinéraires judicieux, les albergues accueillantes... Il n'est que justice de remercier les Autorités et ces milliers de bénévoles sans qui pérégriner prendrait une tournure encore plus éprouvante !

Les nombreux pèlerins que je dépasse tirent la langue. Il est vrai que la chaleur est à présent très forte. Je suis donc les conseils prodigués par les spécialistes de la marche... boire au moins trois litres d'eau afin d'éviter les problèmes de déshydratation et les pépins physiques. Tout un programme pour moi qui éprouve déjà de grosses difficultés à avaler le tiers de la ration préconisée !

C'est avec un certain soulagement que je vois apparaître, depuis le sommet de la côte, la silhouette étirée de la ville de Logrono. Ce promontoire est idéal pour embrasser toute la vallée inondée de soleil. Un agriculteur, occupé à cultiver la vigne, dépose son outil pour me saluer et me souhaiter un buen camino. Je le remercie de sa gentillesse par un geste de la main et un «muchas gracias « bien appuyé.

À peine le temps d'avaler les dernières gouttes d'eau contenues dans ma gourde que j'atteins les faubourgs animés de Logrono. Je ne suis pas le seul à ne pas avoir musardé en chemin... D'autres pèlerins arrivent en grand nombre, probablement inquiets à l'idée que le refuge soit complet. C'est là un sujet qui m'a toujours laissé indifférent et cela m'a plutôt bien réussi depuis le début ! En effet, les possibilités de loger sont si nombreuses que passer une nuit à la belle étoile relève presque de l'impossible, sauf bien entendu en cas d'arrivée très tardive.

71ème étape – 6 juin
Logrono - Najera
30 kilomètres

Contrairement à ce que j'imaginais, Logrono est une ville importante. J'ai donc été bien inspiré de me munir d'un plan afin de me retrouver dans ce dédale de rues et de ruelles. Ceci dit, cette cité possède beaucoup de charme et un patrimoine plutôt intéressant que les autorités locales ont réussi, avec un certain brio, à mettre en lumière.

En dehors des classiques que sont la remarquable cathédrale Santa Maria de la Redonda, la puerta de Revellin, l'esplanade dédiée au général Esperato, les églises, les vieux bâtiments en excellent état de conservation... Logrono offre de nombreux espaces propices à la détente. J'en ai donc profité pour m'installer confortablement dans un parc public où s'entremêlent les massifs à l'abondante floraison entrecoupés d'entrelacs de gazon adroitement coupés. Bel endroit... un vrai petit coin de paradis entre ombre et lumière.

Que les Espagnols aiment s'adonner à la sacro-sainte sieste, mais également à la fête, est loin d'être une simple vue de l'esprit. Dans l'après-midi, il n'y a pas âme qui vive en centre-ville... tout le contraire du soir venu, lorsque les rues grouillent de monde. Le beau temps aidant, les habitants envahissent les terrasses des nombreux bars garnissant les artères logronaises. Et tous parlent fort un peu comme si chacun voulait marquer son territoire, faisant monter les décibels à qui mieux mieux !

J'ai à nouveau passé une très mauvaise nuit et pas seulement à cause de la chaleur ! À quatre heures sonnantes, quatre à cinq grossiers personnages, apôtres de l'irrespect, avaient décidé de pourrir la vie des autres pèlerins, résolus quant à eux à profiter encore de une ou deux heures de sommeil. Et voilà que l'on ouvre les fenêtres, qu'on se met à parler et à rire, qu'on claque les portes et que l'on allume la lumière... On dirait bien que ces gens n'ont aucune limite ! Et que pouvez-vous entreprendre ? En ce qui me concerne, je préfère considérer ces désagréments comme partie intégrante du chemin, même si l'accumulation de ces comportements finit par provoquer une fatigue supplémentaire lourde à supporter !

Dégoûté de devoir me retourner dans mon lit de manière incessante, sans trouver le sommeil, je décide de me lever alors qu'il n'est encore que cinq heures trente. Douché, rasé de frais et habillé, je rejoins Roger, le pèlerin français, dans le hall et nous prenons la route, pestant sur l'attitude de tous ces sans-gênes... Demain, c'est décidé, nous nous lèverons nous aussi... à deux heures du matin, histoire de démontrer à tous ces malotrus combien ces bruits incessants sont dérangeants ! Mais non, je plaisante... À quoi bon surenchérir, cela ne présente aucun intérêt !

Le ventre vide, nous nous mettons à la recherche d'un bar pour y prendre un bon petit déjeuner. Les hospitaliers de l'albergue municipale nous ont dit que, dès six heures trente, de nombreux établissements ouvraient leurs portes. Avaient-ils la berlue ou souffraient-ils de sévères pertes de mémoire, je ne sais... En tout cas, ce qui est certain, c'est qu'aucun bar n'est ouvert et que, par conséquent, je n'ai rien à me mettre sous la dent.

Mon estomac crie famine... À dire vrai, je crains de partir sur le chemin sans avoir mangé, sachant d'expérience combien cet inconfort risque de me peser. Pour ma part, le déjeuner est vital, sinon la nausée guette. Hélas, je n'ai d'autre choix que de me lancer au risque de devoir poiroter ici jusqu'à huit heures ! Allez, advienne que pourra, il est temps de débuter l'étape en espérant pouvoir trouver de quoi m'alimenter bientôt.

La route s'allonge et toujours rien à l'horizon ! Malgré les superbes paysages que je traverse, je sens mon ventre protester à n'en plus finir... Pour être honnête, je crois que je vais devoir remettre. Qui dit que la Providence n'est pas présente sur le chemin ? À Navarette, soit deux heures après mon départ de Logrono, je distingue un établissement dont la vitrine porte le terme salvateur : «Desayuno», ce qui se traduit par «petit déjeuner».

Il y a ici de nombreux pèlerins, tous plus affamés les uns que les autres. Heureusement, le service est rapide, le sourire en plus. Mon appétit ne connaissant aucune limite, je commande : deux parts de tortillas avec du pain bien frais, un croissant, un pain au chocolat sans oublier la traditionnelle banane et du café noir. Inutile de dire qu'il ne me faut que peu de temps pour tout engloutir, sentant avec une certaine satisfaction mes forces revenir.

Un pèlerin allemand, assis à la table voisine, m'interpelle dans un grand éclat de rire. Il me demande depuis combien de jours je n'ai plus mangé. Une fois la discussion engagée, il m'apprend qu'il chemine depuis début mars et qu'il a dû franchir le col de Roncevaux envahi par près de deux mètres de neige. Cet homme a eu vraiment beaucoup de mérite, car peu auraient été en mesure de réussir un tel pari.

À présent que j'ai pu soulager ma faim, le rythme de la marche s'accélère. Il est important de ne pas trop traîner en cours de route, malgré la beauté de la nature et les petites haltes qu'elle propose, car la chaleur est déjà bien présente. Il n'est encore que neuf heures et la température doit certainement avoisiner les vingt-cinq degrés. Tantôt, quand le soleil sera au zénith, je suis convaincu que le thermomètre dépassera allègrement les trente degrés !

Ah, les riantes vallées de la Rioja, c'est quelque chose ! Partout s'étirent d'immenses parcelles de vignes dont le vert prononcé tranche avec la terre rougeâtre fraîchement labourée. En ce moment, un vent soutenu soulève de grand flots de poussières dans les airs... il convient donc de se protéger les yeux afin d'éviter toute irritation. On en arriverait presque à regretter la pluie de la semaine dernière. Non, je blague, c'était une simple boutade !

Cette étape, en plus d'être longue, présente la particularité d'offrir un chemin truffé de grosses pierres. L'attention doit être constante afin d'éviter la chute ou l'entorse. Une pèlerine, là, à quelques mètres de moi, vient de glisser. Je me précipite à ses côtés pour l'aider à se relever. Son coude est écorché, mais heureusement, plus de peur que de mal !

Vers midi, je pénètre dans le centre de Najera. De suite, mon regard est attiré par les étals d'un vendeur de primeurs. Les fruits, mûrs à souhait, sont superbes. Je ne résiste pas à la tentation et achète une pomme, une orange, deux nectarines et une banane. Me voilà fourni pour la journée de demain. L'air embaume les pins... qu'est-ce que je me sens bien !

72ème étape – 7 juin
Najera - Grañòn
30 kilomètres

Une nouvelle fois, j'ai pu expérimenter combien les rencontres sur le chemin peuvent être surprenantes. Les gens livrent leur histoire à des étrangers, lors de relations éphémères, qui peuvent prendre fin après quelques jours, voire même quelques minutes. Inutile de dire que le plus souvent, ces rencontres sont sujettes à beaucoup d'émotion que la soudaineté du récit vient encore renforcer.

Aujourd'hui, plutôt que de reprendre le déroulé de la journée – cette étape entre Najera et Grañón - j'ai décidé de céder la parole à Nicole, une pèlerine française rencontrée non loin d'Azofra. Il s'agit d'une rencontre, très émouvante, portant sur la perte d'un être cher. Ce témoignage illustre à foison combien l'homme peut, en certaines circonstances, se rebiffer face à l'adversité afin, peut-être, d'en comprendre les rouages et de pouvoir à nouveau être bercé par un souffle d'espoir.

La conversation de départ portait sur des banalités échangées entre pèlerins qui se croisent : bonjour, buen camino, d'où venez-vous... jusqu'à prendre une tournure plus sibylline avec cette interrogation constante : que fais-tu sur le chemin ? Cette question est souvent posée avec pudeur et retenue tant il est difficile pour certaines personnes d'aborder le sujet.

Nicole, la petite soixantaine, a un regard qui vous transperce. Très causante, elle m'apprend qu'elle vient de rencontrer un vieux monsieur, en route pour Burgos... Cet homme a 89 ans ! Il espère arriver à Santiago l'année prochaine lorsqu'il entreprendra son dernier tronçon. Quel courage faut-il avoir pour cheminer à cet âge !

À un moment donné, Nicole a interrompu sa conversation, un peu comme si elle se laissait happer par ses pensées. Je l'ai regardée et elle a souri... un peu gênée de ce moment plus intime. Puis, après m'avoir questionné sur mon parcours et les raisons profondes qui m'ont poussé à me rendre à Compostelle, elle s'est confiée, laissant les mots couler avec une telle force...

« J'ai eu une vie pleine et réussie dans tous les domaines : un métier passionnant qui m'a procuré beaucoup de satisfactions, un mari très présent avec qui j'entretiens une relation fusionnelle depuis notre rencontre, voilà plus de quarante ans, une belle maison, des parents formidables... et un fils Pierre...»

Elle s'interrompt brutalement et semble soudain un peu perdue. Au bout d'un moment, elle décide de reprendre le cours de la conversation :

« Je suis désolée, ce n'est pas facile d'en parler pour moi. Pierre, mon fils adoré, n'est plus ! Il est décédé dans un accident de voiture à l'âge de trente ans, le jour de son anniversaire. Sur la route de retour vers son domicile après une journée de travail bien remplie... mon fils était ingénieur et travaillait pour un grand groupe international. Je ne sais pas ce qui s'est passé, probablement un moment de distraction de sa part. La voiture a mordu le bas-côté de la route et elle s'est encastrée dans un arbre. Pierre est mort sur le coup, éjecté du véhicule, il n'avait pas la moindre chance de s'en sortir...

Aussi bizarre que cela puisse paraître, Nicole semble soudain rayonner. Je trouve son attitude un peu surprenante eu égard au sujet abordé. Je m'abstiens toutefois de la questionner et la laisse poursuivre son récit, respectant ses nombreux silences...

« Je me souviens de cette soirée où nous étions attablés autour d'un bon repas, occupés à discuter et à plaisanter. Et puis, la sonnerie de la porte d'entrée qui retentit avec la traditionnelle question : tu attends quelqu'un ? Et la réponse qui fuse : non, et toi ? C'est moi qui me suis levée et qui suis allée ouvrir. Et là, face à moi, deux gendarmes, l'air sévère. L'un deux porte dans sa main le portefeuille de mon fils... deux ou trois secondes passent, semblables à une éternité... Ils n'ont pas encore ouvert la bouche que je sais déjà que mon fils est mort !

« J'ai crié, hurlé... Mon mari est accouru, livide. Notre monde venait de basculer en moins d'une minute ! Les deux gendarmes nous ont expliqué que tout avait dû se passer très vite et que Pierre n'avait probablement pas eu le temps de se rendre compte de ce qui allait lui arriver. Mon fils était marié et avait deux adorables petites filles... Bonté divine, il n'avait d'yeux que pour elles... Elles étaient ses trésors !»

« Écrasée, anéantie par un incommensurable chagrin, j'ai vécu ma peine en recluse, jusqu'au jour où j'ai décidé de prendre la route de Santiago. Ce chemin, je ne l'ai pas parcouru seule... mon fils m'a accompagnée et m'a aidée à supporter les difficultés de la marche liées à mes problèmes de mobilité. Mais lui, il était là, bien présent, pour faire en sorte que tout aille bien. À présent, il est parti... je suis si heureuse, d'avoir pu, par ce geste, lui rendre la liberté.

« Je pense que vous avez compris, non ? Mon signe de la tête l'incite à poursuivre. Oui, j'ai transporté l'urne funéraire contenant les cendres de mon fils dans mon sac à dos ! Au fil de la route et au gré des endroits qui me parlaient, j'ai déposé un peu de mon fils au fil du vent. Pour terminer, j'ai dispersé ce qu'il en restait dans l'océan atlantique, au Cap Fisterra... »

« Pierre portait un rêve : entreprendre, un jour, le pèlerinage vers Compostelle. Et ce rêve, je l'ai réalisé pour lui ! Depuis son décès, j'ai toujours senti sa présence et cela me rassurait. Mais, tout récemment, j'ai compris que je le retenais prisonnier, l'empêchant ainsi de quitter la sphère terrestre. Alors, j'ai demandé une dernière faveur à mon tendre fils : m'aider et m'emmener jusqu'à Compostelle. Et voilà, à présent j'éprouve un tel sentiment de liberté... »

« Dès le moment où l'urne était vide – elle s'arrête de parler quelques instants avant de poursuivre – j'ai eu la sensation que mon fils me remerciait pour ce geste. Désormais, je ne sens plus sa présence... mais je sais qu'il a entrepris le voyage vers un autre monde, un monde où il est heureux et où il est parti rejoindre les siens : sa grand-mère, ma sœur, son oncle... »

On ne sort jamais indemne de ce genre de rencontres. L'émotion est très forte et l'esprit s'emballe. Quand Nicole est partie, j'avoue que les larmes n'étaient pas loin. J'ai pensé à Pierre que je ne connaissais pas et me suis dit combien cette maman avait dû se montrer courageuse pour se défaire des cendres de son unique fils !

73ème étape – 8 juin
Grañòn - Villafranca Montes de Oca
30 kilomètres

Au loin tinte la cloche d'une église dont on aperçoit le clocheton occupé par un couple de cigognes. Je pivote sur moi-même et me réjouis de cet instant magique, l'un de ces instants où l'on se sent revivre, comme purifié. Tout ce qui m'entoure n'est que simplicité : le vent qui souffle en saccades, les paysages aux couleurs rayonnantes, le bleu du ciel, strié de-ci, de-là par de fins nuages... Autant de petits bonheurs que l'on a si souvent tendance à négliger, voire à oublier.

Il est encore tôt, à peine six heures trente, mais c'est le meilleur moment pour apprécier la nature en éveil. En cet instant magique - cette sensation est vraiment difficile à décrire - je me rends compte combien nous sommes toutes et tous entravés par un certain conditionnement imposé par la société. Il y a les normes, les règles... Elles sont là, incontournables ! Souvent nous nous sentons obligés de nous construire une apparence sous peine d'être exclu ou encore de paraître vieux jeu. Quels rapports y a-t-il encore entre les humains ? Bien entendu, il y a de bonnes actions, des attitudes teintées de compassion, mais celles-ci ont tendance à devenir l'exception au détriment de la normalité.

Le cerveau en ébullition, je décide de m'arrêter, l'espace de quelques minutes, sur un banc. Tout en secouant la tête me vient à l'esprit l'image d'un monde dont les réalités sont si différentes de nos attentes. Pourquoi donc tout est-il fugace ? Pourquoi rien n'est organisé ? Comment se fait-il qu'il n'y ait aucun panneau indicateur permettant de mieux nous situer ? J'avoue me sentir un peu perdu entre un passé qui n'est plus et un avenir non encore engagé. Je crois fermement que le bonheur est l'instant présent qu'il convient de vivre sans retenue, refoulant de notre esprit cette envie de sans cesse vouloir nous projeter vers des événements à venir ou au contraire de nous complaire dans notre passé, tournant et retournant indéfiniment ce qui n'est plus.

L'étape de ce jour qui doit m'emmener vers Villafranca est longue, plus de trente kilomètres sur des sentiers dont certains sont truffés de pierrailles coupantes. Le rythme, plus lent que d'habitude, permet de me concentrer sur la marche afin de ne pas chuter. Ce serait bête de se blesser et de devoir ainsi mettre un terme à mon périple après avoir accompli une grosse partie du parcours !

Il fait vraiment très chaud, à la limite étouffant. Heureusement qu'il y a ce petit vent pour me rafraîchir un tant soit peu. Néanmoins, de grosses gouttes de sueur roulent de mon front et viennent s'écraser sur le sol. Inutile de me plaindre, car voici une semaine encore, je maudissais la pluie froide et triste. Je m'étire pour détendre mes muscles raidis par l'effort et ressens un réel bien-être m'envahir. Comme je me sens bien ici, au beau milieu de ces paysages fabuleux. Quelle sérénité propice à descendre en soi-même. Regagner sa liberté est le mot adéquat pour définir cette sensation de joie profonde.

Soudain, alors que je me suis assis sur un rocher pour relacer mes chaussures, un bruit sourd vient me tirer de mes rêveries. Il s'agit d'une vieille camionnette blanche en mauvais état à en juger par le son d'un moteur à l'agonie. Celle-ci s'immobilise à proximité d'un pont qui enjambe la rivière. Trois individus, deux femmes et un homme, descendent du véhicule. Je peux entendre le brouhaha produit par leurs échanges et ce, malgré la distance qui nous sépare. Non, ce n'est pas possible ! Voilà que le chauffeur ouvre le coffre et tend à chacun d'eux un volumineux sac à dos. Je souris à l'idée de voir ces gens parcourir le chemin de cette manière...

Les faux pèlerins – mais ai-je le droit de les affubler de ce terme peu flatteur – entament ainsi leur «longue» route ! Quand ils passent devant moi, je les salue poliment. Pas un mot, pas un sourire sur leur visage... ils détournent tout bonnement la tête feignant l'indifférence. Grand bien leur fasse, inutile de m'appesantir davantage. J'ai en effet un sujet de satisfaction plus profond à entretenir, celui de toutes ces belles rencontres vécues sur le chemin depuis mon départ de Namur !

Ah, une fontaine ! Je me plonge la tête sous l'eau bien fraîche et me frictionne vigoureusement le haut du crâne. La chaleur est vraiment lourde à supporter, même pour moi, qui raffole de ce type de conditions. Par contre, de nombreux pèlerins croisés sur la route sont, quant à eux, à l'agonie. Souvent, je les vois se réfugier à l'intérieur d'un bar ou d'une église mais ces abris n'offrent qu'un repos de courte durée. Les kilomètres sont là et il faut les avaler !

Un rapide coup d'œil à ma montre m'apprend qu'il est déjà près de treize heures. Les portes de l'albergue municipale vont s'ouvrir et cette fois, je ne serai pas le premier à y faire cacheter ma crédenciale. Autant l'avouer, j'ai un peu traîné aujourd'hui ! Et puis, après tout, cela a-t-il vraiment une quelconque importance ? Il doit me rester deux ou trois kilomètres à parcourir. Bref, pas de quoi fouetter un chat.

Avant de pénétrer dans Villafranca, mon lieu de séjour, je zigzague dans un étroit sentier d'une soixantaine de centimètres de large. Au bout de celui-ci, apparaît un adorable petit pont enjambant une paisible rivière dont l'eau transparente a tôt fait de me séduire. Nul doute, je ne manquerai pas de venir m'y tremper les pieds, une fois toutes mes tâches finalisées !

Avant d'atteindre le refuge pour pèlerins, une grosse voix m'appelle. Je me retourne et aperçois Nils, un retraité, originaire de Gand, que j'ai eu l'occasion de rencontrer il y a environ deux semaines, lors d'une étape en plein milieu du Pays basque. Nous discutons tous les deux du chemin accompli depuis notre dernière rencontre, ravis de constater notre progression. Il semble éreinté, mais fier de progresser selon son schéma initial.

Étonnant tout de même, ces gens croisés au fil de la route avec lesquels je sympathise. Certains, je ne les reverrai plus, tandis que d'autres referont leur apparition un peu plus tard. Ce type de rencontres brèves n'empêche toutefois pas celles-ci d'être souvent très pures et aussi émouvantes, chacun portant en lui sa propre histoire.

Arrivé à destination, je vais à la découverte de l'albergue afin d'y prendre possession de mon lit. Tout est propre et bien conçu. De plus, l'hospitalière, une Espagnole haute en couleur, est très rigolote. J'aime bien des gens comme ça, avec qui on peut rire, sans devoir faire preuve d'une réserve quasi monacale !

74ème étape – 9 juin
Villafranca Montes de Oca - Termino de Atapuerca
20 kilomètres

Le pèlerin, ça marche, ça cause, ça mange, ça lessive, ça réfléchit... mais, hélas, ça vole aussi ! Hier, un couple de pèlerins français en a fait la triste expérience. On est pris dans l'enthousiasme du chemin, on accorde sa confiance... et puis, voilà que les affaires disparaissent ! Ces personnes se sont fait voler de l'argent et de la nourriture. Si ce n'est pas malheureux, pareils comportements ! Fort heureusement, la majorité des personnes, en route pour Saint-Jacques sont des gens honnêtes.

Il est à peine cinq heures et le dortoir est pratiquement vide ! Décidément, cette course au logement ne cessera de m'intriguer. Pourquoi donc vouloir écourter sa nuit pour prendre le chemin alors qu'il fait encore noir comme dans un trou ! Ah, cette peur qui ne quitte jamais l'humain et qui l'affaiblit !

Une fois l'hospitalière saluée, je prends mon sac à dos et traverse la chaussée pour filer dans l'étroite sente qui longe l'église. Immédiatement, la pente devient raide et celle-ci sollicite de nombreux efforts pour en venir à bout. Arrivé en haut du plateau, une récompense m'attend, il s'agit d'une vue exceptionnelle sur les montagnes qui font partie de la sierra de Millan. Le spectacle est de toute beauté avec le soleil qui illumine les sommets enneigés dont la plupart culminent à plus de deux mille mètres d'altitude. Et hop, deux ou trois petites photos pour compléter l'album à souvenirs.

Après une heure de marche soutenue, je rencontre une imposante stèle commémorant la guerre civile espagnole de 1936 à 1939, sous l'ère du tristement célèbre général Franco. Je m'approche d'une plaque en laiton et peux y lire que ce monument rend hommage à trente personnes passées par les armes et jetées dans une fosse commune pour y être ensevelies à jamais !

Ce charnier découvert en 2011, soit plus de septante ans après les faits, illustre une nouvelle fois la barbarie sans limite dont peut faire preuve l'être humain. Et ce morceau de granit à la pointe effilée tendue vers le ciel semble vouloir le prendre à témoin afin de lui dire : « *Que pareilles atrocités ne se reproduisent plus jamais !* »

Tous ces gens me sont inconnus... Cependant, je ressens une incroyable émotion m'envahir. C'est un peu comme si mon esprit me poussait à imaginer cette tuerie atroce. Les images viennent à moi, sans les avoir sollicitées. D'un côté de la fosse, trente hommes sont alignés. Tous sont résignés, car ils savent qu'ils vont mourir. Mais, en dépit de l'angoisse qui les étreint et des pensées qu'ils ont pour leurs proches, en ce tragique moment, ils demeurent dignes, convaincus que leur mort ne demeurera pas vaine !

Indépendamment de ma volonté de mettre un terme à cette vision cauchemardesque, la scène se poursuit avec une étouffante intensité. Un peloton de soldats se met en position tandis qu'un gradé s'avance, le regard décidé. Il hurle : « *en position... armes à la main... en joue... TIREZ !* » Des déflagrations assourdissantes retentissent. Puis, les corps tombent et roulent dans la fosse tels des pantins désarticulés. Trois soldats, le revolver à la main, descendent dans cet horrible trou et tirent une balle en pleine tête de chacun de ces pauvres hommes...

Soudain, un grand silence s'installe. Il n'y a plus que le bruit du vent pour venir troubler ce moment très émouvant. Je vous l'assure, les larmes ne sont pas loin ! D'autres images jaillissent... ce sont celles des enfants, petits-enfants, arrière-petits-enfants, présents le jour de la commémoration. Tous pleurent leurs parents fusillés et enterrés telles des bêtes immondes. Tous n'ont qu'une parole à la bouche : pourquoi ?

Avoir découvert ce charnier en cet endroit fréquenté, chaque année, par des dizaines de milliers de pèlerins, foulant ce chemin de fraternité et de liberté, représente une symbolique très forte. Je pense à cette dualité entre le bien et le mal... une représentation assez puissante pour interroger chacun d'entre nous sur les absurdités de ces guerres responsables de la mort de tant de personnes ! Néanmoins, les guerres ont toujours existé... il suffit de voir de nos jours combien de conflits armés déchirent le monde !

C'est le cœur lourd que je poursuis ma route, essayant de me défaire de ces images cruelles. Ici, je traverse une sapinière dense où le soleil éprouve beaucoup de difficultés à se frayer un chemin. Pour peu, je me croirais revenu dans les Landes et ses interminables étendues d'arbres ballottés par un vent de folie. Toutefois, j'avoue que la comparaison s'arrête là, tant la région espagnole magnétise mon esprit... elle me propose d'incessantes cogitations. Vraiment, le nord de l'Espagne est une région magnifique !

Alors que je n'ai encore rencontré personne depuis le début de l'étape, je distingue, au loin, une randonneuse. Celle-ci marche dans le sens contraire du programme du jour. Probablement revient-elle à pied de Saint-Jacques-de-Compostelle ? Au fur et à mesure, qu'elle se rapproche, je crois deviner les traits d'une personne rencontrée hier soir au refuge. Mais, oui, c'est bien elle, cette dame joviale originaire du Canada avec qui j'ai eu l'occasion de discuter à l'une ou l'autre reprise de sujets plaisants.

Arrivé à sa hauteur, je m'empresse de l'interroger : y a-t-il un problème ? Celle-ci, le visage déconfit, opine de la tête. Elle me demande si je n'ai pas vu un petit sac noir sur le chemin. Je lui réponds que non. Au bord des larmes, elle m'explique avoir perdu son sac banane contenant son i-phone, ses papiers et de l'argent. Que c'est moche ! J'essaie de la rassurer et lui explique que, peut-être, quelqu'un a trouvé ses affaires et les aura déposées dans un refuge. Elle me sourit timidement et me remercie pour mes paroles d'encouragements. Puis, elle s'en va en me souhaitant un buen camino !

À l'approche d'Atapuerca, je réalise soudain mon étourderie. J'ai en effet oublié de demander, à cette pauvre dame, si elle souhaitait utiliser mon gsm afin de contacter le refuge où elle a séjourné la veille afin de vérifier si personne n'avait trouvé son sac. Qu'a-t-elle bien pu penser de moi... décidément, je ne parviendrai jamais à me défaire de mon habituelle et problématique distraction ! J'espère qu'elle parviendra à retrouver ses affaires et que l'occasion me sera donnée de la revoir afin de pouvoir lui présenter mes excuses.

75ème étape – 10 juin
Atapuerca - Burgos
21 kilomètres

Atapuerca, charmant village perdu au milieu de vastes étendues sauvages, a suscité en moi de belles émotions. Cet endroit recelait quelque chose de magique avec ses pâturages occupés par des centaines de moutons. Je me suis assis à proximité de l'église. De là, mon regard embrassait la plaine et le spectacle était saisissant de beauté.

Le vent qui soufflait en rafales rendait le fond de l'air plutôt frisquet. Pourtant, je suis demeuré deux bonnes heures sur place, sans bouger, l'esprit en vadrouille. Je suis convaincu, maintenant que je chemine depuis tant de jours, de la nécessité pour l'homme de s'octroyer ce genre de pauses, car elles lui permettent de s'évader et de réfléchir au sens des choses, ce qui, dans notre société moderne, est de plus en plus compliqué. J'ai également été ravi de recevoir la visite de Jane, une pèlerine new-yorkaise, dont la sympathie n'avait d'égale que la beauté, tant physique qu'intellectuelle.

Le repas du soir fut également une belle réussite. Nous étions six pèlerins de plusieurs nationalités à goûter à la délicieuse cuisine locale, toute en saveurs. La patronne de l'albergue, originaire du Bordelais, avait privilégié une cuisine du terroir, très différente d'une nourriture standardisée qui fait, hélas, de plus en plus partie du quotidien. Inutile de préciser que l'excellent vin aidant, l'ambiance était à la fois festive et chaleureuse.

Que de belles contrées visitées depuis mon entrée sur le territoire espagnol ! Chaque jour apporte ainsi une vision particulière au fil des régions que je traverse. Après la splendide Navarre et la Rioja, royaume vinicole, voici que se présente à moi la Castilla y León. J'avoue être conquis, tant cette partie du nord de l'Espagne regorge de découvertes nichées dans des paysages aux tonalités différentes.

L'étape du jour qui doit m'emmener d'Atapuerca à Burgos débute par un chemin caillouteux extrêmement cassant. À plusieurs reprises, mon pied glisse sur de grosses pierres instables. Ici, il vaut mieux démontrer une très grande prudence au risque de se retrouver au sol, avec une vilaine cassure ! Heureusement pour moi, je passe cette zone sans connaître le moindre problème.

À moins de trois cents mètres, légèrement sur ma gauche, apparaît la silhouette d'une randonneuse qui ne m'est pas étrangère. Arrivé à sa hauteur je la salue tandis qu'elle jette un regard dubitatif vers le ciel. Il est vrai qu'il est très couvert... l'impression qu'il donne laisse à penser que la pluie ne sera pas longue à venir ! Jane part dans un grand éclat de rire et me dit qu'en définitive peu lui importent les conditions climatiques tant le chemin est beau à parcourir.

Jane, toujours souriante, me souhaite un joyeux anniversaire. Eh oui, j'ai l'honneur de fêter, ce jour, mon septante-cinquième... jour de pèlerinage. Je sais que ce n'est qu'un simple chiffre, une sorte de symbole, mais cela n'en reste pas moins motivant de penser que je me trouve sur les routes depuis si longtemps ! Le sourire aux lèvres, elle me dit dans son anglais chantant que ce soir, je ne pourrai échapper au traditionnel gâteau et tout son décorum. Je veux bien, mais où donc vais-je trouver septante-cinq bougies ?

C'est peut-être la première fois depuis mon départ que je marche avec quelqu'un préférant toujours opter pour les journées en solitaire. Cette fille, enseignante de profession, est d'une compagnie agréable et cela me plaît. Affamés, n'ayant pas eu l'occasion de déjeuner, nous décidons de nous arrêter dans un bar afin d'y déguster des tortillas accompagnées de café.

Alors que nous finissons tranquillement ce copieux petit déjeuner, nous voyons arriver de nombreux pèlerins attirés par l'odeur du café fumant. Il y a là quelques têtes connues... autant des personnes rencontrées lors de précédentes étapes. Je trouve ce ballet incessant plein de saveurs car, à chaque fois, ce sont de chouettes expériences échangées entre nous. Discuter de ce que nous ressentons, des joies et des difficultés quotidiennes permet de nous soutenir et de maintenir le cap !

Alors que nous progressons tout doucement vers les faubourgs de Burgos, nous voyons sur notre gauche un immense troupeau de moutons. Il est intéressant de voir le travail des chiens, des «patous» qui, sans discontinuer, ramènent les bêtes trop éloignées de leur parcours. Voici une aide très précieuse dont peut bénéficier le berger, en queue du peloton. Je sors mon appareil photo pour immortaliser cette scène de vie, pleine de tendresse et d'émotion. Voilà, un moment de plus à ranger dans l'armoire à souvenirs !

Hormis les beaux paysages observés en début de journée et ce joli troupeau de moutons, il n'y a pas grand chose à se mettre sous la dent. La voie proposée est monotone et se passe en grande partie sur de l'asphalte, une première en ce qui concerne le Camino Francès. Il n'y a donc aucune raison de faire la fine bouche ! Toutefois, demeurer prudent est la règle à observer... car les routes sont très fréquentées et sinueuses. Nous progressons donc en redoublant d'attention lorsque se présentent à nous des portions où la visibilité est réduite.

Vers dix heures, nous apercevons la plaque d'agglomération indiquant notre arrivée à Burgos. J'avoue être assez surpris de constater l'étendue de cette ville. Cet enchevêtrement de vastes avenues et de rues est très impressionnant. Sur notre gauche, un large panneau indicateur nous signale qu'il nous reste un peu plus de quatre kilomètres à parcourir avant d'atteindre l'albergue municipale.

Je suis comblé ! La pluie a décidé de nous snober et, en plus, le ciel se dégage progressivement. Seul le petit vent frais vient nous rappeler qu'il est plus prudent de garder sa polaire à portée de main. Après tout, nous sommes tout de même à plus de huit cents mètres d'altitude, ne l'oublions pas !

L'albergue municipale se situe à proximité immédiate de la cathédrale et est hébergée dans un bâtiment historique, entièrement restauré en 2011. Quel contraste avec notre logement à Atapuerca que je qualifierai de plutôt sommaire. Ici, tout est bien pensé et le pèlerin peut jouir de très belles conditions d'accueil. Un bon point pour la ville de Burgos !

76ème étape – 11 juin
Burgos - Hontanas
30 kilomètres

Burgos, cité aux mille facettes ne peut se découvrir en si peu de temps... une petite après-midi. Je n'ai donc eu l'occasion que de l'effeuiller, tant les découvertes sont nombreuses. Hormis le fait que cette ville soit la patrie de Rodrigue Diaz, plus connu sous le nom du Cid, valeureux guerrier ayant obtenu de nombreuses victoires lors de batailles sur les Maures, les Aragonais et les Catalans, je n'en connaissais pas grand chose.

Burgos, première ville de Castille et cour royale, a atteint son apogée durant le règne des Rois Catholiques et de Charles Ier. Les traces et vestiges, autant de témoignages de sa riche histoire, sont encore bien visibles aujourd'hui. De plus, les nombreux monuments et édifices sont presque tous disséminés au sein d'un périmètre réduit et aisément accessibles à pied.

Je crois que j'ai dû passer au moins une heure et demie à parcourir les travées de l'extraordinaire cathédrale Santa Maria, inscrite au patrimoine mondial de l'UNESCO dans les années quatre-vingts. Pour avoir visité de nombreux édifices religieux dans plusieurs pays, je pense être en mesure d'affirmer que celui-ci est le plus majestueux d'entre eux.

Les dimensions impressionnantes de la cathédrale m'interpellent. Cet ouvrage, construit sur les ruines primitives d'une première église, est un excellent exemple du savoir-faire humain. Vu sa hauteur monumentale, je ne peux m'empêcher de me demander combien d'hommes ont perdu la vie en travaillant sur ce chantier pharaonique.

Et que dire de l'intérieur, d'une incroyable richesse. Partout où mes yeux se posent, ce ne sont que pierres travaillées avec une surprenante dextérité, boiseries ornées de motifs variés, œuvres d'art réalisées par des artistes d'un incomparable talent... Vraiment, pour qui s'intéresse au patrimoine, en dehors de toute conviction religieuse, la cathédrale de Burgos est un incontournable.

Un peu plus loin, je découvre successivement la «Alhòndiga» – l'ancienne halle au blé –, l'Arc de San Martin, le château de Burgos, l'église San Nicolás, les remparts ainsi qu'une série de places toutes plus belles les unes que les autres. Sous un beau soleil, ce patrimoine séculaire prend encore une autre dimension.

Burgos a toujours été, au fil des siècles, l'une des étapes les plus importantes du pèlerinage de Saint-Jacques-de-Compostelle. Ceci a joué un rôle non négligeable dans la vie de la cité et a permis de servir de lien culturel, mais également économique avec l'Europe, influençant notablement l'urbanisation de la cité.

Après toutes ces pérégrinations culturelles, je n'ai pas négligé une petite immersion dans les traditions locales. Je me suis donc dirigé vers la place située face à la cathédrale, en compagnie de Jane, la jolie New-Yorkaise, pour déguster un verre de vin bien frais. Un excellent moment de convivialité et d'échanges.

Lorsque je me réveille le matin, j'ai encore toutes ces images dans la tête. Il est à peine six heures et je crois être l'un des derniers à être au lit. Après une douche revigorante, je descends rejoindre quelques pèlerins dans la grande cuisine communautaire. J'y prends un rapide petit déjeuner avec, au menu, un reliquat de baguette, un croissant, une orange, qu'il devient urgent de manger, ainsi qu'un bol de café. À observer la tête des autres personnes, je crois que je ne suis pas le seul à manquer de sommeil !

Le début d'étape est un peu particulier. Je me dépêche de quitter le centre-ville de Burgos pour gagner un chemin qui s'enfonce dans les sous-bois. Au bout de trois quarts d'heure, je prends un étroit sentier sur ma gauche afin de m'isoler du flot de pèlerins. En effet, ce matin, je dois répondre à une interview d'une radio belge dans le cadre de la visée caritative de la marche. Un fermier, intrigué par mes allées et venues vient aux nouvelles. J'essaie de lui expliquer le pourquoi de ma présence, ici au milieu de ses champs. Hélas, mon espagnol se révèle insuffisant pour répondre à ses questions. Lassé, il hausse les épaules et préfère s'en aller plutôt que de poursuivre cette conversation jugée stérile de part et d'autre.

La journaliste de Radio-Vivacité, qui m'interviewe pour la cinquième fois – j'apprécie beaucoup son intérêt pour mon projet ainsi que sa gentillesse – me questionne sur mon vécu au quotidien. Je lui explique combien je suis chaque jour comblé par les rencontres, la nature, les découvertes en tous genres. À la fin de l'entretien, qui a duré deux minutes, elle me signale combien j'ai l'air enjoué, plein d'énergie... comme transformé par le chemin. Je ne peux que confirmer son ressenti, car je n'aurais pas été en mesure de mieux qualifier ces changements qui, progressivement, s'opèrent en moi.

Plusieurs minutes se sont écoulées avant que je ne puisse reprendre mon parcours du jour. Mes compagnons de route : Roger, Éric et Jane ont pris une avance que je vais essayer de combler. J'accélère le pas pour adopter un rythme soutenu... trop soutenu peut-être. En effet, après quatre kilomètres, la douleur au tendon se réveille tandis que la face latérale gauche de mon genou se met également à manifester son mécontentement. De suite, je décide d'être attentif à l'appel de mon corps de manière à ne pas prendre de risques, ce qui, avouons-le, serait vraiment stupide.

Le ciel légèrement couvert ce matin, en début d'étape, est maintenant d'un bleu azur. Quant à la température, elle monte très rapidement, rendant la marche pénible... du moins pour certaines personnes qui tirent la langue. De mon côté, je suis plutôt satisfait des conditions climatiques, même s'il y a lieu de respecter certaines règles : se couvrir, se tartiner de crème et surtout... s'hydrater au maximum. Boire deux litres d'eau est un minimum !

Lorsque le panneau «Hontanas» se présente à moi, je suis heureux. L'étape, présentant un profil accidenté, a été assez usante et là, j'éprouve tout de même le besoin de souffler. Ces trente-et-un kilomètres auront été, pour de nombreux pèlerins, un véritable enfer. Pas étonnant, lorsque l'on voit des gens quitter l'albergue avant quatre heures du matin parce qu'ils marchent lentement et qu'ils passent plus de neuf heures sur la route ! Je devine sans peine que ces derniers, une fois les portes de l'albergue ouvertes, en profiteront pour faire la sieste toute l'après-midi.

77ème étape – 12 juin
Hontanas - Boadilla del Camino
28 kilomètres

Ça y est, je me trouve dans la Meseta, ce grand plateau semi-désertique. Celui-ci affiche plusieurs centaines de milliers de mètres carrés, et traverse les campagnes et villages de la sortie de Burgos à l'entrée de León. Cette portion du Camino Francès suscite l'angoisse auprès des pèlerins. Beaucoup craignent en effet ce passage délicat, spécialement lorsque le soleil darde ses chauds rayons. Il est vrai que l'altitude - nous nous trouvons ici aux alentours de huit cents mètres - et les pistes truffées de cendrées blanches accentuent encore l'effet d'étouffement.

À chacun sa technique pour éviter les morsures du soleil. Les uns opteront pour un départ au petit matin, avec tous les risques que cela comporte tandis que d'autres revêtiront pantalon et tee-shirts à longues manches. Les moins courageux confieront à des sociétés privées le soin de véhiculer leur sac à dos de manière à pouvoir adopter un rythme plus élevé et donc de passer moins de temps sur les routes surchauffées. Moi, ce que j'adore, c'est de voir les Asiatiques, couverts de la têtes aux pieds avec un foulard blanc, cachant une bonne partie de leur visage... De vrais petits zombies !

Ce matin, l'énergie semble me fuir. Les jambes sont lourdes et, le manque de sommeil aidant, la récupération commence tout doucement à me poser problème. Parfois, je rêve de filer à l'hôtel pour y passer une nuit tranquille, en solitaire et sans ronflements. Mais, l'appel du chemin, comme une petite voix intérieure qui me dit de ne pas trahir l'essence de ce voyage, est la plus forte. De plus, quitter le quatuor formé par deux pèlerins français, un belge et une new-yorkaise ne me paraît pas approprié tant l'ambiance et l'entraide sont bonnes.

Allez, inutile de m'appesantir sur cette petite baisse de régime très certainement passagère ! C'est avec entrain que je me rends au bar, situé juste en face de l'albergue municipale. J'y commande un café americano, un jus d'oranges pressées, un croissant et un yaourt... bref, de quoi recharger rapidement mes batteries. Je trouve une petite place à l'extérieur et jette un regard au ciel. Il est d'un bleu éclatant… une nouvelle journée étouffante semble être inscrite au programme !

Éric, un pèlerin belge, originaire de Florenville, me salue amicalement tout en me livrant ses impressions sur la traversée de la Meseta. Puis il m'explique combien il aime être en symbiose avec la nature. Une photo prise la veille illustre bien ses dires. On peut y voir cet apôtre de la cool attitude, assis sur un rocher, un joli papillon aux couleurs dans les verts et les jaunes posé sur son bob couleur crème. L'image est drôle et tendre à la fois. Elle illustre à merveille la générosité de la faune et de la flore à notre égard, spécialement lorsque nous la respectons.

C'est le ventre plein et les idées claires que nous entamons l'étape du jour devant nous emmener de Hontanas à Boadilla del Camino. À la sortie du village, nous rejoignons un large sentier bordé de champs de blé ondulant sous l'effet d'une petite brise matinale. Certaines portions, tout de jaune vêtues, sont mouchetées de coquelicots et de hautes fleurs mauves dont j'ignore le nom. Ce bouquet de couleurs a de quoi réjouir le plus indécrottable des râleurs ou encore des pessimistes. Nul doute, ce paysage enchanteur représenterait un univers attirant pour le peintre en quête d'authenticité.

Aujourd'hui, je ne sais pas avec précision où je dormirai. Il existe en effet, un peu à l'écart du circuit une auberge offrant un couchage pour un maximum de douze pèlerins. La particularité de cet hébergement est qu'il semble destiné à un public aimant sortir des sentiers battus. Il paraît que cette albergue est tenue par un prêtre rebelle qui, le moment du repas venu, lave les pieds de ses invités d'un soir. Tout un programme !

Brusquement, la route s'élève avec des pentes à dix-huit pourcents. Les mollets et les tendons sont sollicités à l'extrême, mais de mon côté, cela ne me pose pas trop de soucis. Arrivé au sommet, le souffle un peu coupé, je m'efforce de boire un maximum, préalable indispensable à une bonne irrigation des muscles et donc propice à un état général satisfaisant. Il est vrai que la chaleur est déjà bien présente.

Alors que beaucoup de pèlerins, la plupart sur les rotules, arrivent au sommet de cette belle montée, mon regard capte une petite croix dont la base est fleurie. Celle-ci, plantée un peu à l'écart de la piste, porte un écriteau dont je ne peux déchiffrer la signification tant les lettres sont effacées par le temps. Je m'y rends donc et découvre une photo d'un pèlerin décédé sur les pentes de la montagne. Soudain, cet endroit revêt à mes yeux une autre signification. Cette stèle vient à nouveau rappeler à l'humain l'aspect éphémère de l'existence...

Peu avant onze heures, nous rencontrons l'hébergement renseigné dans le guide de Jane. Un hospitalier nous invite à entrer pour y boire un café. Le mur est couvert de photos figurant la cérémonie du lavement des pieds ainsi que toute la symbolique rattachée à l'accueil du visiteur d'un jour. L'hébergeant nous apprend que le refugios n'ouvrira ses portes qu'à quinze heures. Cela fait donc plus de quatre heures à poiroter ici en plein désert... l'enthousiasme de départ semble retomber d'un seul coup. Lorsque l'on apprend que ce bâtiment, retapé par des bénévoles, ne dispose ni d'électricité, ni de toilettes, nous préférons renoncer à notre projet initial !

L'étape du jour semble ne jamais connaître de fin. Lorsque nous pensons avoir avalé la dernière ligne droite, un tournant se présente augurant une nouvelle piste d'une longueur appréciable. Je suis à sec... je n'ai plus la moindre goutte d'eau. Décidément, je suis un bien mauvais randonneur, incapable de faire preuve d'un sens de l'anticipation un tant soit peu affirmé ! Allez, courage... Une fois arrivé à destination, je pourrai engloutir un ou deux litres d'une eau bien fraîche.

Enfin, dans le fond de la vallée, j'aperçois le clocher de l'église de Boadilla dont la base inférieure est occupée par trois immenses nids circulaires. Ce sont des cigognes, nul doute là-dessus. Une fois la place franchie, je rejoins l'albergue au nom évocateur : «En El Camino». Lorsque je pénètre dans la cour, je n'en crois pas mes yeux. Outre le joli bâtiment en pierres du pays, je découvre une piscine de belle dimension nichée dans un jardin de rêve. Je file à la réception, heureux de m'entendre dire que je suis l'un des premiers. Il y a donc toute la place voulue... Chouette après-midi en perspective !

78ème étape – 13 juin

Boadilla del Camino - Carrión de los Condes

27 Kilomètres

Cette nuit, un violent orage est venu perturber notre sommeil. Cela ne m'a étonné qu'à moitié vu l'accumulation de chaleur des quatre à cinq derniers jours avec des températures largement supérieures à trente degrés. La pluie qui accompagnait les coups de tonnerre a quelque peu rafraîchi l'atmosphère, ce qui n'est pas pour me déplaire. Nous allons enfin pouvoir respirer !

J'avance tranquillement sur le sentier empierré en essayant d'éviter les flaques d'eau boueuse. Le ciel, quant à lui, est d'un bleu limpide, prédisant un temps agréable. Si cette météo favorable pouvait se maintenir ainsi jusqu'à la fin de mon périple, je serais le plus heureux des hommes. J'adore en effet ce type de conditions, là où beaucoup ont tendance à vivre un véritable calvaire.

Passé Fromista et sa magnifique église romane dédiée à San Martin, je me retrouve à longer une rangée d'arbres procurant une ombre bienfaisante. Cet enchaînement, un alignement parfait de hauts feuillus avec, à leur base, de petits massifs de fleurs sauvages, représente un véritable creuset d'émotions. Ici, les cinq sens sont en alerte et cela permet au corps et à l'esprit de jouer avec les sons, les matières, les odeurs. Quel bonheur de pouvoir se perdre dans ce délicieux labyrinthe végétal.

À deux ou trois cents mètres du tracé officiel, se trouve un pont enjambant une minuscule rivière. Je décide de m'y rendre, attiré par cet ouvrage solitaire bordé de champs de blé, de coquelicots et de chardons aux tons d'un mauve prononcé. Cet étonnant mélange de couleurs vient une nouvelle fois illustrer toute la diversité de cette généreuse nature. Assis, les jambes dans le vide sur un pan de muret, mon esprit vagabonde au gré de ses envies. Quelle tranquillité et quelle volupté !

Ce calme est une véritable bénédiction pour celui qui souhaite prendre le temps de réfléchir au sens des choses. Avec précaution, car la pente est assez raide, je descends le talus qui mène à la petite rivière aux doux méandres et dont le lit est tapissé d'algues filandreuses. Un gros rocher se trouve sur ma gauche, je décide d'y prendre place. Soudain, l'arbuste me faisant face s'anime d'un bruit singulier.

– Bonjour, pèlerin.

L'oiseau, c'est l'oiseau... il est de retour !

– Oh, tu m'as surpris !

– Cela fait pourtant un petit temps déjà que je t'observe. Pour être honnête, depuis que tu as quitté Boadilla. J'ai l'impression qu'aujourd'hui, tu as décidé de marcher lentement.

– Je suis un peu fatigué...

– Oui, je comprends cela. Tu mets tellement d'énergie dans ce que tu fais, qu'il ne peut en être autrement.

Un coup de vent chiffonne les feuilles des arbres, provoquant un bruit mélodieux.

– Il fait beau, n'est-ce pas ?

– Oui, excellent !

– Tu ne disais pas cela il y a une dizaine de jours lorsque tu escaladais le col de Lepoeder, en route vers Roncevaux. Je t'ai vu pester et jurer... Ce n'était pas très beau à voir, tu sais !

– Oui, mais il faisait tellement mauvais !

L'oiseau siffle à plusieurs reprises, une sorte de refrain énigmatique. Puis, il quitte l'arbuste sur lequel il se trouve et vient se poser sur le rocher, à quelques centimètres de mon visage.

– C'est comme dans la vie, pèlerin... on ne peut pas toujours obtenir ce que l'on veut !

– Tu as raison.

– Je suis content...

– Puis-je savoir pourquoi ?

L'oiseau se rapproche encore un peu plus jusqu'à venir effleurer mes cheveux avec ses ailes.

– Tu as considérablement évolué depuis ton départ et cela me procure beaucoup de plaisir.

– Ah oui ?

– C'est tellement évident ! Chaque jour, je te vois t'interroger sur le sens de la vie et ton comportement change.

– En quoi donc, suis-je différent selon toi ?

Une sorte de sifflement aigu retentit soudain. Ce sont les arroseurs automatiques qui viennent de se mettre en route. L'oiseau, imperturbable, poursuit sa causerie.

– Je suis surpris de voir combien tu vas au contact des autres. Plus rien ne semble t'effrayer et cela me procure de la joie. Il faut s'intéresser à ses semblables, c'est si enrichissant. Et puis, c'est ainsi que tu parviendras à te réaliser davantage. Souviens-toi de cette leçon de vie mise en lumière par plusieurs personnes que tu as rencontrées : donner apporte tellement plus dans la vie que de recevoir. Lorsque tu as compris cela, tu as accompli un grand pas vers le vrai bonheur !

– Tu as mille fois raison, mais ce n'est pas toujours évident. Chaque individu est différent et l'homme est si égoïste. Moi, le premier !

– Cela se travaille tous les jours, mais tu es sur le bon... chemin !

– Tu crois ?

– J'en suis convaincu !

Je ne résiste pas à la tentation d'interroger davantage l'oiseau.

– Vois-tu d'autres changements ?

– Oui, bien entendu ! Le rapport que tu entretiens avec la nature, toutes tes interrogations en ce qui concerne l'individu et son devenir... Je te trouve rayonnant, telle une lumière qui irradie dans la nuit !

– Je vais méditer tes paroles...

– Allons, pèlerin, à présent, tu sais qui je suis ! Je fais partie de toi... un petit bout indissociable !

Je m'attendais à cette question et n'éprouve donc aucune difficulté à y apporter une réponse. Je regarde l'oiseau... Cet instant est magique, un peu hors du temps...

– Tu es mon cœur ! Mais un cœur différent de celui avant mon arrivée sur le chemin. Un cœur plus attentif aux autres, un cœur qui essaiera désormais de mettre en pratique ce que le chemin m'aura enseigné !

Une fois ces paroles prononcées, l'oiseau s'envole, haut dans le ciel, puis repasse en piqué pour me lancer un : « *Maintenant, je pense que tu n'as plus besoin de moi... Vis ta vie pèlerin et surtout n'oublie pas ce que tu as promis...* »

79ème étape – 14 juin
Carión de los Condes - Terradillos de Templarios
27 kilomètres

Belle soirée entre pèlerins hier, à Carión de los Condes. Plutôt que d'aller au restaurant pour y manger le traditionnel menu du pèlerin, nous avons, à une dizaine de personnes, décidé d'utiliser la cuisine communautaire pour y préparer un menu simple, mais que tout le monde apprécie : des pâtes au chorizo, une salade et des fruits pour le dessert.

Ce brassage de nationalités était assez étonnant. Il y avait dans cette cuisine communautaire une Française, deux Belges, une Américaine, une Chilienne, un Italien, une Argentine, un Portugais, deux Allemands, un Polonais et un Indien. Inutile de dire que si nous n'avions pas parlé l'anglais, il eut été impossible de communiquer. Il y régnait une belle ambiance, rythmée au son des cris venant des supporters qui assistaient à la rencontre de coupe du monde entre l'Espagne et les Pays-Bas.

Et ce qui devait arriver... arriva ! Ce matin, je n'ai pas entendu mon réveil sonner. Lorsque j'ai ouvert les yeux, il était déjà près de sept heures. Le dortoir était vide... tout le monde ayant déjà pris le chemin. Les yeux encore embués de sommeil, je me suis mis à sourire, me disant que cette situation présentait tout de même un avantage : celui de pouvoir disposer de la salle de douche pour moi tout seul !

Avant de quitter le refugios, géré par la congrégation «Spiritu Sanctu», l'une des sœurs m'interpelle pour me demander quelle est ma nationalité. À l'évocation du terme «Belge», elle se met à converser avec moi dans un français des plus correct. Toutes les questions se présentent : de mes motivations à mon lieu de départ en passant par la fatigue physique et mentale consécutives à cette marche au long cours. Au bout de dix minutes, pressé d'entamer l'étape du jour, je salue poliment mon interlocutrice et prends la route sans plus tarder.

Alors que, de suite, j'adopte mon rythme de croisière, une pèlerine américaine, originaire de Californie, me met en garde sur les dangers d'un effort physique trop important. Je lui explique que je ne force pas l'allure, qu'il s'agit tout simplement de mon standard de marche. Elle me regarde avec stupéfaction lorsque je lui dis être sur le chemin depuis septante-neuf jours. Par deux fois, elle balance sa main au-dessus de la tête en répétant le mot «incredible». Étonnant de constater à quel point les gens sont surpris et spécialement les personnes d'outre-Atlantique.

Un vent soutenu soulève des flots de poussière. Il convient donc de se protéger au mieux le visage afin de ne pas irriter les yeux. Il y a également, contrairement aux autres jours, des centaines de moustiques affamés. De mon côté, j'ai la chance d'éviter les piqûres, ce qui ne semble pas être le cas d'autres pèlerins dont les bras et les jambes sont couverts de grosses gourmes ! Il existe bien pommades et répulsifs, mais ceux-ci semblent, pour certains individus du moins, totalement inefficaces.

Peut-être certaines personnes n'aiment-elles pas ces vastes étendues couvertes de champs de blé, les considérant très certainement trop monotones. De mon côté, celles-ci exercent sur moi une véritable attraction. Ce dégradé de vert et de jaune, qui ondule au son du vent, est un vrai régal pour les yeux. Ces espaces illustrent une nouvelle fois combien la nature peut se montrer généreuse envers l'homme qui, souvent, la maltraite sans éprouver la moindre gêne ! Pourvu que ces espaces demeurent à jamais vierges de constructions, car ce serait là un acte assassin que de venir saccager ces oasis de verdure.

Alors que j'aborde la seconde partie de l'étape avec entrain, je remarque, à moins de deux cents mètres, légèrement en contrebas du sentier, un attroupement de personnes. Il s'agit tout simplement d'un point de ravitaillement, pris d'assaut par les marcheurs assoiffés. En effet, inutile de préciser qu'ici, au milieu des champs, il n'y a aucune fontaine. Goûter au plaisir d'une canette de soda ou encore d'une barre chocolatée, signifie accepter de mettre le prix. D'un autre côté, cela permet aussi à ces gens, touchés par la crise de développer une activité économique dans un pays plongé dans un profond marasme depuis de nombreuses années.

Beaucoup de personnes rencontrées au fil des étapes expriment ouvertement le sentiment d'une exploitation commerciale du chemin. S'il est vrai que certains bars, magasins, points de restauration mobiles...

ont tendance à un peu surévaluer les prix de leurs articles, qu'en est-il de tous les autres, attentifs au bien-être du pèlerin. Il me paraît important de souligner la chose, histoire de rétablir certaines vérités. Le tout à la gratuité n'est pas envisageable ! Pourquoi faudrait-il donc tout recevoir pour l'euro symbolique. À chacun de participer à une correcte rétribution des différents acteurs afin d'assurer la pérennité du système.

Les arroseurs automatiques fonctionnent à plein régime. Ce n'est donc pas demain que la pluie fera son apparition. Tant mieux, car j'apprécie ces conditions climatiques, certes un peu chaudes, mais qui illuminent la nature et ses multiples trésors. Lorsque je passe devant l'un des jets, je ne résiste pas à la tentation d'y approcher la main pour recueillir un peu d'eau et la déposer sur ma nuque et mes avant-bras. Ah, cette sensation de fraîcheur est un vrai délice !

Je ne sais dire ce qui se passe aujourd'hui, mais il y a plus de pèlerins sur les routes qu'à l'accoutumée. Peut-être certains ont-ils décidé de reprendre le chemin après une journée de repos ou alors de nouveaux randonneurs sont arrivés, emmenés par voitures et camionnettes ? C'est un petit peu la cacophonie, une sorte de course au logement, où chacun essaie d'accélérer l'allure pour décrocher une chambre dans une albergue. C'est d'un ridicule !

Ça y est, je devine les contours de Terradillos de Templarios, qui comme son nom l'indique fait référence à la présence, il y a plusieurs siècles déjà, des templiers dans la région. Après avoir serpenté dans les ruelles du village, je vois apparaître l'albergue «Jacques de Mollet», un nom bien connu des personnes férues de l'époque templière. Ici, celui qui fut, courant du XIIIe siècle, le dernier grand maître de l'ordre du temple, ne devrait plus avoir de secret pour personne. La fin dramatique de ce personnage historique n'a-t-elle pas inspiré moult légendes et fictions dont notamment la suite romanesque *Les Rois maudits*, ce chef-d'œuvre écrit par Maurice Druon. Ici, au sein du village, de nombreux symboles font référence à cette période de l'histoire, mais étonnamment, je constate que les villageois sont peu au fait des chroniques templières. Peut-être s'agit-il juste pour eux d'un moyen efficace d'attirer les touristes ?

80ème étape – 15 juin
Terradillos de Templarios - Bercianos del Real Camino
24 kilomètres

Depuis mon entrée en Espagne, c'est la première fois que j'ai pu passer une nuit reposante. Il est vrai que dans un petit dortoir à six lits, il y a moins de mouvements et, par conséquent, beaucoup moins de bruit. J'avoue que j'attendais ce moment avec impatience car l'accumulation de fatigue devenait lourde à supporter. Par ailleurs, je sais qu'il me reste toujours la possibilité de prendre une chambre à l'hôtel afin de m'isoler un peu de cette effervescence, parfois difficile à supporter.

Le soleil qui vient de se lever filtre par les persiennes et vient éclairer la pièce. La chambre est presque déserte, il n'y a plus que deux lits occupés : le mien et celui de Laura une pèlerine hollandaise. Elle s'étend et me fait un petit signe de la main afin de me saluer. Elle est vraiment gentille et spontanée, mais encore très jeune. Je me demande pourquoi elle a pris le chemin. Je m'abstiens toutefois de lui poser la question, lui laissant l'opportunité de le faire si elle en éprouvait le besoin ou l'envie.

Une fois dans la salle de bains pour me doucher, je me rends compte que j'ai perdu mon savon de Marseille. Décidément la liste commence à drôlement s'allonger : un savon, le produit solaire, la protection pour mon sac à dos, mon gel douche et une paire de chaussettes. Et ta tête, tu l'as toujours ? Oui, je pense bien ! Enfin, tout ceci ne fait pas mes affaires... Me reste donc la solution de demander à la première personne que je rencontrerai dans le couloir un petit reste du précieux liquide. Laura arrive et de suite me prête son gel. Je suis ravi... Tout d'abord parce que je vais pouvoir me laver et ensuite à cause de ce merveilleux sourire qu'elle affiche en toutes circonstances !

Je pense être l'un des derniers à quitter l'albergue, les autres pèlerins étant déjà tous partis depuis belle lurette. Peu importe, l'étape d'aujourd'hui n'étant pas très importante avec ses vingt-quatre kilomètres au programme, je serai à destination bien avant midi. Je connais suffisamment mon rythme pour être certain d'arriver dans les délais afin d'obtenir une place dans l'un des refuges.

L'horizon est paré d'une teinte orangée qui se mêle parfaitement au bleu du ciel. Je sors mon appareil photo pour capter ce moment très particulier pendant lequel le soleil se détache du sol pour s'élever dans les airs. Dans ce silence reposant, cet instant prend une dimension spéciale teintée de beaucoup d'émotion et de pur émerveillement. Il est vraiment étonnant de constater combien les choses simples de la vie peuvent captiver le regard, alors que dans notre univers habituel nous n'y accordons généralement que peu d'importance.

Soudain, la sonnerie de mon gsm retentit. C'est ma maman, inquiète de savoir si tout se passe bien pour moi. Je m'empresse de la rassurer et de lui signaler que je viens d'atteindre les quatre-vingts jours de marche. Elle me dit attendre impatiemment mon retour en Belgique et je sais qu'elle n'est pas la seule ! C'est certainement la partie du cheminement la plus difficile à gérer... L'absence des proches est souvent cruelle, cependant, elle fait partie intégrante de cette marche solitaire.

Je viens à peine de raccrocher que j'entends, pas très loin de moi, des chants mélodieux. Je m'avance d'une bonne cinquantaine de mètres et découvre, un peu en retrait de la route, un groupe formé de six pèlerins. À voir leur visage, je devine qu'ils doivent être originaires de l'Inde. Leurs voix douces s'élèvent dans les airs. Sont-elles prélude à les engager sur la voie de la transformation. Je l'ignore, mais en tout état de cause, j'en éprouve d'intenses frissons. Lorsqu'ils m'aperçoivent, ils me saluent amicalement, le visage irradié d'un magnifique sourire. Nul doute, encore un beau moment qui m'est offert !

Après avoir longé des champs de blé pendant deux bonnes heures, j'atteins la ville de Sahagún, autrefois comparée à Cluny pour son rayonnement spirituel dès le XIe siècle. Cette ville de moyenne importance se situait à la croisée de routes importantes du temps de l'épopée romaine. Sans m'attarder outre mesure, je remarque néanmoins l'église de Trinidad ainsi que San Juan de Sahagún qui abrite les reliques de san Facundo et san Primitivo.

Après Sahagún, je retrouve rapidement les chemins poussiéreux slalomant entre d'immenses champs de culture. Et puis, au sein de ce quasi désert, je tombe en arrêt devant une petite rivière au débit impressionnant. Non, c'est trop tentant, il faut absolument que j'aille m'y tremper les pieds ! Ni une ni deux, je dévale la pente assez raide en faisant montre d'une grande prudence afin de ne pas me vautrer dans les pierrailles. Une fois arrivé en bas du talus, je dépose mon sac à dos sur le sol et délaisse mes chaussures.

Dieu du ciel, quelle sensation de bien-être ! Cette eau est fraîche à souhait, juste parfaite pour trancher avec cette canicule qui perdure depuis maintenant une huitaine de jours. Je déballe ma tablette pour immortaliser cet instant magique. Alerté par un bruit de pas, je me retourne. Il y a là plusieurs pèlerins probablement attirés par mes grognements de satisfaction. Voilà qu'eux aussi, séduits par cette improbable oasis, décident de m'imiter. Allez, venez, il y en aura pour tout le monde ! Un gros toutou s'approche de moi et me lèche l'avant-bras. Il m'inspire confiance... Dès lors, je laisse ma main se perdre dans son doux pelage.

Le temps a filé tel une comète... Me voici déjà à Bercianos del Real Camino, ma destination du jour. Pas de chance, l'albergue paroissiale n'ouvre ses portes qu'à deux heures. Va donc falloir prendre son mal en patience et essayer de trouver un petit coin d'ombre pour éviter les morsures du soleil posté haut dans le ciel. Il n'y a encore personne, je suis donc comme le disent les Espagnols : el primero. C'est très important de l'exprimer afin de pouvoir débuter la longue file d'attente matérialisée par tous les sacs à dos dans l'attente d'un logement.

À deux heures tapantes, el primero se présente à l'accueil de l'albergue pour y faire tamponner sa crédenciale et procéder aux diverses formalités. Ce sont deux hospitaliers qui gèrent le refugios. La dame me signale qu'il s'agit de son dernier jour et qu'elle est satisfaite. Je l'imagine sans peine, car être bénévole ici est un vrai sacerdoce ! Supporter tous les jours ces hordes de pèlerins, dont certains ne sont pas toujours des plus sympathiques, représente en effet un vrai défi pour les nerfs. Adressons donc un hommage reconnaissant à toutes ces bonnes volontés attentives au bien-être des autres.

81ème étape – 16 juin
Bercianos del Real Camino - Mansilla de las Mullas
27 kilomètres

Bercianos... Bercianos... Rien à y faire, rien à y découvrir ! Et pourtant, quelle magnifique soirée passée en compagnie d'une bonne quarantaine de peregrinos venu des quatre coins du monde. Étonnant de voir toutes ces nationalités réunies en un seul lieu. Il y avait là des Italiens, Hindous, Américains, Français, Canadiens, Roumains, Colombiens, Japonais, Chinois, Finlandais, Suédois, Grecs, Espagnols, Chiliens, Hongrois, Belges, Portugais... une vraie tour de Babel !

Les deux hospitaleros, une Anglaise et un Américain, ont parfaitement rempli leur rôle de maîtres de cérémonie. Après les présentations d'usage et les différentes formalités liées au repas du soir pris en commun, j'ai pu assister à une séquence plutôt émouvante. L'hospitalier américain a commencé à lire un texte exprimant avec force l'idée de fraternité entre les hommes. Puis, à notre grand étonnement, il s'est mis à pleurer à chaudes larmes. Pourquoi donc cet homme était-il submergé par une telle vague émotionnelle ?

J'apprendrai plus tard qu'il songeait à une histoire particulière, celle d'une personne originaire de son pays et ayant séjourné récemment dans le refuge de Bercianos. Cet homme, aussi étrange que cela puisse paraître, portait, lors de chaque étape, deux sacs à dos ! L'explication, bouleversante, suscite son lot d'émotions. Il a perdu sa femme, l'amour de sa vie, rencontrée alors qu'il n'était encore qu'un adolescent. Inconsolable, il a décidé de transporter les cendres de celle-ci dans le second sac à dos ainsi que quelques-uns de ses effets personnels. Son objectif étant de disperser les restes de son épouse tout au long du chemin et de rallier le Cap Fisterra afin d'y brûler ses vêtements.

Quelle histoire d'une incroyable tristesse ! De plus, quel courage convient-il d'avoir pour cheminer ainsi avec deux sacs à dos hissés sur les épaules... Ce n'est déjà pas évident de battre la route avec un seul ! Maintenant, je me souviens avoir vu ce pèlerin dans la montée d'un col, cela doit bien faire une semaine maintenant. Je m'étais demandé si cette personne était démente. Eh bien non ! On ferait mieux de se taire et de ne pas juger les autres lorsque l'on ne connaît pas leur vécu. Encore une bonne leçon de vie apprise sur le camino !

Si le repas n'était pas fameux, l'animation par contre s'est révélée d'un tout autre calibre ! Les deux hospitaliers ont demandé aux pèlerins qui s'en sentaient capables de chanter une chanson. Quelle folie que ce moment passé en compagnie de cet Allemand qui, tout d'abord, a interprété un air en gaélique. Puis, il a chanté la chanson de «*Jean Petit qui Danse*» en anglais : « *Little James is dancing, Little James is dancing... with his legs legs legs, with his feets feets feets, with his arms arms arms, with his hands hands hands...* »... une magistrale interprétation ponctuée par un tonnerre d'applaudissements.

Ce fut ensuite à mon tour d'interpréter, en compagnie de trois autres personnes la chanson «Ultreïa», hymne de ralliement des pèlerins. Je dois reconnaître, très humblement, que la qualité de la prestation ne fut guère brillante. Mais bon, l'essentiel n'était-il pas de témoigner de la bonne volonté ?

Qu'à cela ne tienne, le dernier interprète, un pèlerin hindou a, quant à lui, parfaitement rempli sa mission. Il a demandé à chacune des personnes présentes de fermer les yeux tout en tenant la main de ses voisins immédiats. Il a ensuite débuté sa chanson d'une voix puissante et rythmée. Il s'agissait d'un air de son pays, interprété sous la forme de mantras évoquant la haine et son contraire : la paix. Ce pèlerin invitait ainsi l'assemblée à méditer, bercée par le rythme de sa chanson. Assurément, un moment d'une rare intensité !

La soirée s'est clôturée par la traditionnelle photo de groupe avant d'assister au coucher de soleil. L'astre de feu a débuté sa lente descente, noyé dans une petite brume orangée et puis brutalement, il a quitté l'horizon, laissant le soin à la nuit d'officier quelques heures durant. Je dois reconnaître que cet instant, plein de douceur, a suscité en moi de vives sensations. Voir à quel point ce monde est organisé a quelque chose de mystérieux qui dépasse les connaissances humaines. Maintenant à chacun d'en tirer ses propres conclusions !

C'est donc la tête emplie de ces images de partage et de fraternité entre personnes de différentes cultures que je débute l'étape du jour devant m'emmener vers Mansilla de las Mullas. Il est six heures trente-cinq, moment choisi par le soleil pour amorcer sa lente ascension. Quel silence ! Immobile, visage tendu de vigie, j'observe cette délicate lumière. L'idée de demeurer ici, à profiter de ce calme apaisant, s'immisce dans mon esprit. Hélas, la route m'appelle !

Selon mon habitude, je me mets à dépasser la cohorte de pèlerins ayant pris un départ plus matinal encore. Un Espagnol, un homme taillé dans le roc, me crie un tonitruant «deprissa... deprissa», ce qui signifie se dépêcher. Je me retourne tout sourire et lui explique, sur le ton de la plaisanterie, qu'il m'importe de ne pas louper mon bus. Son rire perce le silence ambiant avant de mourir lentement alors que je m'éloigne de lui.

Dieu, suis-je surpris de découvrir le gouffre séparant l'homme qui chemine de celui d'avant le départ. Pourrais-je donc utiliser le mot « j'étais ? ». Serais-je déjà arrivé au stade de transformation espéré avant mon départ ? Indépendamment du fait que je ne dispose pas d'une vision précise du mot transformation, je suis désormais capable de ressentir poindre en moi de nombreux changements. À ce moment précis, il ne m'est plus permis de douter !

Aujourd'hui, une fois n'est pas coutume, je détiens la grande forme. J'avale les kilomètres tel un métronome. La moyenne frôle les 7 km/h, de sorte que j'arrive à Mansilla de las Mullas vers onze heures. Il s'agit d'une étonnante petite ville, autrefois carrefour romain important. À la fin de la Calle Camino de Santiago, mon regard est attiré par une impressionnante statue qui figure un peregrino accompagné de sa tendre peregrina. Ému par cette jolie représentation, je songe aux joies des retrouvailles, une fois ce périple accompli.

Je suis heureux d'en avoir terminé pour aujourd'hui, car la chaleur devient tout doucement suffocante. Je me mets donc en quête d'un petit coin d'ombre avec à l'idée, très pressante, de me commander une bière bien fraîche. Eh, oui, le pèlerin a aussi le droit de profiter des bonnes choses de la vie. Va donc pour une cerveza con limón !

82ème étape – 17 juin
Mansilla de las Mullas - León
19 kilomètres

León ! Du haut de la colline se dessinent les contours de cette grande ville, l'une des plus importantes rencontrées sur le Camino. Je suis satisfait d'avoir été en mesure de respecter mon timing. Ceci me permettra de disposer de suffisamment de temps pour visiter le riche patrimoine de cette magnifique cité. Il est à peine neuf heures trente ! J'aurai donc passé moins de trois heures sur les routes pour avaler les dix-neuf kilomètres séparant Mansilla de León.

Alors que j'entame la descente vers le pont de pierre Castro enjambant le Río Torío, un groupe de pèlerins français, des gens très sympathiques, côtoyés sur le chemin à plusieurs reprises, me gratifie d'un : « *Allez, le Belge, toujours aussi rapide. Je voudrais connaître ta recette... tu pars deux heures après nous et tu parviens encore à arriver avant les autres ! Tu es toujours dans la course... À quoi bon ?* ». Un choix qui n'a rien d'anodin car indispensable à la gestion de mes tâches quotidiennes. Une fois la chose exprimée, cette expérience n'en acquiert que plus de valeur aux yeux des gens et ce, surtout quand l'action caritative est énoncée. Celle-ci suscite le plus souvent beaucoup de bienveillance.

Une fois passé la fontaine monumentale située non loin de la place Santa Ana, je perds le marquage et ne sais plus quelle direction emprunter. Je relis mon topo-guide avec attention. Cependant, les explications se révèlent très lacunaires. Une dame, sur le pas de sa porte, vient aux nouvelles. « *Le Monasterio de las Benedictinas* me dit-elle *ce n'est pas bien compliqué. Il se trouve à moins d'un kilomètre d'ici !* » D'un geste décidé, elle ferme la porte de sa maison et m'accompagne jusqu'à mon lieu d'hébergement. Ces gens sont si serviables, faisant preuve d'une telle attention envers les personnes en route vers Santiago.

Oui, c'est une tradition, lorsque l'on arrive en face du refuge, il convient d'aligner les sacs pour former une file. Ceci a toute son importance pour déterminer l'ordre de priorité. J'ai toujours trouvé cela d'un tel archaïsme. Toutefois comme cela semble faire partie des traditions, surtout pour les Espagnols, très exigeants à ce niveau-là, je m'y plie bien volontiers.

Une fois mon inscription enregistrée et le passage apaisant sous la douche, je quitte le Monasterio de las Benedictinas pour me rendre en centre-ville. Il y a un de ces monde... on se croirait un jour de fête. Je sors de ma poche un plan généreusement offert par les hébergeants afin de ne pas me perdre dans ce dédale d'avenues, de rues et de ruelles baignées par un généreux soleil.

À proximité d'un joli parc, agrémenté de fontaines et d'espaces floraux merveilleusement colorés, je rencontre une guide assise sur un banc. Elle porte sur son chemisier un badge qui m'a permis de l'identifier. La dame, qui doit approcher la soixantaine me salue amicalement. Puis, comme si cela s'affichait sur mon visage, elle me demande si je suis pèlerin. Je réponds par l'affirmative en tentant de lui expliquer en espagnol que j'ai quitté la Belgique le 28 mars. Dans un français parfait, elle me répond qu'elle y a séjourné cinq années, entre 1992 et 1997 et ce, pour raisons professionnelles.

Très communicative, elle me demande si je suis intéressé par un petit explicatif sur la ville de León. Séduit par cette proposition plutôt inattendue, je lui fait part de mon grand intérêt et la remercie pour sa gentillesse. Je décide alors de m'installer sur le petit banc en pierre qu'elle occupe. D'une voix douce, elle prend la parole pour me narrer les splendeurs de cette ville pour laquelle, à l'évidence, elle éprouve tant de fierté :

« León a été fondée sur un ancien campement militaire romain. Il s'agit véritablement de ce que je pourrais dénommer une enclave millénaire qui a vu défiler les invasions barbares et musulmanes, qui a connu la monarchie et les clans nobiliaires et ce, à compter du Xe siècle. C'est pourquoi elle possède de nombreux témoignages de ces différentes époques et son patrimoine est visité par tant de personnes originaires des quatre coins du monde. »

« La cathédrale est très certainement l'un des fleurons unanimement apprécié par les habitants de León, prompts à la faire découvrir à leurs amis et connaissances. Sans vouloir me montrer prétentieuse, je pense pouvoir affirmer que cet édifice possède l'un des plus beaux jeux de vitraux – dont la grande majorité est d'origine médiévale – de par le monde... Imaginez-vous, plus de mille huit cents mètres carrés dont une extraordinaire rosace qui, à elle seule, vaut le déplacement ! Cette cathédrale, un véritable joyau gothique espagnol, a été construite au cours des XIIIe et XIVe siècles. »

« Mais León, ce n'est pas seulement la cathédrale Santa Maria. Le visiteur intéressé pourra y admirer notamment : les impressionnantes murailles, la collégiale de San Isidoro, le palais des comtes de Luna, le monastère San Salvador del Palat del Rey, le palais Guzmán, le couvent de San Marcos, la maison Botin, ensemble dû à l'immense talent de Gaudi... sans oublier les places, les riches façades, les merveilleux espaces verts, la gastronomie, l'artisanat... »

Soudain, la dame, qui se prénomme Isabel, observe sa montre. D'un bond, elle se redresse tout en me tendant une main complice. Elle rajoute aussitôt : « *Je suis vraiment désolée de devoir prendre congé de vous aussi subitement, mais j'ai une visite guidée qui m'attend. Celle-ci débute dans moins d'une demi-heure et je dois encore aller chercher un trousseau de clefs.* » Je la remercie avec chaleur pour sa sympathie et la regarde s'en aller à grandes enjambées.

Lorsque je quitte, à mon tour, l'ombre bienfaisante de ce parc bien agréable, une chaleur lourde tombe sur mes épaules. Il fait très chaud et le vent, encore vif hier, est complètement retombé. Une idée saugrenue me traverse l'esprit, celle d'acheter une ombrelle. Je ne peux m'empêcher de sourire à l'idée de me promener avec cet instrument un peu particulier et essentiellement féminin ! Quoique, ce n'est pas le premier pèlerin que je croise muni de ce pépin pour le moins esthétique et coloré.

Tandis que je termine tout doucement mon tour de ville, Pierre, un pèlerin rencontré à Atapuerca et que je n'avais plus revu depuis lors, agite la main dans ma direction. Il est attablé à une terrasse et de suite, me propose de prendre un pot en sa compagnie. Assoiffé, je commande une orangeade bien fraîche. Lorsque je porte le délicieux breuvage à mes lèvres, je peux sentir une douce sensation m'envahir... Que dire ? Sinon que cet instant, pourtant très simple, est merveilleux. Dieu que je me sens bien, que la vie est belle !

83ème étape – 18 juin
León - Villar de Mazarife
22 kilomètres

Alors que je rejoins le parvis de la cathédrale dédiée à Sainte Marie, pour y entamer l'étape du jour, les premiers rayons de soleil inondent les rues et ruelles de León. La lumière aux reflets orangés est vraiment magique, de quoi dérider le plus invétéré des pessimistes. La place, encore déserte en cette heure matinale, me permet d'admirer, dans un calme précieux, cet édifice présentant une étonnante façade enrichie de trois portails richement décorés. Du grand art que ce travail réalisé par des bâtisseurs de génie !

À proximité de la place San Marcos, le grand «hostal» est pris en photo par une nuée de pèlerins éblouis par les beautés architecturales de ce bâtiment aux larges proportions. Non loin de là, un Saint-Jacques sculpté dans la fonte semble surveiller la scène avec bonhomie. À l'observer, on pourrait lire dans ses yeux une réelle fierté à voir tous ces jacquets interpellés par tant de beauté.

Non loin du pont enjambant le río Bernegsa, une voix puissante vient troubler la quiétude de l'endroit. Je me retourne de suite et aperçois Philippe, un pèlerin français ayant débuté son pèlerinage à Paris. « *Pas si vite Christian* » me dit-il, un peu moqueur, « *tu finiras par arracher les pavés à courir de la sorte.* » Il a raison, le bougre, une fois dans le rythme, personne ne peut m'arrêter !

La fatigue de ces derniers jours semble s'être dissipée et pourtant je n'ai pas l'impression que les nuits soient moins agitées, surtout celle d'hier. La coupe du monde vient de débuter et on ne peut l'ignorer ! Il suffit de voir l'effervescence qui règne dans les rues, mais également dans les albergues... le football prouve une nouvelle fois qu'il est universel et si chacun témoigne d'un élémentaire fair-play, combien il peut être source de communion et de fraternité !

Il est étrange de suivre la coupe du monde si loin de son pays ! Mais, pour une première, je trouve que c'est là une autre manière de vivre cet événement pour le véritable amateur de football que je suis. Hier, sur le coup de dix-huit heures, la Belgique rencontrait l'Algérie... inutile de préciser que je me suis empressé de trouver un bar retransmettant la rencontre. Il y régnait une excellente ambiance, surtout que la Belgique a remporté la partie, plus difficilement cependant qu'initialement annoncé par tous les analystes et supporters.

Décidément, aujourd'hui c'est le jour des rencontres. Voilà Éric, un autre pèlerin français perdu de vue depuis deux ou trois jours, qui opère son retour. C'est cela la vie du chemin... on se perd et puis on se retrouve ! Il se peut aussi que certains, sans raisons apparentes, quittent le groupe de manière volontaire pour ne plus jamais le réintégrer. C'est le cas de Roger, avec qui j'ai cheminé près de cinquante jours. J'avoue être un peu déçu de le voir agir de la sorte alors que le lien qui nous unissait était très fort ! Je ne sais pas ce qui lui est passé par la tête... voilà encore un mystère de plus de la nature humaine ! Enfin, je lui souhaite bon vent et que sa route soit la meilleure possible !

Éric ne semble pas dans son assiette, lui habitué à être toujours souriant et de bonne humeur. Il soupire à plusieurs reprises, comme emporté par une vague de mélancolie. À cet instant, je comprends l'objet de son tracas. Il doit, dès demain, quitter le chemin à Astorga pour le reprendre quinze jours plus tard. Il n'a pas le choix et je suis convaincu qu'il est très ému à l'idée de prendre congé de nous. J'avoue, sans complexe, être moi aussi, triste de ne pas pouvoir poursuivre l'aventure en commun.

Après huit kilomètres, je décide de m'octroyer une petite pause afin de soulager mon estomac, probablement en manque de calories. S'arrêter au bar « El Peregrino « est presque un incontournable... et je suis loin d'être le seul à avoir agi de la sorte. Il y a très certainement vingt à trente pèlerins attablés. Hola señorita... pour moi ce sera « *un cafè americano y una tortilla de patatas.* »

Cet apport énergétique me permettant d'envisager la suite du programme avec sérénité, je ne m'attarde pas davantage et reprends la route d'un bon pied. Deux options se présentent à moi : soit, je décide de longer la route ou alors, je privilégie un parcours plus long, m'offrant la possibilité de m'immerger dans la nature sauvage. Mon choix est rapidement entériné... allez hop, ce sera la seconde possibilité !

En route donc pour La Calzada de los Peregrinos, un sentier tortueux, dont la terre rougeâtre et poussiéreuse, ressemble à s'y méprendre à celle du bush australien. Au hasard d'un tournant plutôt serré, j'aperçois, à une cinquantaine de mètres, une cigogne dont le cri caractéristique – celle-ci craquette - perce le silence de la campagne. Le temps de prendre mon appareil photo et il est déjà trop tard. Elle a dû me repérer et ce, malgré mes précautions. Pas de chance, ce sera pour la prochaine fois, élégant oiseau !

Zut, je n'ai plus d'eau ! Ma bouteille ne contient plus que quelques malheureuses gouttes, incapables bien entendu d'étancher ma soif. Cela m'apprendra à être moins distrait... quoique je dis toujours la même chose sans que cela ne soit suivi d'effets ! Bon, maintenant ce n'est pas non plus la fin du monde, car il ne me reste que quatre kilomètres à parcourir. Et puis, sait-on jamais, peut-être découvrirais-je une source pour me désaltérer ?

À l'entrée du village de Villar de Mazarife, un panneau signalétique indique où se trouve l'albergue « Casa de Jesus ». Il n'y a pas âme qui vive en cet endroit retiré de tout... Inutile de préciser, d'après mon allure soutenue, que je suis à nouveau «el primero !». Ah, voilà un premier pèlerin, il s'agit de Marijn, originaire de Leuven. Une plaisante habitude s'est établie : réserver pour les autres un logement afin de pouvoir demeurer ensemble. Point de conciliabules animés ou de grands discours... Seuls quelques sourires complices suffisent à se comprendre.

Assurément un excellent choix... l'albergue possède en effet un magnifique jardin et une piscine de dimension honorable. Il s'agit seulement de la seconde fois que je suis en mesure de disposer de telles infrastructures, étant plutôt habitué aux conditions spartiates. « *Pas la peine d'exagérer tout de même !* « souffle une petite voix irritée par cette affirmation. Elle a raison ! Ai-je jamais manqué de rien ? Non, à ce qu'il me semble !

84ème étape – 19 juin

Villar de Mazarife - Astorga

32 kilomètres

Étrange endroit que cette albergue où j'ai passé la nuit ! Chaque mur disponible était décoré par des peintures, des dessins, des caricatures, des textes... Cette impression brouillonne n'empêchant toutefois pas de lui trouver un certain charme. Un moment donné, l'idée m'a traversé l'esprit de demander un feutre au patron du refuge, et de laisser libre cours à ma créativité. Puis, je me suis dit qu'au vu des nombreuses tâches à prendre en charge, il était peut-être plus raisonnable de passer mon tour !

Ce matin, bien que n'ayant rien à me mettre sous la dent, hormis un yaourt et quelques biscuits, je ressens un plein d'énergie. Il faudra juste que je prenne garde à ce mal de gorge, insistant depuis deux jours. Qu'à cela ne tienne, cet état un peu fébrile ne va pas venir me pourrir la journée. Je me dois en effet d'être en forme car une longue étape m'attend avec trente-deux kilomètres au programme.

Le dortoir, occupé par quatre personnes, est déjà vide. À nouveau, je suis l'un des derniers à quitter le navire. Mon sac à dos sur les épaules, je descends les escaliers avec précaution. En posant mon pied sur l'avant-dernière marche, je remarque les paroles évoquant le chant des pèlerins, inscrites sur le mur. Je ne sais pourquoi, peut-être afin de ne plus être ridicule la prochaine fois que je devrai chanter, j'agrippe mon petit carnet et y note les précieuses phrases. Ce qui donne ceci :

Tous les matins, nous prenons le chemin
Tous les matins nous allons plus loin
Jour après jour, saint Jacques nous appelle
C'est la voix de Compostelle
Ulreïa ! Ultreïa ! E sus eia Deus adjuva nos !

Chemin de terre et chemin de Foi
Voie millénaire de l'Europe
La voie lactée de Charlemagne

C'est le chemin de tous les jacquets
Ultreïa ! Ultreïa ! E sus eia Deus adjuva nos !

Et tout là-bas au bout du continent
Messire Jacques nous attend
Depuis toujours son sourire fixe
Le soleil qui meurt au Finistère
Ultreïa ! Ultreïa ! E sus eia Deus adjuva nos !

Quand l'amitié estompe le doute
Dans un élan de fraternité
On peut alors reprendre la route
Et s'élever en toute liberté
Ultreïa ! Ultreïa ! E sus eia Deus adjuva nos !

Alors que j'ai quitté l'albergue depuis moins de dix minutes et que le soleil débute sa lente ascension, mon regard est attiré par un troupeau de moutons. Á en juger par la masse compacte, maintenue en respect par plusieurs chiens, leur nombre doit bien avoisiner les trois à quatre cents têtes. Quant au berger, il est tout bonnement juché sur un âne et porte une ombrelle à la main.

Ce tableau un peu atypique provoque en moi quelques sourires. Lorsqu'il se rapproche, il agite son parapluie de droite à gauche pour me saluer. J'hésite à m'approcher davantage en raison des quatre chiens qui veillent au grain. Soudain, le berger hurle quelque chose à l'attention des moutons et ceux-ci, habitués à se conduire de la sorte, traversent la route à toute vitesse. Quel spectacle, j'adore !

Le début de parcours s'avère monotone avec de longues lignes droites dont on ne mesure pas la fin. Inutile donc de traînailler en espérant découvrir un point de vue remarquable ou encore quelques éléments architecturaux dignes d'intérêts. C'est bien la première fois que l'Espagne se montre avare en découvertes. Je n'ai donc aucune raison de me plaindre, bien au contraire !

Changement radical de décor avec l'entrée dans Hospital de Orbigo. Quelle merveille que ce remarquable pont constitué d'une vingtaine d'arches et qui, de loin, dépasse les deux cents mètres de longueur ! L'ouvrage porte en lui une légende qu'il plaît à conter à ceux qui veulent bien s'y intéresser. Au XVe siècle, don Suero de Quiñones et plusieurs chevaliers combattent quiconque veut traverser le pont et ce, en l'honneur d'une dame. Les combats s'étalent sur un mois et font un mort. Les vainqueurs feront don d'un collier d'or à Compostelle, parure qui, à ce jour, orne encore le buste processionnel de saint Jacques le Mineur.

À la sortie d'Obrigo, un immense panneau indicateur renseigne deux options : soit longer la route, soit choisir les sentiers empierrés. Je ne suis pas long à me décider : ce sera le rendez-vous avec la nature. C'est étrange, mais mes bonnes dispositions physiques se sont évanouies... mes jambes sont si lourdes... Je me demande si je ne suis pas un peu fiévreux.

Les chemins caillouteux sont difficilement praticables ! La plante des pieds est donc soumise à rude épreuve, surtout si la semelle de la chaussure n'est plus de grande qualité. De mon côté, j'ai encore suffisamment de grip pour éviter de glisser. Soudain, mon pied dérape, heureusement sans aucun dégât. J'aurais mieux fait de me taire !

Enfin voilà, dans le fond, la ville d'Astorga. J'avoue que je commençais à désespérer tant le parcours de ce jour m'a semblé interminable. De plus, je suis totalement à sec... il est impératif que je trouve rapidement une fontaine pour pouvoir étancher ma soif. Quand finirais-je par devenir prévoyant ? À mon avis, jamais !

Après un dernier effort – une longue rampe en béton qui doit bien avoisiner les 10 pourcents – j'arrive enfin à destination. Complètement épuisé, probablement à cause de la fièvre, je n'ai qu'une seule envie : filer dans mon lit ! Une petite sieste devrait me remettre rapidement d'aplomb...

85ème étape – 20 juin
Astorga - Rabanal del Camino
22 kilomètres

Moment émouvant hier après-midi, sur le coup de dix-sept heures, avec le départ d'Éric, le pèlerin français qui cheminait avec nous depuis Roncevaux, soit plus de trois semaines maintenant. Le petit groupe formé de cinq personnes l'attendait à la station d'autobus pour le saluer une dernière fois. Il nous manquera, car c'était quelqu'un de très jovial avec qui nous avons tous partagé de superbes moments d'échanges, de rires et d'harmonie.

Un mot également sur Astorga, une ville qui, assurément, mérite le détour. Notre choix d'y séjourner fut le bon. Cette cité, riche de plus de deux mille ans d'histoire m'a permis de faire plus ample connaissance avec son riche patrimoine. Je pense tout spécialement au palais épiscopal aux formes surprenantes sorties tout droit de l'imagination sans limite du maître Gaudi, mais aussi à la cathédrale gothique au portique baroque très impressionnant. Le soir venu, d'autres découvertes nous attendaient, plutôt culinaires celles-là ! Pour ma part, je donnerai une mention spéciale à l'excellent Tinto de Bierzo affichant tout de même quatorze pourcents d'alcool au compteur ! Pas très sérieux tout ça pour un pèlerin souffreteux...

Lors du repas, un sujet moins souriant a été abordé, celui des vols dans les albergues. Depuis quelques jours, il semble que les larcins soient en nette recrudescence. Cibles par excellence, l'argent, les appareils électroniques, les crédenciales et même la nourriture. J'avoue avoir un peu de mal à comprendre qu'un pèlerin puisse voler l'un de ses semblables. C'est vraiment lamentable ! Ah, si ces malotrus pouvaient se faire prendre la main dans le sac... Ils passeraient, à n'en pas douter, un mauvais quart d'heure.

Ce matin, le réveil s'avère plutôt douloureux. Le mal de gorge de la veille ne s'est pas dissipé, bien au contraire ! Bon, il est temps pour moi de dialoguer avec mon corps. Il n'est en effet pas question que ce dernier me laisse tomber. On a un objectif et, coûte que coûte, on va s'y tenir !

Comme il semble de mauvaise composition, je lui désigne, d'un geste de la tête, la boîte d'antibiotiques. Immédiatement, il se cabre, inquiet à l'idée de se voir imposer ce régime un peu particulier. Voilà, je pense que désormais, il a compris !

Alors que je descends de mon lit jumeau, mon voisin du bas soupire à plusieurs reprises. Il doit être mécontent d'avoir eu à subir mes quintes de toux à répétition. Eh oui, monsieur, je suis désolé de vous avoir dérangé ! Pénible de constater que même sur le chemin, il existe de grossiers personnages. Ils râlent à longueur de journée, un peu comme si cette attitude était l'aiguillon de leur existence.

Une fois Astorga derrière moi, je devine, au loin, la lente mutation des paysages. Je vais bientôt me retrouver dans mon environnement préféré... la montagne ! Ah, ces décors, un subtil mélange de couleurs bigarrées, impossible d'y résister. Néanmoins, j'espère que cette fois-ci, les conditions climatiques se montreront courtoises, pas comme lors de mon ascension des cols de Lepoeder et de Roncevaux.

Les sentiers sont bondés ! Une cohorte de pèlerins avance sur la terre rougeâtre brûlée par le soleil en soulevant des flots de poussière. Il y a beaucoup de nouvelles têtes, même si les habitués sont toujours présents. Les plus volubiles sont les Espagnols qui crient tout le temps, alors que les Américains ne sont pas en reste non plus ! Et puis, il y a depuis une bonne semaine de plus en plus de cyclistes. Pas toujours évident d'aboutir à l'alchimie parfaite entre marcheurs et adeptes de la petite reine. Mais bon, entre personnes civilisées, il y a toujours moyen de composer.

Petite pause-café à Murias de Rechivaido, un beau village avec son architecture typique. Il y a ici de belles maisons montagnardes en pierres du pays tandis que les ruelles dallées fleurent bon le naturel. Je m'assieds à un bar et commande mon traditionnel café americano, accompagné d'un croissant. Il n'y a pas à dire, cela fait du bien de se remplir l'estomac ! Je ne suis pas seul, quatre pèlerins, des Suisses croisés il y a deux ou trois jours, arrivent et s'installent à la table d'à côté, visiblement fourbus. Les deux dames tirent la langue et semblent heureuses à l'idée de pouvoir étancher leur soif.

Aujourd'hui, le ciel est un peu voilé. J'ai même senti quelques gouttes en début d'étape, mais rien de vraiment alarmant. Les températures sont néanmoins très clémentes, rendant la marche plutôt agréable. Pour le moment, bien que cela paraisse un peu étrange, je préfère garder la polaire. En effet, il ne faudrait pas que ce maudit refroidissement s'aggrave, surtout qu'à présent, la destination finale est en point de mire !

Je n'ai pas vu le temps passer ! Me voici déjà arrivé à Rabanal del Camino, situé à seulement vingt-deux kilomètres d'Astorga. Ce village, qui doit compter une cinquantaine de masures représentait, au Moyen-Âge, une étape importante du pèlerinage vers Compostelle. Rabanal comptait aussi à l'époque une commanderie templière, comme bon nombre de villages fréquentés depuis mon arrivée en terre espagnole.

Je vais vous faire un aveu. Depuis plusieurs jours trotte en moi une idée saugrenue... enfin, pas si saugrenue que cela. J'ai rencontré un pèlerin qui m'a informé de son expérience un peu spéciale tentée sur le camino. Il a en effet cheminé une vingtaine de kilomètres de nuit en solitaire ! Au début, j'ai trouvé l'idée un peu folle, mais, après mûre réflexion, je me suis dit que ce devait être là une extraordinaire expérience à vivre !

J'ai proposé au petit groupe d'amis de m'accompagner invoquant divers arguments. Hélas, je n'ai pas eu le succès escompté. Seule une pelegrina française va tenter l'expérience. Nous avons, d'un commun accord, décidé de ne pas marcher ensemble afin d'éviter de passer à côté de ce qui, à notre sens, doit demeurer un cheminement personnel.

Au-delà de l'intérêt du projet, il y a bien évidemment une série de facteurs à bien mesurer. Je pense notamment aux conditions climatiques, à l'équipement, aux risques liés à ce genre d'aventure... Toutefois, en ce qui me concerne, la balance penche très nettement du côté positif. Vivre ses rêves impose parfois de vaincre ses peurs !

Maintenant, je vais manger un petit quelque chose et puis j'irai me coucher deux ou trois heures, histoire d'être en pleine possession de mes moyens. Car, vous l'avez deviné... C'est cette nuit que je me lancerai dans cette grande aventure nocturne nourrie d'espérances !

86ème étape – 21 juin
Rabanal del Camino - Ponferrada
33 kilomètres

La dernière heure avant le départ s'égrène au rythme des battements de mon cœur. L'homme, si sûr de lui en certaines circonstances peut, lorsque la situation lui est étrangère, se mettre à douter, à angoisser... il est vrai que cette marche nocturne est loin d'être anodine.

Bientôt, je sais que les peurs et angoisses de l'enfance – on a tous craint l'horrible loup-garou ou encore le vilain bonhomme désarticulé et grimaçant caché dans l'armoire – resurgiront avec une certaine intensité. Lorsque les branches des arbres grinceront, lorsque les animaux de la nuit feuleront, lorsque l'obscurité se fera oppressante... alors, je serai, l'espace de quelques heures, redevenu ce petit enfant timide et craintif.

Les hospitaliers officiant à l'albergue sont très prévenants. Ainsi, la propriétaire nous a permis d'attendre dans la cuisine chauffée jusqu'à l'heure du départ. Eh, oui, nous sommes deux à tenter l'expérience, une jeune Française, Kathy, et moi-même. Mais, chacun, pour pouvoir vivre les choses intensément, a décidé de cheminer seul. Nous nous retrouverons cependant, après huit kilomètres, à la grande croix en fer, dénommée la Cruz de Ferro, pour y prendre des photos. Illuminer la base de la structure à l'aide de nos frontales paraît une bonne idée.

Il est vingt-trois heures quarante ! L'heure du départ a sonné. Kathy, de son côté, a déjà pris la route depuis quarante-cinq minutes. Le sac à dos solidement arrimé et la veste coupe-vent fermée jusqu'au cou, me voilà fin prêt pour démarrer. Avec lenteur, je remonte la rue principale de Rabanal, déserte en ce début de nuit. Le départ, effectué au ralenti, rend à ce début de parcours un caractère solennel. En ce moment, je ne suis pas nerveux, je me sens bien...

Rapidement, la route se transforme en un sentier poussiéreux bordé d'arbres et d'épais arbustes. Peu à peu, les lumières du village s'estompent, laissant à l'obscurité le soin d'occuper le terrain. Le faisceau de ma frontale que je porte à la main balaie l'espace comme pour me rassurer. La température est vraiment clémente, seul un petit vent vient apporter une touche de fraîcheur qui, au fil de la nuit, risque d'accentuer l'impression de froid. Eh oui, il ne faut pas oublier que Rabanal se situe à près de mille deux cents mètres d'altitude et que nous grimperons jusqu'à plus de mille cinq cents mètres !

Les premières lucioles apparaissent, comme autant de petits points brillants venant baliser la route de l'improbable voyageur nocturne. Le ciel est limpide et des milliers d'étoiles illuminent la voûte céleste. Quel incroyable spectacle ! Je m'amuse à identifier les différentes formes connues des astronomes. Il y a la grande et la petite Ourse, Sirius, Altaïr, Véga, Castor et Pollux, le Chariot, Aldébaran, les Pléiades...

Il n'y a dans mon chef aucune angoisse, du moins pas pour l'instant ! La pente se raidit brusquement car j'approche tout doucement du sommet. Tiens, voilà Kathy, tout sourire, qui arrive. Pile à l'heure, comme planifié avant le départ. Après quelques dizaines de mètres, nous débouchons sur un plateau où nous apercevons la Cruz de Ferro. Il s'agit d'un incontournable du camino où, chaque année, des dizaines de milliers de personnes viennent déposer un caillou au pied de la croix. Ce geste symbolise l'abandon de ses problèmes et le début d'une nouvelle vie.

Il n'est guère évident dans le noir, spécialement lorsque le brouillard s'invite sans crier gare, de prendre des photos de l'impressionnante croix. À défaut de qualité, je pense néanmoins que nous aurons là des clichés plutôt surprenants ! Mais le temps est venu de poursuivre l'aventure car il demeure vingt-cinq kilomètres à accomplir. Je contourne la croix et reprends le petit sentier tortueux qui s'enfonce dans la végétation, très touffue à cet endroit.

À Manjarín, hameau en ruine, des chiens se mettent à aboyer. J'avoue ne pas être rassuré. La peur de rencontrer des animaux errants est forte, mieux vaut ne pas s'attarder ici ! D'un bon pas, je rejoins le point le plus haut du parcours. La brume peu à peu s'étiole, laissant le soin aux étoiles de pigmenter le ciel. Je sais que je vis en ce moment quelque chose d'exceptionnel et j'essaie d'en profiter un maximum.

Après trois heures de grimpette presque continue, j'entame la longue descente vers Molinaseca. Le sentier se rétrécit et les grosses pierres qui affleurent du sol rendent la progression difficile. Mon pied glisse à plusieurs reprises, heureusement sans dégâts. Il serait en effet malvenu de se blesser ici, au beau milieu de cette immensité désertique.

Soudain, j'entends du bruit derrière moi. Un peu surpris, mes yeux fouillent l'obscurité. Je dirige ma frontale dans la direction supposée et vois Kathy arriver. C'est dingue, elle marche sans frontale, à l'aide de ses deux bâtons. Peut-être, est-ce pour mieux ressentir les sensations. Elle a beaucoup de courage et de cran, car, moi je n'oserais pas !

L'allure est peu élevée tant le terrain sur lequel nous évoluons est instable. De surcroît, le précipice, sur la droite, vient nous rappeler combien il convient d'être prudent. Aurais-je présumé de mes forces ? Je décide de m'octroyer une petite pause et de manger un peu de jambon accompagné de jus d'orange. Le souffle est court et chaque mètre supplémentaire me coûte son lot d'efforts. Mon front est brûlant... la fièvre semble s'être invitée au festin !

Il est quatre heures et, en compagnie de Kathy, nous rejoignons El Riego de Ambrós. J'avoue être exténué, mais terriblement heureux de pouvoir vivre le camino différemment. Je pense que cette étape, demeurera, pour son caractère hors du commun, un souvenir impérissable. Quelle chance j'ai de pouvoir mener à bien ce projet tant de fois évoqué ! Je me demande tout de même comment se passera mon retour au sein de la société «traditionnelle» ?

Un grand panneau indicateur renseigne Molinaseca. Il est à présent près de six heures et les premiers pèlerins quittent les refuges. Pour ma part, je commence à véritablement me traîner. J'ai les jambes coupées, complètement anesthésiées. Un peu à la manière d'un zombie, je poursuis la route, ne rêvant plus désormais que d'un bon lit douillet et d'un café brûlant !

Voilà, je suis à Ponferrada... il est 8h15 ! Je suis littéralement vanné, mais fier d'avoir été au bout de ce projet un peu fou ! Et maintenant au lit pour récupérer de ces efforts intenses.

87ème étape – 22 juin
Ponferrada - Villafranca del Bierzo
25 kilomètres

Ce n'est pas la grande forme, je l'avoue sans détours. Ce mal de gorge insidieux n'était en définitive pas si anodin que cela ! J'ai donc décidé, contraint et forcé, d'ouvrir la boîte d'antibiotiques et de démarrer le traitement. J'abhorre les médicaments mais là, en l'absence d'un traitement énergique, je cours le risque d'une réelle aggravation, ce qui viendrait mettre en péril la fin de mon périple. Avouons que ce serait un comble, alors que l'objectif final est en passe d'être atteint !

Bien entendu cet alitement prolongé m'a empêché de visiter la belle ville de Ponferrada. Je pense surtout à cet étonnant château érigé par les chevaliers de l'Ordre du Temple dont l'un des rôles était de protéger ni plus ni moins que les... pèlerins ! Cet ouvrage aperçu lors de mon entrée dans la ville, présente d'importantes murailles, de nombreuses portes fortifiées ainsi que de robustes tours et tourelles pourvues de mâchicoulis. Dommage également pour la Tour de l'Horloge datant du XVIe siècle, la basilique de la Encina et les nombreux édifices baroques qui valent le déplacement.

Je ne vais toutefois pas me plaindre, même si cette fièvre est très usante. J'ai tant de raisons de me réjouir en repensant à ces intenses moments vécus depuis mon départ, dont cette sortie nocturne, moment très déstabilisant et plutôt original. Même si, au vu de mon état physique, il eût été préférable de reporter cette idée, que d'émotions ressenties !

Cette nuit fut vraiment magique car elle m'a permis de dépasser mes peurs. On a beau dire, mais on se sent tout petit face à cette montagne dont on devine les contours dans la nuit noire. Ce qui m'a surtout ébahi, c'est le ciel paré de milliers d'étoiles scintillantes. Que penser de tant de beauté ? Qu'y a-t-il derrière tout cela ? Je ne sais y répondre, cependant l'esprit fonctionne à cent à l'heure face à un tel spectacle. Il y a tant de perfections, tant de cohésion... Tout ceci ne serait-il qu'un simple hasard ?

Assez philosophé pour aujourd'hui, même si l'ivresse de jouer avec mes pensées me console de ce manque patent d'entrain. J'avoue, vu mon état de fébrilité, avoir hésité à prendre le bus jusqu'à Villafranca. Cependant, nous sommes dimanche et je ne suis pas certain qu'il y ait beaucoup de mouvement au niveau des transports en commun. Donc, très peu pour moi de marcher trois kilomètres jusqu'à la station pour constater qu'il n'y a pas de navettes et devoir rebrousser chemin. Va donc pour la voie classique !

La sortie de Ponferrada me semble réellement interminable. Des kilomètres de rues, avenues, ruelles... à n'en plus finir ! De nombreuses personnes, routinières du camino m'interrogent sur mon état général. Je dois vraiment avoir une sale tête pour susciter tant d'inquiétude. J'essaie de faire diversion en plaisantant, mais le cœur n'y est pas. Alors, une petite voix jaillit dans mon esprit et me dit : « *Christian, enferme-toi dans ta bulle et pense à l'objectif du jour !* » Elle a diablement raison... je vais donc écouter son conseil !

À l'entrée de Camponaraya, il me semble opportun de m'offrir une petite pause. Je me dois en effet de manger quelque chose ainsi que de m'hydrater un maximum. À l'intérieur du bar, situé sur ma droite, je note la présence de Jane, la pèlerine new-yorkaise. Nos regards se croisent et nous nous sourions. Elle me dit « *What happens, you are looking so strange* ». Eh, oui, je ne peux cacher ma mine affreuse !

S'il y a bien une chose qui me remonte le moral, ce sont ces paysages fantastiques traversés depuis ma sortie de Ponferrada. Je suis cerné par de hautes montagnes, inondées par un soleil généreux. Partout, ce ne sont qu'immenses parcelles de vignes, d'arbustes, de vallons encaissés, de sources jaillissantes... de vraies cartes postales ! Là, presque à portée de la main, une belle grappe de fleurs sauvages, nichée au sommet d'un baliveau aux épines acérées, attire mon regard. Deux oiseaux, posés sur une branche observent ce pèlerin, immobile. J'essaie de converser avec les volatiles, mais aucun d'eux ne prend la peine de me répondre. Allons, Christian, un oiseau, ça ne parle pas ! En es-tu si sûr ?

En de nombreux endroits se trouvent disséminés de grands panneaux vantant les charmes de cette magnifique contrée qu'est le

Bierzo. Outre son vin puissant et de bonne qualité, la région est également réputée pour ses produits de bouche dont les fameuses botillos, de succulentes charcuteries ainsi que pour la trucha berciana, qui n'est autre que de la truite sauvage cuisinée dans de la graisse de porc.

Vraiment, j'avoue avoir beaucoup de mal à comprendre celles et ceux ayant dépeint cette voie espagnole comme un chemin dénué d'intérêt. Je pense que l'on ne possède tout simplement pas la même vision des choses. De mon côté, je suis affirmatif, le Camino Francès, à l'exception de sa trop importante fréquentation, est un parcours présentant une richesse sans égale tant au niveau des paysages que du patrimoine à découvrir !

Les jambes lourdes - elles doivent peser une tonne - appellent à un peu plus de clémence à leur égard. Il n'y a pas à dire, mais les antibiotiques, ça assomme l'individu... Enfin, moi, je ne les supporte pas ! Cela tombe plutôt bien car me voici arrivé à Villafranca de Bierzo. Pour être honnête, je suis très heureux que l'étape se termine, étant à bout de forces. Allons, je dois demeurer positif, car demain est un autre jour et nul doute, mon état de santé va s'améliorer de manière progressive. Du moins, je l'espère !

Il fait chaud, je file donc retrouver l'albergue Ave Fenix renseignée dans mon topo-guide. Il y a là une dizaine de pèlerins, assis en tailleur, devant l'établissement. Je fais de même après avoir salué le petit groupe. Les propriétaires sont des gens très attentionnés. Une grande pancarte nous invite à nous servir en eau fraîche ou encore en fruits disposés dans une corbeille tressée. De mon côté, je me laisse tenter par une poignée de cerises, sucrées à souhait. Quel délice !

Lorsque les portes du refuge s'ouvrent, je prends position à l'arrière du rang dans l'attente de pouvoir accomplir les formalités, devenues à présent routinières : présenter son passeport, faire tamponner sa crédanciale, payer le forfait... En patientant, j'envisage avec un certain bonheur le moment où, après avoir pris ma douche, je pourrai me jeter sur mon lit et me reposer quelque peu.

88ème étape – 23 juin
Villafranca de Bierzo - O Cebreiro
27 kilomètres

Les Diables Rouges ont gagné leur rencontre, hier soir, face à la Russie. Étrange sensation tout de même que de suivre cette coupe du monde loin de chez soi. J'ai vécu l'événement sur la place de Villafranca avec un petit groupe de pèlerins, tous acquis à la cause de notre valeureux pays, bien entendu ! Même si le match fut de piètre qualité, avec des Belges tombant dans le piège physique tendu par les Russes, je me suis vraiment bien amusé. De plus, ce un à zéro nous ouvre les portes des huitièmes de finale. Elle n'est pas belle la vie !

Si la nuit ne peut être qualifiée de catastrophique, elle ne fut pas non plus de tout repos. J'ai transpiré tel un bœuf... les derniers relents de cette maudite fièvre, je suppose ! Les jambes sont pesantes, ce qui est loin de me rassurer en vue de l'étape de ce jour, de Villafranca de Bierzo jusqu'au sommet du col de l'O Cebreiro et ses plus de mille cinq cents mètres d'altitude. De nature optimiste, je rejette toute idée négative et me dit que ça va passer... un peu la méthode Coué, quoi !

Rien de tel qu'un bon petit déjeuner pour se mettre en forme. Et ici, dans cette albergue, on peut qualifier la nourriture de qualitative et diversifiée. Histoire de reconstituer mes réserves en calories, je me sers un bol de céréales, deux toasts beurrés à la confiture de framboises, une omelette aux herbes, deux madeleines, quelques fruits et deux bols de thé... là, je pense avoir mis toutes les chances de mon côté pour atteindre le sommet de la montagne. Bravo également aux hospitaliers qui ont prévu une telle variété de mets. Cela me change du petit déjeuner basique, pris à la hâte à la terrasse d'un bar.

Ça y est, c'est parti ! Je descends la ruelle menant au centre de Villafranca pour y retrouver le début de parcours. Tiens, c'est étrange, il n'y a aucun fléchage. Apparemment, je ne suis pas le seul à être un peu perdu. D'autres pèlerins consultent nerveusement leur guide afin de trouver une explication à cette surprenante situation. Un Espagnol, qui, de sa fenêtre, a observé cet énigmatique ballet formé par des randonneurs complètement désorientés, s'approche. Avec gentillesse, il nous invite à rebrousser chemin afin de franchir le pont. Voilà, il suffisait d'un petit coup de pouce pour rassurer tout ce petit monde, impatient à l'idée de prendre la route.

Le début d'étape est peu enthousiasmant, avouons-le, car le camino suit la voie à grande vitesse. Je presse le pas, étonné de constater ma bonne condition physique, malgré la fatigue due aux antibiotiques. Profitons-en ! Je soupçonne en effet que les kilomètres aidant, la baisse de régime se manifestera tôt ou tard. J'espère que je serai rapidement remis sur pied, n'étant guère habitué à traîner la patte, tel un animal blessé !

À Trabadelo, un joli petit village, isolé de la grand-route, une peregrina agite le bras. Elle est assise au sol et semble se tenir le bas de la jambe. Je presse le pas et la rejoins, un peu inquiet. La dame, une Américaine rencontrée à plusieurs reprises déjà, sanglote. Immédiatement, elle m'explique, gestes à l'appui, qu'elle vient de se tordre le pied en glissant sur une pierre. Lorsqu'elle soulève le bas de son pantalon, je constate les dégâts. Sa cheville est enflée, probablement une belle entorse ! Elle tente de se relever afin de poursuivre la route, mais je l'en dissuade. Le patron du bar situé à une dizaine de mètres vient aux nouvelles. De suite, il propose à la dame de s'asseoir à l'intérieur de l'établissement et d'appeler un médecin. Elle pleure à chaudes larmes mesurant sans doute la gravité de la blessure et la fin probable de son parcours.

De mon côté, je reprends le rythme de la marche, tracassé par cet incident. Je ne peux m'empêcher de songer à ma sortie nocturne entre Rabanal et Ponferrada et plus particulièrement à cette longue descente dans les caillasses instables. Que serait-il arrivé si je m'étais tordu le pied dans cette immensité désertique ? L'essentiel est que l'expérience se soit déroulée sans heurts, mais avais-je bien mesuré tous les risques ? Pour être honnête, je n'en suis pas si sûr !

Progressivement, la montagne commence à se rendre maître de l'environnement, gagnant le pas sur les parties habitées. La route goudronnée cède ainsi la place à de petits sentiers rocailleux dont les aspérités viennent torturer la plante des pieds. Ce n'est pas grave, car le spectacle proposé par cette avenante nature vaut bien le coup de souffrir un peu ! Alors que mon regard balaie les hauts arbres ballottés par un vent soutenu, j'entends quelqu'un crier derrière moi. Oh, c'est Andrea, le pèlerin italien originaire de Bologne. Cet homme, étonnant de simplicité, tient à offrir en toutes circonstances l'image de quelqu'un qui a le souci de l'autre. Je lui serre la main et nous décidons de cheminer ensemble jusqu'au sommet du col.

Le soleil, haut dans le ciel, illumine les paysages traversés tandis que de petites rivières bercent mes oreilles de leur tendre musicalité. Quelle différence notoire avec cette étape réellement cauchemardesque entre Saint-Jean-Pied-de-Port et Roncevaux. J'y avais connu la pluie, le froid, le vent ainsi qu'un brouillard à couper au couteau. Ici, rien de tout cela... juste une impression d'infinie beauté.

Pour qui semblait douter des pourcentages que le pèlerin aurait à affronter en grimpant le Cebreiro, voilà qu'il est à présent fixé. La montée vers La Faba, hameau situé à cinq kilomètres de la destination du jour, est harassante avec des pierres coupantes et des racines dont il faut se méfier afin de ne pas trébucher. Le souffle court, je grimpe à mon rythme, tenant compte de mes capacités pulmonaires réduites suite à mon refroidissement.

Un peu plus loin, alors que je me trouve à moins de trois kilomètres de l'O Cebreiro, un troupeau de vaches à longues cornes escalade la pente. À l'arrière du cheptel, deux chiens montent la garde. Au bout de cinq minutes, je les rattrape, attentif à la réaction des animaux. Cependant, il n'y a aucune manifestation d'agressivité, bien au contraire. Avec lenteur, je sors l'appareil photo de ma poche et immortalise la scène. Voilà, c'est dans la boîte !

Lorsque, après plus de sept heures de marche, le panneau indiquant O Ceibreiro apparaît, je ne peux m'empêcher de pousser un ouf de soulagement. J'éprouve beaucoup de mal à respirer normalement tandis que mes jambes sont très douloureuses. Il faut absolument que je me repose afin de recouvrer un peu de mon énergie. Fort heureusement, l'albergue, un grand bâtiment positionné sur un piton rocheux, est toute proche. Allez, je peux être satisfait d'avoir réussi à dépasser ma douleur ! Good job, Christian, good job !

89ème étape – 24 juin
O Cebreiro - Triacastela
21 kilomètres

Les conditions climatiques en montagne peuvent se révéler très changeantes, tout le monde sait cela. Eh, bien oui, je suis en mesure de le confirmer ! La montée vers l'O Cebreiro s'est déroulée sous un franc soleil puis, deux heures plus tard, le ciel a commencé à s'assombrir, prenant une teinte menaçante tandis que le vent forcissait. Au cours du repas, un orage a éclaté et la foudre s'est abattue à quelques mètres du restaurant provoquant une coupure d'électricité et un début de panique parmi les pèlerins présents. J'avoue que j'étais satisfait de me trouver à l'intérieur du bâtiment plutôt qu'à escalader le col, angoissé à l'idée d'être touché par un éclair !

Mais, l'O Cebreiro n'évoque pas seulement les conditions climatiques capricieuses, il représente également la porte d'entrée de la Galice. Qui dit Galice me fait immédiatement songer à une fin de parcours se rapprochant imperceptiblement... chaque jour un petit signal émis par le cerveau pour me chuchoter à l'oreille un : « *Christian, Santiago se rapproche à grands pas* » ce qui signifie que le retour en Belgique aussi !

Ce sentiment, teinté d'un peu de tristesse, et anticipant probablement un début de nostalgie post Compostelle, guette celui qui chemine. On le devine au comportement des pèlerins rencontrés chaque jour : certains sont plus taiseux qu'à l'accoutumée, d'autres ont le vague à l'âme tandis que la plupart refusent d'évoquer le sujet. Oui, la gestion de «l'après» sera plus difficile que celle de «l'avant», préoccupée uniquement par les données techniques du périple... sans oublier bien entendu la longue séparation d'avec ses proches. De mon côté, j'essaie de ne pas trop y penser, même si je ne peux échapper à ce sentiment général.

Ce matin, je me sens en meilleure forme que les jours précédents. Je viens enfin de connaître une nuit moins agitée, ayant pu respirer normalement. Les antibiotiques viennent-ils de remporter la bataille, me sauvant ainsi la mise ? Je n'ose me prononcer avec certitude, probablement par superstition, mais j'envisage la suite du parcours avec sérénité.

Lorsque je quitte l'albergue municipale, je constate avec satisfaction que le temps s'est amélioré. Bien que le ciel charrie encore de gros nuages, le brouillard a disparu ainsi que toute instabilité orageuse. Je vais donc pouvoir entamer l'étape du jour dans de bonnes conditions, pouvant de surcroît compter sur mes jambes d'autrefois.

Après plusieurs kilomètres, passés à longer la route, mon topo-guide m'invite à bifurquer vers Hospital da Condesa. Je préfère de loin l'ambiance bucolique de tous ces petits hameaux aux chemins goudronnés sans aucune découverte à se mettre sous la dent. Alors que je suis en pleine réflexion, une vieille dame m'appelle. Elle tient à la main une assiette garnie de crêpes. Lorsqu'elle me propose d'en prendre une, j'accepte avec reconnaissance.

La générosité de tous ces gens ne cessera jamais de m'étonner. Cela se devine, cette femme vit dans le dénuement et elle offre des crêpes à de simples pèlerins ! Lorsque je souhaite la gratifier d'une pièce, elle refuse catégoriquement. Alors, je dépose un euro sur le muret et reprend la route tout en souriant à la dame. Encore un beau moment offert par ce merveilleux chemin !

Soudain, la sonnerie de mon GSM retentit. Je décroche... C'est Carine de Vivacité. Elle demande de mes nouvelles et signale vouloir m'interviewer la veille de mon arrivée à Compostelle. Le rendez-vous est fixé à huit heures précises, la semaine prochaine. Je suis heureux de recevoir ainsi une nouvelle opportunité de m'exprimer sur les ondes - la sixième pour être précis - et d'évoquer le projet caritatif soutenu en faveur de l'association Make A Wish. Remercier toutes ces bonnes volontés est la moindre des choses.

À l'entrée d'un nouveau petit village, tout mignon, mon regard est attiré par un spectacle attendrissant. Un chien, les oreilles dressées, est entouré de plusieurs petits chatons. Sont-ils orphelins ? Ils se serrent tous contre ce gros toutou, visiblement heureux de pouvoir protéger ces petites boules de poils. Comme je n'ai aucune envie de les déranger, je range mon appareil photo et décide de m'éloigner.

De l'autre côté de la rue, un bar quasi désert parle à mon ventre. Allez, au diable l'horaire programmé ce matin, j'ai bien le droit à un peu d'attention, non ? Je me commande un café américano ainsi qu'un grand morceau de tarte aux pommes. Miam, un vrai festin... Il manque juste un peu de chantilly... et pourquoi pas, une petite boule de glace à la vanille. Incroyables tout de même, ces pèlerins !

Maintenant, j'entame la longue descente vers mon lieu du jour. Il convient d'être prudent, le sentier truffé de pierres et de gravillons rend la progression ardue. De plus, la pluie de la veille n'est pas faite pour arranger les choses ! L'expérience aidant, je parviens à gérer assez facilement ce type de surface.

Avant l'entrée dans Triacastela, je découvre un arbre géant dont les proportions sont réellement impressionnantes. Un panneau explicatif indique que celui-ci affiche près de huit cents ans. L'esprit s'affole... huit cents ans ! Il a dû être témoin de beaucoup de choses pendant sa longue vie, ce colosse !

Triacastela tire son nom de la présence, il y a de nombreux siècles, de trois châteaux dont il ne subsiste rien aujourd'hui. Dommage, car j'aurais bien été tenté, vu mon arrivée matinale, de visiter quelque peu. Bah, ce n'est pas très grave car j'ai largement de quoi m'occuper ! En définitive, ce rythme soutenu ne m'a jusqu'à présent jamais véritablement posé problème, sauf peut-être ces trois derniers jours à cause de mon petit souci de santé.

L'albergue municipale, un bâtiment un peu décrépi, ne m'inspire guère. Je décide donc de poursuivre un peu plus loin afin de vérifier s'il n'y a pas d'autres possibilités. J'ai été bien inspiré de me montrer patient... là, sur ma gauche se trouve un refuge privé, construit en pierres du pays. Une dame est occupée à nettoyer la devanture. Je m'approche et m'informe des conditions. C'est neuf euros pour la nuit et vous pouvez utiliser le wifi... me dit-elle. Que demander de plus ! J'accepte donc sa proposition et attends qu'elle me désigne mon lit. Voilà, c'est fait. Ce sera le dortoir numéro quatre, le lit situé à côté de la salle de douche. C'est parfait, me voilà installé...

90ème étape – 25 juin
Triacastela - Sarria
19 kilomètres

Y aurait-il quelque chose de spécial à fêter aujourd'hui ? Mais, oui, mon nonantième jour de pèlerinage, pardi ! Les gens qui me suivent depuis un petit temps déjà - je pense surtout à ce groupe de pèlerins soudé que nous formons depuis Saint-Jean-Pied-de-Port - le savent et viennent me féliciter. Ce n'est juste qu'un simple chiffre... cependant, il marque les esprits, car ils ne sont pas nombreux à prendre la route pour une aussi longue période.

Malgré la bonne humeur affichée par toutes ces personnes présentes, l'on devine aisément le vague à l'âme que nous ressentons tous, une sorte de sentiment lourd et difficile à porter. Cette fois, nous ne pouvons plus cacher notre anxiété à aborder cette dernière partie du chemin. Il est par ailleurs assez incroyable de constater combien l'allure a tendance à baisser de rythme. C'est un peu comme si nous ressentions l'impérieux besoin de ralentir la cadence afin de retarder l'échéance. Idée stupide s'il en est, car toutes les bonnes choses ont une fin, y compris ce merveilleux périple...

De mon côté, je ressens les choses un peu différemment. Je l'avoue, je ne nierai pas la difficulté de cette fin de parcours rendue plus ardue en raison de la proximité du dénouement, mais toute cette séquence de vie, traversée avec une telle intensité, contrebalance largement ce petit coup de mélancolie. Et puis, il y a la joie immense de retrouver prochainement tous ceux que j'aime.

Je ne sais pourquoi, mais je songe en ce moment, confortablement allongé sur mon lit, à ce vendredi 28 mars, jour où j'ai agrippé mon sac à dos pour démarrer cette belle aventure à Namur. Il y avait un peu de stress, une relative appréhension... à entamer ce projet un peu fou. Et me voici nonante jours plus tard, occupé à imaginer comment je vivrai cette dernière ligne droite. Encore une fois m'apparaît cette saisissante notion du temps. Il file à une vitesse folle et nous, que sommes-nous dans ce tourbillon ? À l'évidence, une insignifiante poussière au sein d'un univers aux contours infinis !

Une chose toutefois me semble désormais acquise : réflexions et efforts s'harmonisent particulièrement bien sur ce parcours formant à l'évidence un excellent binôme. La marche ouvre l'esprit et me fait éprouver une sorte de paix intérieure. Je pose la question : d'où viennent ces longues périodes de rêveries et d'interrogations ? Sont-elles une porte qui invite l'homme à descendre en lui-même ?

Ici, tous les standards de la vie que nous connaissons dans notre quotidien sont pesés, étudiés, jugés et parfois même balayés. Succès, richesses, possessions... autant de « valeurs » qui imprègnent le monde ne laissant que peu de marge à ceux qui rêvent d'une autre société. Et pourtant, cette route prouve à foison combien le matérialisme procure un bonheur éphémère demandant sans cesse à être renouvelé. Un besoin à peine satisfait en entraîne un autre que l'individu cherche à assouvir par tous les moyens, plongeant ainsi l'humain dans un cycle sans fin auquel il lui est difficile de résister.

Marcher, sans en exagérer la portée, me bouscule. Cet effort quotidien a-t-il un sens, est-ce sa façon de venir secouer mon apathie, lourd héritage imposé par une collectivité de l'avoir ? Une chose est certaine, je suis parti sur le chemin à la découverte de quelque chose. Je n'avais aucune idée précise si ce n'est l'impression que cette route m'était indispensable afin de pouvoir me réaliser en tant qu'individu.

À la question de savoir «qui suis-je», une question posée en début de parcours, je pense tout doucement avoir trouvé plusieurs éléments de réponse. Oh, pas tous bien entendu... l'homme demeurant un être complexe, la plupart du temps étranger à lui-même. Mais, je progresse et cela me réconforte, aidé en cela par toutes ces personnes rencontrées au fil du chemin. Il est rassurant de voir que tous ces individus sont en quête de sens, poursuivant l'objectif de se rapprocher, dans la mesure du possible d'un certain «idéal humain». Et même si nous sommes encore aux antipodes de cet idéal rêvé, le fait de tenter de s'en approcher, même modestement, représente déjà une belle victoire en soi !

Assez philosophé, à présent ! Je repousse le drap de lit et file à la salle de bains pour y prendre ma douche. L'eau est bien chaude et j'avoue y puiser une énergie nouvelle. Je songe, à l'instant, n'avoir pas grand chose sous la main pour déjeuner : un vieux morceau de baguette, trois biscuits et un peu de jus d'orange... Bah, je trouverai bien un petit bar sur la route pour apaiser mon ventre en attente de sa ration quotidienne. Allez, moussaillon, au boulot !

Lorsque je rejoins le centre de Triacastela, les ruelles sont plongées dans une sorte de brume laiteuse, caractéristique des nuits fraîches et humides de la Galice. Quelques pèlerins sont assis à proximité de la statue de saint Jacques, dans l'attente du départ. Après les avoir salués avec insistance, j'oblique vers la gauche et me lance à l'assaut des premières pentes du jour. Le ciel est bleu, les oiseaux chantent... quelle délicieuse sensation de bien-être !

À Samos, localisé plus ou moins à mi-parcours, je tombe en arrêt devant le monastère. Il s'agit d'un bâtiment aux dimensions impressionnantes qui marque fortement le centre-ville de sa présence. À l'origine, cet édifice accueillait journellement les centaines de pèlerins en partance pour Santiago. Il est possible de le visiter, mais les horaires programmés ne cadrent pas avec mon timing. Dommage, ce sera peut-être pour un prochain voyage en terre galicienne.

Distrait, je perds de vue le marquage officiel, de grosses flèches jaunes, et me retrouve planté au beau milieu d'une épaisse et sombre sapinière. Je décide alors de faire mouvement en direction de la chaussée afin d'éviter de me perdre au sein de cet environnement peu engageant. Une fois arrivé sur la route, un grand panneau renseigne : Sarria, douze kilomètres. Cet univers ne me plaît pas le moins du monde. Cependant, il n'y a aucune échappatoire.

Sarria me semble immense, moi qui croyais me retrouver dans un petit village comptant une centaine d'habitations. Je tire un papier, rangé dans mon guide, et imprime l'adresse de l'albergue dans mon esprit : Calle Mayor. Je pense que ce refuge, choisi par la gent féminine de notre petit groupe, représentera un excellent lieu de séjour. Du moins les illustrations du dépliant le laissent présager.

91ème étape – 26 juin

Sarria - Gonzar

30 Kilomètres

Ah, la voilà, cette fameuse borne évoquée dans nombre de livres et de magazines ! Une petite structure, d'un bon mètre de haut, avec en son centre, la mention du chiffre «100». Oui, encore cent kilomètres à parcourir avant de rejoindre Santiago de Compostela... l'aboutissement d'un long projet, mûri depuis tant d'années. Je souhaiterais me faire prendre en photo pour immortaliser ce moment unique, mais hélas, il n'y a pas âme qui vive !

Lorsque je traverse le hameau de Morgade, une fermière remonte la rue avec tout son cheptel. Plutôt original de voir cette ménagerie hétéroclite avancer au pas. Il y a là des vaches, des chèvres, des moutons, des poules... et à l'arrière du troupeau un agneau tout mignon venant de naître tant il éprouve des difficultés à se mouvoir. Quel magnifique spectacle !

Alors que je fouille la poche de mon pantalon pour me saisir de mon appareil photo, la sonnerie de mon gsm retentit. Je décroche un peu anxieux, comme envahi par un mauvais pressentiment. Une petite voix sanglotante m'annonce le décès d'une collègue de bureau, à vrai dire, une échevine de la Ville d'Enghien. Josiane, oh mon Dieu, non !

La communication est de mauvaise qualité, mais j'ai compris l'essentiel : la mort vient de frapper ! Incroyable dualité entre cette brebis toute pétillante et le décès d'une personne symbolisant la vie qui se retire. Je décide de m'asseoir quelques minutes sur un banc, ébranlé par cette annonce. De grosses larmes roulent sur mes joues et je n'entreprends rien pour les refouler. Dans ces cas-là, il vaut mieux laisser libre cours à ses émotions.

Sous le coup de cette brutale nouvelle, mon esprit s'embrouille. Dans un premier temps, il refuse de croire à l'anéantissement de cette existence. Le fait-il délibérément afin de me protéger ? Contre toute raison, il tente la ruse, mais je ne suis pas dupe ! des dizaines d'images défilent là, devant mes yeux... pourquoi donc cette sarabande de souvenirs dans ma tête ? Ici, il y a trop de monde autour de moi alors que je n'ai qu'une seule envie : demeurer seul ! Le regard perdu dans le vide, j'erre tel un zombie jusqu'à ce que j'arrive à proximité d'un bosquet arboré de pins odorants. Je pénètre dans les sous-bois et, après avoir marché sur une bonne centaine de mètres, me laisse choir sur une souche, sans réaction.

Il m'est indispensable d'écrire afin de me vider la tête. Je m'empare donc de mon carnet de notes en vue de préparer un texte à poster sur Facebook. En effet, impossible pour moi aujourd'hui d'évoquer le déroulement de cette étape... je tiens juste à rendre hommage à Josiane que j'appréciais beaucoup pour sa générosité de cœur et l'attention permanente qu'elle portait aux autres. Et dire qu'elle n'est plus...

Mon bic glisse sur la feuille, comme emporté par un tourbillon de sentiments. Voici précisément ce que j'écris : « *Aujourd'hui, je ne commenterai pas l'étape du jour, car je n'en ai aucune envie. Je suis triste, terriblement triste ! Je viens en effet d'apprendre le décès de Josiane. Que faisons-nous ici sur cette terre... naître et mourir ! J'essaie de réfléchir à la question, mais je ne trouve aucune réponse. J'aurais tant voulu te voir une dernière fois, Josiane. Hélas, l'occasion ne m'en aura pas été donnée. Tu vas me manquer, tu vas nous manquer terriblement ! J'adorais en toi ton sourire communicatif, ton empathie, ton souci des autres... Je viens de prendre cette photo, Josiane, elle est pour toi. Celle-ci représente le pont que tu vas à présent traverser. Le début du pont, symbolise la mort et la fin de l'ouvrage incarne la VIE ! J'espère de tout mon cœur que si, un au-delà avenant existe, il saura t'accueillir, ce qui ne serait qu'un juste retour des choses eu égard à ce que tu as fait pour tes semblables au cours de ton existence ! Va, Josiane, ne te retourne pas et repose en paix...* »

Mes yeux sont rouges d'avoir pleuré, mais je n'en ai cure. Je suis néanmoins apaisé d'avoir pu écrire ces quelques lignes, car elles m'aideront à atténuer mon chagrin. Instinctivement, je range mon carnet dans la poche de ma polaire dans l'éventualité où d'autres idées surgiraient dans mon esprit. Puis, un tantinet rasséréné, je décide de quitter cet endroit et de rejoindre la route pour poursuivre le parcours du jour.

Oh, un rayon de soleil, le premier de ce début de journée ! Ce matin, au lever du jour, j'ai bien cru que la pluie allait s'inviter tant le ciel était chargé. Apparemment, il n'en est rien et c'est tant mieux... l'Espagne poursuit donc son entreprise de séduction, du moins depuis Pampelune : de magnifiques paysages, des rencontres exceptionnelles, des découvertes patrimoniales très riches, des autochtones aux petits soins pour les peregrinos...

À Portomarín, après avoir traversé l'immense pont enjambant le Miño, je décide de marquer une pause dans un restaurant. J'y commande une empenada garnie au thon ainsi qu'une cerveza con limón. Est-ce compatible avec mon refroidissement et la prise d'antibiotiques ? Je n'en suis pas réellement convaincu, mais bon, la journée est tellement chargée en émotions que j'en ai vraiment besoin !

Je goûte avec appétit à cette délicieuse préparation et en profite pour envoyer mon message, dédié à Josiane, sur Facebook. Je n'en reviens toujours pas qu'elle vienne de nous quitter. Longtemps encore, j'entendrai son rire caractéristique et songerai aux agréables moments que nous avons passés ensemble. Drôle de vie tout de même, tiraillée entre bonheurs éphémères et moments empreints de doutes et de tristesse !

Rassasié, j'entame les sept derniers kilomètres, pied au plancher... une vraie tornade ! Je dépasse un à un tous les pèlerins m'ayant distancé pendant mon arrêt restauration à Portomarín. Je pense que les gens éprouvent toujours autant de difficultés à comprendre comment je parviens à marcher à cette vitesse.

Je ne sais pas si avoir programmé une étape ici à Gonzar représente une bonne idée ! Il s'agit vraiment d'un endroit qui n'a rien de bucolique et qui n'offre aucune distraction. Il y a une église, deux albergues, deux fermes et cinq à six maisons.. Enfin, on fera contre mauvaise fortune bon coeur... Et puis, de toute manière peu importe, car je n'ai pas la tête à pratiquer du tourisme !

92ème étape – 27 juin
Gonzar - Palas de Rei
18 kilomètres

Me retrouver hier soir entre amis pèlerins m'a procuré beaucoup de réconfort, suite à cette mauvaise nouvelle enregistrée en début de journée. La présence de tous ces gens chaleureux m'a permis d'aborder d'autres sujets et de me vider quelque peu l'esprit. Merci à eux d'avoir mesuré mon chagrin et d'avoir ainsi pris soin de moi.

La liste des départs s'allonge. Cette fois, c'est au tour d'Andrea, le pèlerin italien, originaire de Bologne, de nous quitter. Je m'entendais merveilleusement bien avec lui et l'appréciais pour ses grandes qualités humaines. Andrea est encore l'une de ces rares personnes qui, dans notre société individualiste, peut consacrer du temps aux autres, faisant passer sa propre satisfaction au second plan.

Je conserverai un souvenir ému de sa personne et n'oublierai jamais son immense ferveur, sa foi profonde vécue dans une grande discrétion afin de ne pas heurter celui ne partageant pas ses convictions. J'aurais aimé aborder la question de la croyance avec lui, mais j'ai bien senti qu'il n'y tenait pas plus que cela. Je sais seulement qu'il porte en lui une vraie tristesse, celle d'avoir perdu ses parents alors qu'il n'était encore qu'un enfant.

Ce matin, je me suis levé plus tardivement. En effet, l'étape du jour est très courte, avec à peine dix-huit kilomètres au menu. De plus, je préfère demeurer ici à l'albergue, car j'ai une nouvelle interview sur Vivacité et il est important que je puisse bénéficier d'un environnement calme. Je suis très heureux d'avoir à nouveau l'occasion de m'exprimer sur les ondes pour évoquer le projet caritatif développé en faveur de l'association Make A Wish.

Huit heures ! La sonnerie de mon GSM retentit. C'est Carine ! Toujours cette même gentillesse et disponibilité. Je suis heureux de pouvoir compter sur son soutien, indispensable afin de mettre en lumière la récolte de fonds en faveur des enfants victimes de pathologies lourdes.

Cette fois, je dispose d'un peu plus d'une minute pour renseigner les auditeurs sur les derniers développements de mon périple, prélude à mon arrivée prochaine à Santiago.

J'ignore les raisons, mais ce matin, je ressens les choses avec plus d'acuité, un peu comme si cette généreuse nature souhaitait me délivrer un message. L'air embaume un subtil mélange de parfums. Il y a celui des pins, des grappes de lilas mauves, des roses, de l'herbe encore gorgée par une douce rosée... je me sens bien, en tout cas en meilleure forme que lors de la journée précédente !

Une voix m'appelle. C'est Paule, une pèlerine française, originaire du sud de la France. Elle me signale que j'affiche une meilleure mine qu'hier. Tout à coup, la conversation prend un tour particulier. Tout en me fixant, elle me dit : « *Hier, je n'ai pas voulu te déranger, car tu étais en souffrance. Mais, la personne qui est décédée, elle était près de toi !* »

Interloqué, je la regarde. Avec délicatesse, Paule pose sa main sur mon bras et poursuit : « *Il ne faut pas être triste, tu sais, tous nous mourrons, c'est dans la logique des choses. La tristesse se comprend lorsque l'on perd quelqu'un de proche. Cependant, la personne ne disparaît pas à jamais... elle s'en va tout simplement rejoindre un autre monde.* »

Attentif à son discours, je lui demande de poursuivre cette explication plutôt surprenante, ce qu'elle accepte sans sourciller : « *Mon métier consiste à accompagner les personnes en fin de vie et j'en ai vécu des situations en vingt-deux ans de métier ! Souvent les gens quittent ce monde avec sérénité. L'âme de la personne quitte la terre après quarante-cinq jours. Elle peut rester plus longtemps si les proches la retiennent ou encore, elle peut décider de différer son départ. Oh, bien entendu, les gens marquent le plus souvent de l'incrédulité ou sont hilares, car confrontés à quelque chose qui les dépasse complètement... Moi, cela m'est égal, libre à chacun de penser ce qu'il veut !* »

« *J'avoue honnêtement que ce n'est pas simple de vivre avec cette faculté de percevoir des événements futurs ou encore de discuter avec les âmes des disparus, la charge émotionnelle étant parfois forte, spécialement lorsqu'il s'agit d'enfants ! Je peux également prédire quand la mort va venir reprendre la vie d'une personne. Par exemple, sur le chemin, j'ai vu qu'un pèlerin, rencontré récemment, va mourir juste après son retour de Compostelle. Aussi j'ai vu le décès de ma propre mère ! Exactement comme je l'avais prévu, elle est décédée deux mois après ma vision. J'en avais parlé à mes frères et sœurs qui étaient consternés... hélas, je ne m'étais pas trompée au grand désappointement de mes proches !* »

Abasourdi, je ne sais que répondre. Paule me tend la main et s'éloigne afin de reprendre le cours de sa marche. Je ne suis pas partisan de théories alambiquées, mais là, j'avoue être impressionné par son discours. Cette personne a l'air très équilibrée, il n'y a donc aucune raison de douter de la sincérité de son message. Maintenant, savoir si tout cela n'est pas le fruit d'une projection de son esprit est une autre question à se poser !

Alors que je viens à mon tour de reprendre la marche, je ne peux m'empêcher de songer à Éric, cet autre pèlerin français avec lequel j'ai cheminé pendant plus de trois semaines. Lui aussi possédait des dons étonnants. On peut être cartésien, mais je suis d'avis que face à certaines manifestations, un souci d'ouverture est indispensable. Qui peut prétendre que ressentir certains événements ou encore pouvoir dialoguer avec certaines âmes relève du domaine de la charlatanerie ? Il s'agit ici d'une autre vision de la vie... pourquoi donc se moquer ?

Une statue située sur la droite de la route attire soudain mon regard. Celle-ci représente une dame dont le visage émacié pétille d'une joie profonde. Sa main gauche semble indiquer les contours hérissés de la montagne pour laquelle elle doit éprouver une tendre complicité. Je m'approche d'elle et l'observe comme si je m'attendais à ce qu'elle m'adresse la parole. L'artiste, très doué, à réussi le pari de la rendre presque vivante. Hélas, aucune indication ne précise qui est cette dame et quelle est son histoire. Dommage...

Pallas de Rei... tout le monde descend ! Cette petite cité qui marque la jonction entre le Camino Francés et le Camino primitivo venant d'Oviedo, ne présente hélas qu'un intérêt mitigé. Peu importe, car ce n'est pas le travail qui manque...

93ème étape – 28 juin
Palas de Rei - Arzúa
30 kilomètres

J'ai repensé à ce que Paule, la pèlerine française rencontrée lors de l'étape de Palas de Rei, m'a expliqué. Ses commentaires relatifs à notre présence ici sur terre m'ont fortement troublé. Elle était si calme en m'expliquant sa vision des choses et il n'y avait dans son chef aucune volonté de convaincre l'autre. Imaginons qu'elle ait raison, que l'homme naisse puis meure, pour à nouveau renaître selon un processus itératif dont on ignorerait la fin...

Alors, il n'y aurait plus aucune raison de pleurer et d'éprouver de la tristesse lorsqu'un être que nous chérissons meurt. La valeur de chaque existence trouverait sa justification dans la moisson qu'elle aurait été en mesure de récolter pour notre âme. Ainsi, nous aurions tous l'occasion de nous élever vers un stade de conscience suffisamment avancé pour venir, enfin, interrompre le cycle des réincarnations. Au fond pourquoi pas, cette théorie n'est pas à rejeter tout de go !

Le fait de rencontrer sur le chemin tous ces gens qui semblent posséder un don de perception très affirmé et de surcroît capables de réaliser des choses inaccessibles au commun des mortels, ne peut être sujet qu'à interpellation. À nouveau l'image d'un autre pèlerin français s'empare de mon esprit. Je suis assez cartésien et sain d'esprit, mais pourtant je l'ai vu réaliser des choses totalement incroyables : transformer du mauvais vin en un excellent pinard, enlever le sucre dans une boisson, soulager des personnes souffrant de maux liés à la marche... J'ai réellement vécu ces événements et je n'affabule pas !

Prenons le cas du vin, pour faire simple. Nous sommes au restaurant et dans tout menu du pèlerin, en fonction du nombre de personnes, nous recevons une bouteille du précieux liquide. Le vin servi ce soir-là était vraiment infect et sa couleur pâle n'incitait guère à l'optimisme. Éric prend la bouteille et la dépose face à lui, puis positionne ses deux mains à une quinzaine de centimètres de celle-ci, sans la toucher. Il ferme les yeux et après vingt secondes entreprend deux ou trois mouvements de la main droite. En ce laps de temps, le vin est devenu très sombre et le goût a totalement changé. C'était, je l'avoue, une grande surprise pour moi !

Au moment de prendre le départ, je jette un coup d'œil en direction du ciel. Celui-ci est très chargé et de gros nuages porteurs d'averses filent à toute vitesse, poussés par un vent tourbillonnant. J'ai à peine marché un bon kilomètre que la pluie fait son apparition. Drôle de sensation que de sentir ces grosses gouttes frapper mon visage alors que depuis l'étape de Roncevaux, soit plus de trente jours maintenant, je n'ai plus vu la moindre averse ! Bah, peut-être que dans une heure, il fera à nouveau beau.

Rapidement, je m'enfonce dans une forêt touffue et très sombre. Mais quelle est donc cette odeur qui me titille les narines ? Immédiatement, je reconnais les arbres, ce sont des eucalyptus dont une grande moitié du tronc est desquamée. Cet environnement, parsemé de fleurs mauves et de fougères, me plaît beaucoup. Je trouve ici une nature sauvage et diversifiée qui, en raison du climat humide de la région, peut s'épanouir en toute quiétude. C'est beau à regarder et surtout reposant pour l'esprit.

Celui qui parviendrait encore à se tromper de chemin pourrait, sans conteste, se voir coiffer d'un bonnet d'âne. En effet, depuis trois jours maintenant, le fléchage est omniprésent. Á côté des traditionnelles marques jaunes, il y a de grosses bornes en ciment tous les deux à trois cents mètres. C'est très impressionnant de constater les efforts déployés pour nous, simples pèlerins.

Et puis, il a aussi ces petites échoppes mobiles, disséminées le long de la route, dans les bois... il n'y a personne derrière l'étal, il s'agit tout simplement de libre-service. Le pèlerin, de passage, pourra se servir en boissons ou en nourriture selon ses envies et verser son obole en toute discrétion dans une boîte métallique disposée sur la table, à cet effet. Tout est basé sur la confiance et c'est très bien ainsi. Je suis convaincu que la plupart des passants jouent le jeu... Rares doivent être les tricheurs !

La pluie poursuit son offensive de charme ! Elle ne lésine pas sur la quantité pour venir rafraîchir les marcheurs. Ce n'est pas gai mais bon, cela fait partie intégrante du chemin. Je suis littéralement trempé de la tête aux pieds et j'ai froid. Instinctivement, je relève le col de ma parka... il serait malvenu d'aggraver mon rhume dont les traces sont encore perceptibles. Je tousse encore beaucoup, même si mon état général s'est bien amélioré.

Vers dix heures, j'atteins la ville de Mélide qui, autrefois, fut un important centre jacquaire. Il y a des pèlerins qui débouchent de partout... une véritable invasion de chemineurs attirés comme un aimant par Santiago. En ce qui me concerne, il y a beaucoup trop de monde sur le Camino et spécialement une bonne partie de «touristes» parcourant les cent derniers kilomètres pour obtenir simplement la compostela, ce «certificat», rédigé en latin, venant attester que l'on a fait le camino. Enfin, point de critiques, à chacun son chemin !

Une fois la traversée de Melide effectuée, je retrouve la joie de marcher sur de petits sentiers serpentant entre deux rangées d'arbres. Malgré le temps grincheux de ce samedi, je prends beaucoup de plaisir à respirer cet air pur à pleins poumons et à imprégner mon esprit de ces magnifiques paysages qui défilent au cours de mon trajet.

Un fort sentiment de plénitude m'envahit. Je suis tout simplement heureux d'avoir pu vivre ce projet sans retenue, me laissant porter par mon enthousiasme et par cette volonté d'atteindre Compostelle. Je souris, me rendant compte que je raisonne désormais au passé ! Oui, l'arrivée est toute proche maintenant... et bientôt, je pourrai apercevoir les fameuses tours qui symbolisent l'arrivée imminente à Santiago. J'ignore quels seront mes sentiments à ce moment, mais je suis convaincu que l'émotion sera très forte !

Lorsque j'arrive à Arzúa, je ralentis la cadence, comme guidé par une petite voix intérieure qui me crie : « *Eh, pèlerin, pas si vite... profite de tes derniers jours de camino ! Pourquoi donc marques-tu tant d'empressement à terminer cette belle étape* ? » Alors, j'obéis et m'assieds sur un banc dans un petit parc ombragé. Le soleil, à nouveau présent, réchauffe l'atmosphère. Je suis bien... tellement bien !

94ème étape – 29 juin

Arzúa - Alto de Santa Irene

15 kilomètres

Hier, en arrivant à Arzúa, sur le coup de treize heures trente, j'ai décidé d'opter pour la chambre d'hôtel en lieu et place du traditionnel refuge pour pèlerins. Je sentais que, pour une fois, il me fallait privilégier mon bien-être personnel au détriment du régime collectif. Cela procure une douce sensation de pouvoir ainsi s'isoler, d'étendre ses affaires et de ne pas devoir se plier aux règles draconiennes en vigueur dans les albergues.

J'ai donc profité de cet environnement paisible pour mettre de l'ordre dans mon sac à dos, mais également pour me reposer un peu suite à la fatigue accumulée tout au long du parcours. Cette sieste de plus ou moins deux heures m'a rasséréné. Revers de la médaille, je n'ai pu visiter Arzúa que de manière parcellaire.

En soirée, je suis allé prendre le repas en compagnie d'un pèlerin français rencontré à une dizaine de reprises déjà depuis mon passage en Espagne. Il m'a expliqué son propre périple entamé voici soixante jours en suivant la voie du Puy en Velay. À entendre la manière dont il en parle, j'en déduis que ce parcours semble être particulièrement intéressant avec de nombreux points de découvertes.

Il y avait beaucoup d'animation au bar de l'hôtel avec la présence de nombreux Brésiliens. Inutile de préciser que la fièvre s'est emparée de tout ce petit monde lors de la rencontre animée entre le Brésil et le Chili. Belle ambiance pendant la retransmission du match avec une grande variété de sentiments qui viennent s'entremêler : la joie, l'anxiété, la colère, l'attente parfois insoutenable... et enfin un grand délire lors du botté du penalty victorieux !

Premier geste du matin, quasi machinal, ouvrir les rideaux et regarder par la fenêtre pour vérifier l'état du ciel. Chouette, il ne pleut pas ! Il y a même quelques rayons de soleil, augurant une meilleure journée que celle de samedi. Quel temps pourri avec ces monstrueuses averses qui m'ont trempé des pieds à la tête. Maintenant je n'ai vraiment aucune raison de me plaindre, car je pense n'avoir pas eu plus de six jours de pluie continue sur l'ensemble du périple... je peux à l'évidence me considérer comme extrêmement chanceux !

Après avoir englouti un croque-monsieur, accompagné d'un café americano, je suis fin prêt pour débuter l'étape du jour entre Arzúa et Alto de Santa Irene. Je ne crois pas être jamais parti si tard... il est près de neuf heures ! Bon, cela n'a pas beaucoup d'importance, vu la distance à parcourir aujourd'hui, soit un peu plus de quinze kilomètres.

Une fois Arzúa derrière moi, je retrouve le même type d'environnement que lors de la dernière étape. De part et d'autre de la route, d'immenses eucalyptus dressent leur hautes silhouettes vers les cieux, telles des sentinelles immobiles diffusant une odeur extrêmement agréable. À leur base, des tapis de fougères garnissent le sol, insufflant à l'ensemble une image reposante. Hum, je me verrais bien investir le bois et cueillir quelques belles gerbes... Mais bon, qu'en ferais-je ?

Soudain, je remarque devant moi, à moins de cinq cents mètres, une longue file de pèlerins. Mon allure soutenue me permet de les rattraper rapidement. Ce sont des centaines de jeunes Espagnols, des adolescents, en route vers Santiago. Lorsque je dépasse la colonne, ce sont à chaque fois les mêmes marques d'attention qui me sont adressées : « *Hola que tal, buen camino* », ce qui signifie : « *Bonjour, comment allez-vous ? Un bon chemin à vous, monsieur.* » Quelle gentillesse et quelle politesse, c'est vraiment remarquable !

Le bruissement de l'eau est apaisant. Il s'agit du bruit provoqué par le bouillonnement des sources omniprésentes en cet endroit. À de nombreuses reprises, celles-ci viennent couper la route, obligeant le pèlerin à un peu de gymnastique. Heureusement, la plupart du temps, de grosses pierres disposées en enfilades permettent de franchir ces obstacles avec une grande facilité. Il convient tout de même de se montrer prudent car certaines d'entre elles sont très glissantes. Il serait en effet malvenu de tomber et de se blesser alors que Santiago me tend les bras !

À l'instar de l'Aquitaine et du Pays basque, où de nombreux arbres fruitiers ont été plantés tout au long du parcours, ici, ce sont des massifs d'hydrangéas qui viennent égayer les pérégrinations des pèlerins. Cette palette de couleurs variées est réellement somptueuse à admirer. Ah, il n'y a pas à dire, ils pensent à tout, ces Espagnols... Aucun détail n'est négligé et cela pour notre plus grand bonheur.

Les grimpettes font à présent partie du passé. Nous sommes redescendus à trois cents mètres d'altitude et le dénivelé est quasiment nul sur toute l'étape. Quel changement par rapport aux dernières semaines et la succession de cols à franchir ! Ce n'est pas plus mal car les organismes ont été soumis à rude épreuve !

Oh, que se passe-t-il, je viens d'entendre un grand cri, là-bas devant moi. Je presse le pas et au détour d'une courbe, un attroupement s'est formé. Je m'approche et découvre un homme au sol qui se tient la cheville en grimaçant. Il s'agit d'un pèlerin originaire de Turin, la soixantaine bien engagée. Quelqu'un a déjà prévenu un médecin pour le prendre en charge. À regarder son visage tordu par la douleur, son pèlerinage est très certainement terminé. Quel manque de chance... si près du but !

Un peu désolé pour cet homme que je n'avais pas encore vu sur le Camino, je ne peux m'empêcher de songer à mon parcours personnel. Je ne saurais dire combien de fois mon pied a dérapé, glissé... sans jamais connaître d'infortune. J'ai eu de la chance !

Voilà déjà Santa Irene ! Le village est vraiment minuscule, comme décrit dans mon topo-guide. Néanmoins, ce doit être jour de fête, car la rue principale est bondée. Tous les villageois ont revêtu leurs habits d'apparat... Quel contraste avec mon pantalon et mes godasses de marche maculés de boue. Enfin, ce n'est pas l'apparence qui compte, n'est-ce pas ? Alors que j'avance, tentant de me frayer un passage au milieu de cette masse compacte, des coups sourds retentissent. Pas de panique, ce sont les artificiers de service qui officient pour le plus grand bonheur des villageois.

95ème étape – 30 juin
Alto de Santa Irene - Lavacolla
15 kilomètres

Dur dur le réveil ce matin après les réjouissances et les flonflons de la veille ! De bien belles festivités, ici, à Santa Irene, où les villageois fêtaient la San Pedro. Et moi qui pensais m'ennuyer tel un rat mort dans ce hameau grand comme un mouchoir de poche, j'avoue m'être trompé sur toute la ligne. Quelle convivialité témoignée envers les simples pèlerins que nous sommes, tous invités à se joindre à la fête !

Tout y était : la musique espagnole envoûtante, les délicieuses préparations locales dont ces espèces de beignets frits au chocolat, le vin Tinto au goût plutôt surprenant ainsi qu'une ambiance un peu euphorique, surtout pour nous, avant cette arrivée tant attendue à Santiago... Bref, j'ai passé ici des moments inoubliables.

Maigre consolation, je vois que je ne suis pas le seul à me frotter les yeux encore pleins de fatigue. Mon voisin de chambrée, un gai luron, secoue la tête de gauche à droite, et puis, se met à entonner les paroles d'une chanson interprétée hier. Mais, c'est qu'il possède un certain talent le bougre... imité par d'autres peregrinos non encore assouvis. Ah, elle est tout de même belle la vie de pèlerin... ça va me manquer, à coup sûr !

Allez, point de mélancolie, je n'ai pas le droit d'en éprouver. Tous ces moments vécus dans l'instant présent resteront en moi à jamais et cela me réconforte. Je ne saurai suffisamment me dire à quel point ce périple m'a rendu heureux. Oui, cette expérience est tellement intense que rien ne pourra l'égaler !

Ce matin, j'ai une faim de loup. Je décide donc, avant le départ, de me diriger vers le seul bar que compte Santa Irene. Visiblement, je ne suis pas le seul à avoir eu cette brillante idée ! Il y a là, une bonne trentaine de personnes qui font la queue dans l'attente d'un succulent bocadillo - une sorte de sandwich - ou encore des viennoiseries, histoire de se remplir l'estomac. Pour moi, ce sera un café americano avec un toast fromage-jambon ainsi qu'une macédoine de fruits.

Sur le chemin, je retrouve le même environnement que les jours précédents, soit de petits sentiers tortueux qui s'enfoncent dans de belles forêts de pins et d'eucalyptus. Qu'il est agréable de pouvoir évoluer dans cette nature d'une étonnante diversité. Je souris, me disant qu'au plus Santiago approche, au plus, j'ai tendance à ralentir, un peu comme si mon cerveau ordonnait à mes pieds d'éviter toute précipitation. Au fond, ce n'est pas plus mal !

Je me demande lorsque, une fois de retour en Belgique, l'on me posera la traditionnelle question : « *Et alors, c'était comment Compostelle* ? », ce que je répondrai ? Je l'ignore, car évoquer cette longue route en un minimum de temps et sans en dilapider la saveur, est un exercice qui me semble presque impossible. Ce périple se vit de l'intérieur avec une telle force ! D'un autre côté, je pourrai toujours inviter les gens à acquérir ce livre... Ils y trouveront les différents aspects de cette longue marche et en plus ils contribueront à augmenter la cagnotte en faveur de Make A Wish.

Avant mon départ, de nombreuses personnes ont essayé de me dissuader de donner une visée caritative à ce projet et d'écrire sur le sujet, arguant que j'allais passer à côté de mon principal objectif : me retrouver seul et ainsi descendre en moi-même. Je suis heureux de constater qu'il n'en a rien été et ce, soyons honnête de le reconnaître, malgré un timing qu'il a fallu gérer de manière méthodique. Cette dimension sociétale, liée étroitement à mon projet personnel, était pour moi essentielle, souhaitant m'ouvrir davantage aux autres et spécialement aux enfants, si injustement frappés par la maladie.

Alors que je suis empêtré dans mes réflexions, une main se pose sur mon épaule. Je me retourne... C'est Jane, la pèlerine new-yorkaise. Elle me signale m'avoir aperçu à la sortie du bois et n'avoir eu aucune difficulté à me rattraper. « *Hey, what's going on, you are walking so quietly today - Hé que se passe-t-il, tu marches si lentement aujourd'hui* » me dit-elle. Dans un grand éclat de rire et avant que je n'aie l'occasion de lui répondre, elle me signale être dans le même état de léthargie. Non, cette arrivée imminente à Compostelle n'est pas facile à digérer. C'est un peu comme une déchirure à laquelle l'esprit se prépare lentement...

Nous cheminons côte à côte, sans mot dire, avalant les kilomètres de manière quasi mécanique. Pas simple en effet de songer à cette fin de parcours, même si l'absence de mes proches commence à réellement peser ! Je n'ose imaginer le retour à la société traditionnelle et à son rythme infernal alors que j'ai vécu pendant cette longue période au tempo de la nature et de mes envies !

Jane a fait le choix de poursuivre la route jusqu'à Santiago aujourd'hui, tandis que de mon côté, j'ai opté pour une plus petite étape afin d'arriver demain matin, de très bonne heure, dans la cité de saint Jacques. Je ferai donc halte ici, à Lavacolla, un village autrefois réputé, lorsque les anciens pèlerins y faisaient un arrêt pour se laver et se purifier avant leur arrivée à Compostelle. Au croisement de la route, là où nos chemins se séparent, nous nous serrons amicalement dans les bras tout en nous donnant rendez-vous demain soir pour un repas commun sur le coup de dix-neuf heures.

Le vent vient brusquement de se lever et de gros nuages porteurs d'averses dérivent dans le ciel, pourtant bien ensoleillé en début de journée. Pour tout dire, il fait même assez frisquet. Je pense qu'une douche bien chaude m'aidera à me remettre les idées en place avant de partir à la découverte de ce petit village qui me paraît bien sympathique. Enfin du moins, si le refuge dispose d'un boiler suffisamment costaud pour répondre à la demande de nombreux pèlerins qui tous, ont très certainement la même idée !

Un gros toutou, d'allure pataude, vient vers moi pour quémander une caresse. Arrivé à ma hauteur, il marque un temps d'arrêt et observe ma réaction. Une vieille dame qui doit être sa maîtresse m'observe, le sourire aux lèvres. Avant de lui donner une tape amicale, je lui demande si l'animal n'est pas méchant. « *Non, non* dit-elle, *il est très gentil* !» De fait, la grosse boule de poils vient frotter sa tête sur ma jambe dans l'attente d'une marque d'affection. Encore l'un de ces beaux moments, d'une surprenante simplicité, offert par le chemin...

96ème étape – 1er juillet

Lavacolla - Santiago de Compostela

10 kilomètres

Il est à peine cinq heures et beaucoup dorment encore. En ce qui me concerne, j'ai choisi de privilégier un départ précoce afin d'arriver en solitaire – je ne sais pas si c'est envisageable – sur la place de Santiago. Je lace mes chaussures avec soin et vérifie une dernière fois si je n'ai rien oublié. Ce petit rituel est vraiment nécessaire étant donné ma légendaire distraction. Avouons qu'il serait stupide de constater, une fois à Compostelle, avoir laissé derrière moi mon nécessaire de toilette ou encore mon appareil photo !

Si je n'ai guère éprouvé de réelles difficultés à m'endormir hier soir, j'avoue en toute honnêteté que ce matin, un peu de fébrilité s'est emparée de moi. J'entends les martèlements de mon cœur auxquels vient s'ajouter cette vision obsédante du mot « FIN «. Un rapide coup d'œil à mon gsm m'apprend qu'il est cinq heures trente. J'agrippe mon sac à dos et ouvre la lourde porte du refuge d'un coup sec, comme si ce geste brutal, allait me donner le courage nécessaire pour cheminer l'esprit serein.

Lavacolla, entouré d'une brume duveteuse, conséquence de l'humidité de cette nuit, sommeille encore. Seul un matou, peu farouche, s'approche de moi, tout en miaulant. Je le caresse sur le dos, prêt à retirer la main au moindre signal d'alerte ! Mais, visiblement, le félin aime être cajolé, son ronron persistant en atteste. Allez, assez joué, l'ami, le devoir m'appelle !

Alors que je traverse les ruelles sombres du village, une pensée me vient à l'esprit. Et si je me déshabillais pour me jeter dans le ruisseau purificateur, comme il était de coutume de le faire au Moyen-Âge ? Aussitôt, un rire gras sort de ma poitrine. J'imagine déjà la scène du pèlerin nu comme un ver, surpris dans ses ablutions par quelques joyeuses peregrinas parties de bonne heure !

Au sortir de Lavacolla, je pénètre dans une forêt d'eucalyptus. Il fait si sombre en cet endroit que, l'espace d'un instant, j'envisage d'utiliser ma frontale. Inutile de paniquer, il me suffit tout simplement de suivre les bornes positionnées tous les deux cents mètres environ. Et puis, cette ambiance lugubre rajoute un peu de sel à ce parcours matinal.

Je m'étais imaginé une marche tranquille sur un rythme lent. Eh, bien, j'en suis pour mes frais ! Ce n'est pas marcher que je fais, c'est courir. Un peu comme si une force invisible me poussait à avancer au pas de charge. Je voudrais lui résister et profiter des derniers kilomètres restant à parcourir avant d'entrer dans Santiago, mais l'attraction est trop forte, impossible de lui résister !

Oh, tout doux ! La route présente une forte pente qui m'oblige à ralentir et à reprendre mon souffle. Je suis en effet dans la montée vers le Monte de Gozo, là-même où, feu le pape Jean Paul II a rejoint le Camino Francés, voilà de nombreuses années déjà. Une imposante stèle commémorative est d'ailleurs implantée au sommet de la côte. Bon d'accord, elle est, en ce qui me concerne, d'une effrayante laideur, mais là n'est pas l'essentiel, bien entendu !

Soudain, mon esprit s'emballe. Des images, par centaines, viennent se rappeler à mon bon souvenir : cet Allemand rencontré dans un sous-bois et qui m'a raconté sa bouleversante histoire, cette pèlerine française ayant perdu son fils et qui parcourait le chemin pour y disperser ses cendres ou encore cet homme désespéré par la disparition de son épouse et qui, en parcourant le camino, souhaitait se reconstruire, mais également ce molosse qui, en début de parcours, a bien failli mettre un terme à mon périple de manière prématurée...

D'autres épisodes plus sympathiques prennent le relais : la rencontre avec mamy Faniel et son incroyable générosité, ce groupe d'amis que nous formions avec sept ou huit pèlerins, cette merveilleuse soirée passée avec Alain et son épouse à Tonnerre, cet étonnant tour en péniche du côté d'Auxerre, la visite de ma compagne Eve et de mes amis Philippe et Thierry, le soutien de centaines de personnes au départ de ma page Facebook et de mon blog, l'hospitalité de Madame et Monsieur Amiot à Signy-l'Abbaye...

Je songe aussi à cette extraordinaire nature qui m'a tant charmé tout au long de mon périple : les forêts ardennaises, les cours d'eau, les fleurs, les oiseaux et animaux... Comment ne pas également repenser à toutes ces belles villes, villages bourgs et hameaux traversés pour y rencontrer, la plupart du temps, un patrimoine exceptionnel...

Après le Monte de Gozo, mon regard est soudain attiré par les lumières de la ville... Il s'agit de Santiago, destination maintes fois évoquée, et qui se trouve là, aujourd'hui, devant moi, à environ deux kilomètres. Maintenant que je prends conscience du chemin parcouru pendant plus de trois mois, ma gorge se noue ! Je serre les dents afin de ne pas éclater en sanglots, mais c'est peine perdue. De plus, j'ai en moi cette image de la brutale disparition de Josiane, décédée il y a quelques jours et dont les funérailles sont programmées aujourd'hui... Cet instant est vraiment très dur, car je ne suis pas de taille pour lutter !

Ému et perturbé par ce défilé ininterrompu de sentiments et d'images, je ne retrouve plus les marques. Ce n'est pas possible, je suis perdu ! Là-bas, il y a un homme, je vais lui demander mon chemin : « *Donde esta la catedral – Pardon, où se trouve la cathédrale ?* » Il me répond avec le sourire que je dois continuer tout droit pendant un bon kilomètre et me diriger par la suite vers l'entrée de la vieille ville. Je le remercie poliment et poursuis ma route de plus en plus tendu, probablement sous le coup de l'émotion.

Lorsque dix minutes plus tard, je débouche sur la place, face à l'imposante cathédrale, je me sens tout petit. Il règne ici un grand silence. Malgré cela, je ne peux m'empêcher de hurler à plusieurs reprises des tonitruants : « *Je l'ai fait... je l'ai fait !* » D'un geste instinctif, je lève mon bâton vers le ciel comme si je souhaitais le prendre à témoin. Puis, une grande joie secoue mon corps et je fonds en larmes, une seconde fois depuis ce matin. Il n'y a personne, j'ai le privilège de pouvoir vivre cette fin de parcours en solitaire, comme je le souhaitais ! Je suis aux anges même si la cathédrale enveloppée de bâches et d'échafaudages me chagrine un peu. Comment donc prendre une photo de ce bel édifice avec toutes ces horreurs qui l'entourent ?

Epilogue

Saint-Jacques-de-Compostelle – Cabo de Fisterra

96 kilomètres

97ème étape – 2 juillet
Santiago - Santa Mariña
45 kilomètres

J'ai MA Compostela ! Ce n'est qu'un bout de papier en forme de parchemin et écrit en latin, mais, pour moi, il revêt une grande importance. Il atteste que j'ai cheminé sur les chemins de saint Jacques et je trouve cela assez émouvant, comme beaucoup de choses par ailleurs. Comment expliquer cette hyper sensibilité depuis quelques jours ? Incroyable, un rien suffit pour voir les larmes inonder mon visage. Renseignements pris auprès d'autres pèlerins... eux aussi sont sujets à ces vagues émotionnelles d'une grande intensité !

En parlant d'émotion, j'ai eu l'occasion hier, vers midi, d'assister à l'office religieux célébré dans l'immense cathédrale de Santiago. En fin de messe - je crois que ce parcours m'aura vraiment donné toutes les chances - l'assemblée a eu droit à la cérémonie du Botafumeiro. Il s'agit d'un encensoir géant, accroché à la clé de voûte de la croisée du transept et qui est soulevé dans les airs par plusieurs personnes au moyen de cordages. Cet énorme réceptacle se balance, à grande vitesse, en diffusant de l'encens, d'un côté à l'autre de l'église sous le regard ébahi de centaines de personnes, dont beaucoup sont des pèlerins.

Santiago est une très belle ville... dommage que le temps n'était pas de la partie. Une méchante bruine n'a pas arrêté de tomber toute la journée, accompagnée d'un vent désagréable. Inutile de préciser que la polaire s'est révélée indispensable, au risque de prendre froid ! N'étant pas encore totalement rétabli, j'ai préféré ne prendre aucun risque et me suis couvert de plusieurs couches de vêtements.

Sur le coup de six heures, lorsque le réveil sonne, j'ai peine à croire que le moment de se lever est arrivé. Je suis encore très fatigué mais, hélas, je ne peux pas traîner... histoire de maintenir le rythme ! En effet, j'ai programmé une étape de quarante-cinq kilomètres aujourd'hui, afin d'alléger au maximum la distance à parcourir lors de la dernière sortie vers le mystérieux Cabo de Fisterra.

Hier, en soirée, c'était le moment des adieux avec certains de mes amis de la route. Je pense tout particulièrement à Kathy, Andréa et Jane la pèlerine new-yorkaise. Avant de la quitter, cette dernière m'a serré dans ses bras et m'a remis une lettre qu'elle m'a demandé de lire le lendemain, avant de prendre le chemin. C'était sa manière à elle de prendre congé de nous et je trouve cela formidable.

J'ouvre donc l'enveloppe et en extrais les deux feuilles manuscrites, rédigées de sa main. Elle écrit ceci, en anglais bien entendu : « *Cher Christian, le temps est venu de se dire au revoir. Je me sens comme cette première fois où l'on s'est rencontré au sommet de la butte à Atapuerca, j'étais très émue. Tu étais, à ce moment, la première personne avec qui j'ai longuement discuté des choses de la vie. J'avoue que j'aimais beaucoup être à tes côtés, car il existait, je pense, une réelle symbiose entre nous. J'espère très sincèrement que le camino, ce long cheminement pour toi, t'aura permis de descendre en toi-même et de répondre à certaines de tes interrogations...* »

Je tourne la page un peu nerveusement pour lire la suite : « *Je ne sais pourquoi, mais il me revient à l'esprit une chanson que j'interprétais souvent lorsque j'étais adolescente. Elle s'intitule «on the loose». Elle m'est revenue en mémoire ici sur le camino. Peut-être qu'à la lecture de ces quelques dizaines de lignes, elle suscitera également beaucoup d'émotion en toi. Prends soin de ta personne, ami pèlerin, et reçois tout mon amour.* » À nouveau, les larmes coulent... Décidément, je deviens une vraie pleureuse !

Le temps grincheux de la veille, avec cette bruine plutôt désagréable, a cédé la place à un ciel moucheté de petits nuages inoffensifs. Une fois à l'arrière de la cathédrale, je retrouve, avec un certain soulagement, le marquage jaune. En effet, je n'ai pour ces trois dernières journées de marche qui vont m'emmener jusqu'au Cabo de Fisterra, aucun guide, ni tracé réellement précis. Néanmoins, je fais confiance à la Providence. Ne m'a-t-elle pas déjà suffisamment prouvé qu'elle veillait sur moi ?

Après moins de trois kilomètres, Santiago disparaît de ma vue et je me retrouve sur un étroit chemin zigzaguant entre de grands arbres dont la haute silhouette est plongée dans une épaisse brume matinale. Quel silence ! Eh oui, le flot de pèlerins s'est tari... beaucoup d'entre eux ont mis fin à leur périple à Compostelle. C'est mieux ainsi, car l'affluence observée les derniers jours de marche était désagréable. Il y avait beaucoup trop de monde sur le Camino et l'esprit du chemin n'y était vraiment pas !

En ce moment me revient en mémoire cette soirée passée en compagnie d'une soixantaine de pèlerins à Terradillos de los Templarios. Après le repas, nous avions pendant une bonne demi-heure chanté quelques chansons entraînantes, dont l'hymne du pèlerin sur un air de bamba. Le refrain trotte encore dans ma tête de manière lancinante. « *Peregrino... peregrino... buen camino... buen camino...* » Je chante à tue-tête sans me soucier d'être entendu. Au fond cela a-t-il une réelle importance ? Non, bien sûr, hormis le fait que je chante comme une casserole !

Même si j'ai en tête des choses plaisantes, mon corps lui, se montre assez mécontent. Voilà des heures que je marche à bonne allure et que les kilomètres défilent. Il est vrai que cette étape de plus de quarante-cinq bornes n'est pas spécialement amicale pour quelqu'un qui a déjà fourni tant d'efforts.

Tiens, voilà David, un pèlerin rencontré à deux ou trois reprises avant d'entrer en Pays basque... Un bail déjà ! Il est un peu étrange, ressemblant en certaines occasions à un homme égaré... si « différent » de chacun d'entre nous. À d'autres moments, chemin faisant, sa capacité d'analyse, son calme, cette symbiose qu'il entretient avec la nature, m'impressionnent. Je le salue amicalement et chemine avec lui jusqu'à la fin de l'étape.

J'arrive seul à Santa Mariña et essaie tout de suite de repérer l'albergue du jour. Hélas, j'ai beau arpenter rues et ruelles, pas de trace du refuge en question. Une gentille dame, occupée à jardiner, vient vers moi. Je lui demande de m'aider. Elle étend le bras dans la direction de la sortie de village tout en me signalant que je touche au but... à peine un bon kilomètre ! Quoi encore un kilomètre ! Arf... je suis littéralement vanné !

98ème étape – 3 juillet
Santa Mariña - Cée
35 kilomètres

Y a-t-il dans les tréfonds de l'homme un chemin conduisant à la connaissance de son moi profond ? Dans l'affirmative, peut-on accéder à cette part de nous-même et dialoguer avec elle ? Je le pense. Il suffit pour cela de le vouloir, d'abandonner son état de somnolence, responsable de cette ignorance qu'a un individu de son moi intérieur, négligeant le monde qui l'entoure.

Sans en exagérer la portée, je pense que le chemin offre l'opportunité de regagner peu à peu notre liberté et notre lucidité d'esprit. Il n'est désir plus naturel que d'être heureux. Mais sait-on seulement ce que représente la notion de bonheur ? Ici, immergé dans cette nature, belle à couper le souffle, main dans la main avec « dame solitude », j'apprécie le goût de la simplicité. La propension à s'étonner est-elle l'une des clefs de la joie, de ce bonheur auquel nous aspirons tous ? À fuir, depuis le début de ce périple, cette ascèse de l'aventure intérieure qui trop longtemps m'a accompagné dans la vie de tous les jours, j'en suis désormais de plus en plus convaincu.

Me vient néanmoins à l'esprit le questionnement suivant : aurais-je davantage encore pu profiter de cette expérience pour m'ouvrir à moi-même ? « *Oh, tout doux*, répond une petite voix intérieure, *cela fait quelques semaines déjà que tu as congédié les regrets et que tu as quitté cette apparence indolente pour céder la place à l'ouverture d'esprit et de cœur... Crois-tu que la route a livré tous ses secrets dans l'instant présent ? Non, longtemps encore, elle viendra se rappeler à toi, venant chanter ses bienfaits. Songe à l'oiseau, à son message ! Je sais que tu l'as compris... Un homme indifférent et se cachant derrière les apparences du paraître, s'isole et cet isolement le dépouille de telle sorte qu'il ne représente plus qu'une carcasse vide* !

Elle a raison, cette voix ! Est-elle directement inspirée du chemin, est-elle le chemin ? Je commence à entrevoir la signification du mot « transformation ». Si je n'ai jusqu'à présent – j'évoque la vie au sein de la société classique - ressenti que peu d'inclination pour la réflexion, ici, j'ai trouvé un creuset favorable m'ayant permis de me poser les bonnes questions et de trouver des réponses satisfaisantes.

Jack, le sympathique pèlerin hollandais, rencontré voilà plus de cinquante jours maintenant, arrive tout sourire. Il s'assied en face de moi et m'interroge sur ma relative inertie. Je souris, heureux de pouvoir disserter avec lui tout en dégustant un bon arabica. Il détient la forme olympique ! Pas mal pour quelqu'un affichant près de soixante-deux ans... Marcher plus de quarante-cinq kilomètres et se réveiller, frais comme un gardon, chapeau bas, monsieur Jack !

L'épouse du propriétaire vient nous saluer. Elle porte sur ses bras une adorable fillette aux cheveux bouclés. Celle-ci me regarde avec ses grands yeux. Je lui attrape la main avec douceur et caresse son petit minois. La maman, fière de sa progéniture lance un tonitruant : « *Elle aussi, prendra un jour le chemin, j'en suis certaine !* » Démentielle, cette tradition chez les Espagnols... le Camino, c'est une véritable institution !

Allez, assez traînaillé, il me faut prendre la route, car trente-cinq kilomètres m'attendent et ils ne vont pas se faire tout seul ! Je salue Jack, guère pressé, ainsi que mes deux hôtes si empathiques, et regagne le dortoir pour y chercher mon sac à dos. Ça va, mes jambes semblent disposées à me pousser vers l'avant un jour de plus !

Alors que je marche depuis deux bonnes heures, mon GSM se met à vibrer... un SMS ! C'est Kathy, la pèlerine française. Elle me signale être dans le bus... aujourd'hui, elle retourne à Neuville-sur-Saône, à proximité de Lyon. Eh, oui, c'est comme ça, tout le monde s'en va... ne demeurent plus que les derniers irréductibles. Mais pour eux aussi, la fin est proche !

Les hameaux et villages se succèdent rapidement : Bon Xesùs, Gueima, Villar de Castro, Porteliñas, Abeleiroas, Corzón, Ponteoliveira... Arrivé à Oliveiroa, je décide de m'octroyer une petite pause. J'en profite pour m'offrir une boisson et un bocadillo, un sandwich fourré au fromage. Il n'y a pas à dire, cela fait du bien par où ça passe !

Bon Dieu, les pierres m'irritent la plante des pieds. De plus, il convient de se montrer vigilant car la chute guette l'imprudent. Ce n'est en effet pas la première fois que je vois quelqu'un, au sol, grimaçant de douleur ! Et ici, dans cet endroit isolé où il y a peu de passage, il ne serait pas très indiqué de se laisser aller à quelques arabesques ! En ce qui me concerne, je n'éprouve aucune crainte pour avoir randonné dans des sentiers très difficiles.

La route s'élève tant et plus, on dirait qu'elle finira par venir tutoyer le ciel. Lorsque, enfin, le sommet de la montagne est en vue, je suis saisi par une vision enchanteresse. Là, à quelques kilomètres à vol d'oiseau, j'aperçois la mer, immensité dénuée de rides, et dans le fond de la vallée se dresse la ville de Cée. Chouette, l'étape d'aujourd'hui est presque derrière moi !

Comme il est étrange de songer que demain, je pourrai, si le temps le permet, m'asseoir sur le sable chaud et fixer l'océan avec intensité. Je pense qu'il s'agira là, à nouveau, d'un moment très émouvant. J'ai traversé tant de forêts, de montagnes, de villages, de villes, de parcs... et maintenant, je vais pouvoir regarder le bleu de l'Atlantique ! Je vis vraiment un rêve éveillé !

Cée est une ville importante avec ses larges avenues et son ravissant petit port. Avant de trouver l'albergue du jour qui porte le doux nom de « Camino de las Estrallas «, ce qui peut se traduire par : « le chemin des étoiles «, il me faut trouver un distributeur de billets, car je suis vraiment à sec. Il doit me rester six ou sept euros, tout au plus, même plus assez pour payer mon logement pour cette nuit. Un homme rencontré au gré du hasard me renseigne : « *Todo recto... tout droit, monsieur...* »

L'hospitalier responsable de l'albergue municipale, un Espagnol ayant vécu pendant quelques années en France, lève les bras au ciel, lorsqu'il apprend, en regardant ma crédenciale, que je suis parti de Namur il y a plus de trois mois maintenant. Il me prend dans ses bras et me félicite au moins une dizaine de fois. J'avoue avoir un peu de mal à comprendre cette exubérance, mais ne dis rien, ne voulant pas gâcher ce moment de communion très... fraternel.

99ème étape – 4 juillet
Cée - Cabo de Fisterra
16 kilomètres

Ne dit-on pas que, courant du Moyen-Âge, la Costa da Morte, littéralement appelée : la Côte des Morts, représentait la dernière pointe de terre connue. Cette route, ultime portion du Camino, qui emmène le pèlerin vers le Cabo de Fisterra ou encore vers Muxía, le conduira vers « la fin du monde». De nos jours, de nombreux chemineurs, perpétuent encore cette tradition séculaire consistant à brûler leurs vêtements, symbolisant de cette manière le début d'une nouvelle vie.

Et c'est vers Fisterra que je me dirige aujourd'hui pour boucler ce long périple afin de me faire prendre en photo près de la fameuse borne «km 0» ! L'étape de ce jour avec ses vingt kilomètres au programme, jusqu'au Faro de Fisterra, représente une petite balade par rapport aux deux dernières journées passées à grimper dans la montagne. Je suis plutôt satisfait de terminer ce parcours en douceur, car mes jambes sont lourdes.

Mon cœur bat plus rapidement qu'à l'accoutumée, sachant qu'il s'agit ici de mon dernier jour de marche sur ce camino que j'ai tant apprécié. Le centième jour quant à lui sera mis à profit pour flâner dans les rues de Santiago, avant de prendre le train pour rentrer en Belgique. Enfin, ça, c'est pour plus tard !

Pour la première fois, sur la presque totalité du parcours, je ne cheminerai pas en solitaire. J'ai en effet décidé d'accompagner Jack, mon ami hollandais, afin de rejoindre le Cap Finisterre. Sincèrement, je n'avais pas envie de le décevoir et ai donc répondu favorablement à sa proposition. Étant donné que nous avons pratiquement le même rythme de marche, la balade du jour devrait très bien se passer. Et en plus, je me suis toujours bien entendu avec lui, car il est de très agréable compagnie.

Sept heures ! L'heure du départ a sonné. Impossible de quitter l'albergue plus tôt, car nous souhaitions tous les deux prendre le petit déjeuner, histoire de faire le plein d'énergie. Petite déception, le ciel, pourtant d'un bleu limpide lors de l'étape précédente, est tout gris. Je pense que le soleil éprouvera beaucoup de mal à briser cette épaisse couche nuageuse. Tant pis, il faudra s'en contenter !

Après le panneau de fin d'agglomération, la route oblique vers la droite pour rejoindre un petit sentier. Celui-ci, très raide, sollicite l'organisme encore en mode repos. Qu'à cela ne tienne, il ne lui faudra pas beaucoup de temps pour deviner qu'il doit se réveiller. Maintenant, il convient également de le comprendre, car après avoir parcouru pas loin de deux mille six cents kilomètres, il est légitime qu'il aspire à un peu de repos... Allons, l'ami, ici, je te le promets, nous sommes dans la dernière ligne droite !

Au loin, la mer apparaît au fur et à mesure que nous prenons de la hauteur. Le spectacle est saisissant de beauté ! La tentation est grande de prendre les petits chemins de traverse et de descendre sur les bouts de plages situés en contrebas. Le sable y est blanc et la mer limpide... un vrai petit coin de paradis. Néanmoins, je dois respecter mon programme serré si je veux reprendre le bus vers Santiago à quinze heures. Donc, je vais me montrer raisonnable... même si l'envie de me baigner dans ces eaux transparentes est très forte.

Génial, le rythme élevé a pu être maintenu tout au long de l'étape, de sorte que nous arrivons à Fisterra vers neuf heures quarante. Après un petit break d'une vingtaine de minutes, nous reprenons la route pour parcourir les quatre derniers kilomètres jusqu'au Faro de Fisterra. Allez, courage, ce sont les derniers moments passés sur ce camino qui m'aura apporté tellement de joies et proposé tant de découvertes.

Lorsque le grand phare est en vue, l'émotion me prend à la gorge. J'avance, la démarche claudicante, tel un automate. Jack, me crie : « *Christian, tu as vu la borne !* » Je le remercie, car pris dans l'instant présent, je suis passé à côté sans l'apercevoir. Encore un grand moment que d'observer ce bout de pierre... ce n'est qu'un simple piquet en béton et un chiffre indiqué en son centre, mais il symbolise tant de choses pour moi !

Après la traditionnelle séance photos et la prise de quelques vidéos, nous retournons à Fisterra afin d'aller chercher la Compostela, le document qui atteste, cachets à l'appui, que nous avons réalisé le pèlerinage – Santiago-Fisterra – dans sa totalité. Lorsque la dame me tend le papier, je le regarde avec fierté et le range dans un fourreau cartonné en compagnie du document obtenu à Santiago... La boucle est désormais bouclée !

Jack, qui a décidé de passer la nuit sur place pour y retrouver un couple d'Australiens, m'accompagne jusqu'à la station d'autobus, située à proximité d'un agréable petit bar, proposant une plaisante vue sur le port. Nous commandons, tous les deux, une cerveza con limón bien fraîche, histoire de fêter dignement cette séparation que nous espérons temporaire. En effet, nous avons décidé de nous revoir dans le courant de l'année.

Ça y est le bus vient d'arriver ! C'est un peu la ruée vers l'or, chacun souhaitant retourner à Santiago dans les meilleurs délais afin de pouvoir profiter une dernière fois de cette ambiance prenante ou encore jeter un coup d'œil à ce patrimoine exceptionnel. Une fois mon ticket acheté, je trouve une place dans le fond de l'autocar. D'ici, j'aurai une vue optimale sur la côte que nous longerons une bonne partie du trajet.

Le bus n'est plus de première jeunesse vu le vacarme infernal produit par le moteur, visiblement à l'agonie. Souhaitant profiter de la beauté des paysages dans une certaine quiétude, je fixe mes boules quiès dans les oreilles. Ah, voilà, c'est nettement mieux ! Finalement, elles sont confortables ces petites choses et en plus, diablement utiles ! L'homme assis à mes côtés sourit se demandant très certainement pourquoi je m'embête pour si peu ! Eh oui monsieur, un jour peut-être, je vous expliquerai....

Lorsque Santiago est en vue, je porte en moi un double sentiment. D'une part celui de pouvoir bientôt rentrer à la maison et revoir mes proches et d'autre part, celui de devoir dire au revoir à ce camino plein de charme et de découvertes. Bah, peut-être qu'un jour, j'arpenterai à nouveau ces routes séculaires... qui sait ?

Etape n° 100 - 5 juillet
Santiago... en vue du retour...

Hier j'ai, sans l'ombre d'une hésitation, opté pour l'hôtel en lieu et place de la traditionnelle albergue. J'avais tout simplement envie de me retrouver seul avec moi-même. Bien que contrairement à de nombreuses personnes, je n'éprouve ni vague à l'âme ni tristesse, il était important pour moi de vivre ces dernières heures dans le calme.

J'ai également délaissé le traditionnel menu peregrinos pour me préparer mon propre souper. Oh rien que de la nourriture facile, en l'absence d'une cuisine ou d'un four à micro-ondes. Je pense que je souhaitais tout simplement m'occuper l'esprit en le noyant dans des tâches annexes. Ceci ne m'a toutefois pas empêché de goûter avec beaucoup d'envie aux pâtes au thon, sandwich fourré au saucisson, yaourt aux fraises et une orange... le tout arrosé d'une demi-bouteille de vin tinto afin de ne pas perdre les bonnes habitudes !

Il est sept heures lorsque mon gsm sonne et pourtant, j'ai l'impression que dehors, il fait nuit noire. D'un mouvement décidé, je tire les persiennes. Ah oui, je comprends maintenant pourquoi il fait si sombre. Le ciel est plombé et il pleut des cordes. Saint Jacques marquerait-il quelque mécontentement à me voir quitter sa ville ?

Une fois douché et rasé de frais, je descends quatre à quatre les marches de l'escalier pour me rendre dans la salle de restaurant afin d'y prendre mon petit déjeuner. La serveuse, une gentille dame qui doit approcher la soixantaine, m'interroge sur mon parcours. Quand elle apprend que j'ai cheminé cent jours sur le camino, elle s'assied sur la chaise, face à moi et soupire à plusieurs reprises. Elle lance les bras au-dessus de sa tête et crie à deux reprises un tonitruant « Estupendo ! », ce qui, en espagnol, signifie formidable.

La dame, admirative devant mon parcours, est un vrai moulin à paroles. À plusieurs reprises, je lui fais remarquer qu'elle parle beaucoup trop vite pour que je puisse saisir la teneur de la conversation. Mais, après avoir ralenti le débit, pendant quelques secondes, elle repart de plus belle, comme empêtrée dans un tourbillon sans fin. Moi, je secoue la tête de droite à gauche, incapable de mettre un terme à son enthousiasme débordant. Soudain, elle s'interrompt, car deux clients viennent d'arriver... Ouf, je suis sauvé !

Profitant de son absence momentanée, j'avale ma dernière gorgée de café et file dans la chambre pour y préparer mon sac à dos. Voilà, tout y est... je pense n'avoir rien oublié. Une fois à l'accueil j'appelle poliment la préposée et lui remets les clefs, la remerciant pour la gentillesse du personnel. Après lui avoir serré la main, je tire la lourde porte derrière moi et me retrouve à l'extérieur... sous la pluie !

La Praza de Obradoiro, l'immense place où est implantée la cathédrale, est bondée. De nombreux pèlerins, le regard pétillant, se font prendre en photo devant les somptueux bâtiments. Tous éprouvent cette légitime fierté d'avoir accompli ce cheminement... même si, pour certains, Compostelle s'est résumé à cent ou deux cents kilomètres de marche !

Avant de rejoindre la gare de Santiago, je décide de me rendre une dernière fois à l'intérieur de la cathédrale. Celle-ci fait l'objet d'une surveillance particulière et il n'est pas bon d'y traîner sans témoigner du nécessaire respect envers ce lieu de dévotion, au risque de se faire éjecter manu militari par des vigiles qui veillent au grain. Je m'assieds sur un banc dans l'allée centrale et observe cet édifice majestueux objet d'un culte très profond. À l'évidence, je ressens, en cet endroit, une salve d'ondes énergisantes. Le visage de ma grand-mère m'apparaît. Je la regarde, lui souris et la remercie de m'avoir accompagné à chaque étape de ce long périple.

Oh, il ne pleut plus ! Quelle chance, je vais pouvoir me rendre à la gare sans avoir à éviter les gouttes. Une main se pose sur mon épaule. De suite, je reconnais un couple d'Américains, rencontré à plusieurs reprises sur le Camino Francès. L'homme, dont j'ignore le prénom me lance un vibrant « *Did you made it in one hundred days ?* ». Avec le sourire, je lui réponds qu'effectivement l'objectif des cents jours a été atteint. Alors, comme seuls les Américains savent le faire, il me tape dans la main tout en m'abreuvant de nombreux « congratulations ».

James, c'est son prénom et son épouse, Kate, tiennent absolument à m'offrir un café, ce que j'accepte bien volontiers. En effet, je dispose encore de près d'une heure pour rejoindre la gare, alors que celle-ci n'est distante que d'une dizaine de minutes. Très intéressée par l'action développée en faveur de Make A Wish, Kate me demande des détails sur mes motivations et surtout sur la sortie du livre. Elle semble un peu déçue d'apprendre que celui-ci ne sera pas traduit en anglais. Eh bien non... enfin, sait-on jamais !

Lorsque je quitte ce couple très sympathique, Kate et James me prennent dans leurs bras un peu comme si je faisais partie de leur famille. Au fur et mesure que je m'éloigne, je les aperçois me faire des signes de la main en guise d'adieu. Décidément, ce chemin aura tenu toute ses promesses jusque dans les ultimes minutes. Il représente vraiment un lieu de rencontres et de fraternité à nul autre pareil !

Le regard un peu perdu, hésitant entre joie et tristesse, je longe le Parlement de Galice pour déboucher quelques secondes plus tard devant la estación de Santiago. Une grande effervescence règne dans le hall d'entrée. Apparemment, beaucoup de pèlerins ont décidé de terminer leur périple aujourd'hui. Le grand panneau des départs annonce le train pour Hendaye à la voie n°1... C'est facile, il suffit de franchir la baie vitrée pour s'y rendre. Allez, Christian, le moment est venu de passer cette ligne symbolique !

J'interroge une employée de la Renfe, la compagnie ferroviaire espagnole, quant au sens d'arrivée du train. Pressée de tous côtés par des voyageurs en quête de renseignements, elle m'indique le côté gauche de la main. Il est dix heures dix-sept au cadran du perron, il ne devrait plus tarder. Ah, le voilà... Je sors mon appareil photo pour immortaliser l'événement. Je sais que tout est terminé à présent... Seuls les souvenirs de cette extraordinaire expérience humaine demeureront à jamais, vibrants d'une intensité particulière. Je suis heureux et espère que la force de ce chemin initiatique m'aidera à devenir un homme meilleur !

Postface

Certaines aventures ne s'oublient jamais ! Le voyage-retour, ballotté durant dix-huit heures dans un train inconfortable et plein à craquer, m'a permis de revivre avec beaucoup de force et d'émotions les différentes séquences de mon pèlerinage.

Le marcheur, durant son chemin de cent jours, n'est plus soumis qu'aux exigences essentielles de sa vie, je dirais même, de sa survie : manger, boire, se reposer,... et repartir ! Ce dépouillement volontaire lui suffit-il pour plonger dans ses profondeurs, le révéler à lui-même, entendre l'appel à sa propre transcendance ? Voilà la question essentielle. Il n'est pas facile, en effet, dans cette vie dont la fulgurance trouble, inquiète, interroge, de répondre à cet étrange, et pourtant fondamental questionnement : que suis-je ? Qui suis-je ? Où vais-je ?

Avant ce périple, je portais en moi le sentiment ambigu que ma vie n'indiquait aucune direction, qu'il n'existait que peu de panneaux indicateurs... Souvent, la perspective de pouvoir me réfugier dans mon monde personnel, dans mes petites sécurités, suffisait à mon bonheur. Le cheminement, l'esprit libre de toute contrainte, m'a permis de me recentrer sur des valeurs moins hédonistes et, très étonnamment, je ne le cache pas, de me procurer un incomparable sentiment de plénitude. C'est là toute la magie du chemin ! Un incessant va-et-vient de la pensée vers des profondeurs de plus en plus vastes ! Évidemment, je ne puis parler que pour moi, et chacun mène sa barque comme il le veut, et le plus souvent, comme il le peut !

Compostelle ne marque pas la fin du voyage ! Pas une journée ne s'écoule en-dehors de la joie et des bienfaits de ce cheminement... Il vit en moi et m'accompagnera jusqu'à mon dernier souffle. Une très belle expérience de vie que je souhaite à tous.

En conclusion, je me permets de vous livrer un texte de Sœur Monique Gugenberger qui s'intitule : « Marcher... ». Ces quelques phrases illustrent très justement les sentiments qui m'animent au sortir de cette épopée inoubliable :

Marcher : se mettre en route et laisser le rythme des pas inscrire
un espace nouveau dans nos vies parfois éreintantes.

Marcher : laisser le silence et le calme ouvrir nos esprits et nos cœurs
à l'écoute du meilleur de nous-mêmes, à l'écoute d'un Autre.

Marcher : respirer la terre et le ciel,
et goûter la saveur d'un essentiel retrouvé,
d'une unité recréée dans la simplicité de ce qui est.

Marcher : réalité qui laisse pressentir le mouvement même de la vie.
Il suffit de si peu, et nous sommes tellement encombrés...

Remerciements

De nombreuses entreprises, organismes publics, médias, associations et individuels ont contribué à l'émergence de ce projet caritatif. J'adresse donc un remerciement tout particulier aux acteurs suivants :

Delcampe.net – Maison du Tourisme de la Wallonie Picarde – Commissariat Général au Tourisme – La Wallonie – Ville d'Enghien – Centre Culturel d'Enghien – Fifty One Enghien – Bureau de courtage Eric Baudoux – Pranarom International – Voyage Plein Sud - IDETA – Group S – Vivacité – Sud Radio – No Tele – DH – Magazine Psychologie – Vers l'Avenir – Proximag – Regifo – Delor Electricity – Funérailles Enghiennoises – Conseil et Service – Robijns & Fils – Auberge du Vieux Cèdre – Investissimo – Paragraphe – Patricia Druet – Marc Vanderstichelen – Marie-France Delmoitiez – Xavier Appelmans – Roger Duquennoy – Françoise Peeters – Valère Debruyne – Gery De Cafmeyer – André Franche-Vancoeneghem – Jean-Marie Deville – Nicole Vanholder – Guy Dutilleux – Laurence Schlesser – Willy Van Damme – Philippe Ruyschaert – Eliane De Bodt – Maria Alexeievna – Francis De Hertog – Eve Destrebecq – Freddy Destrebecq – Dominique Billaroch – Béatrice De Jonghe – Sylvie Delloue – Colette Leroy – Gilkain-Bogemans – Thierry Huart et Françoise Peeters – Greta Van den Akker – Roger Demarets – Bertrand Van Damme – Jean-Christophe Auvertin – Leroy-Frehe – Yolande Necker – Jacques Pieterarent – Halte Jacquaire d'Orthez – Vie Féminine Marcq – Ronald Vandevoorde – Nathalie De Cnijf (BNI) – Alberte Desmeth – Marielle Dubois – Thierry et Catherine Franche – Alain et Marie-Jeanne Amiot – Monique Fuinel – Alain et Evelyne Laporte – Tony Baleri – Laurence Destrebecq – France Lebout – Bernard Van Damme, les Amis de Saint-Jacques-de-Compostelle de Belgique, Thierry Libert – M. et Mme. Sottiaux-Godefroid – Rotary de Peruwelz – Carine Brynaert – Louis Pauwels...

Par la même occasion, je tiens à remercier chaleureusement, Monsieur Jean Henrotin, directeur des Éditions Memory, pour son écoute attentive ainsi que pour sa pleine et entière collaboration.

Merci aussi à celles et ceux qui ont suivi cette marche au long cours au travers de ma page Facebook ou encore de mon Blog. Vos encouragements répétés m'ont permis d'aller au bout de moi-même et de réussir ce défi tant physique que mental.

Sincères amitiés enfin à vous tous, rencontrés sur le chemin : Jack, Éric, Jane, Kathy, Andrea, Roger, Marion, Pierre, Monique, Alain, Paule, Philippe, Thierry, Marijn, Nils, Annette, Bernadette, Jennie… Jamais je n'oublierai tous ces bons moments passés en votre compagnie.

delcampe.net

Wallonia.be

TOURISME

Avec le soutien du
Commissariat Général
au Tourisme de Wallonie

Wallonie picarde

maison du tourisme

www.visitwapi.be

Achevé d'imprimer en novembre 2014
Éditions Memory
Ortheuville, 18
B-6970 Tenneville

www.editionsmemory.be

Dépôt légal : D 2014/8078/19
ISBN : 978-2-87413-232-2

Imprimé en Belgique